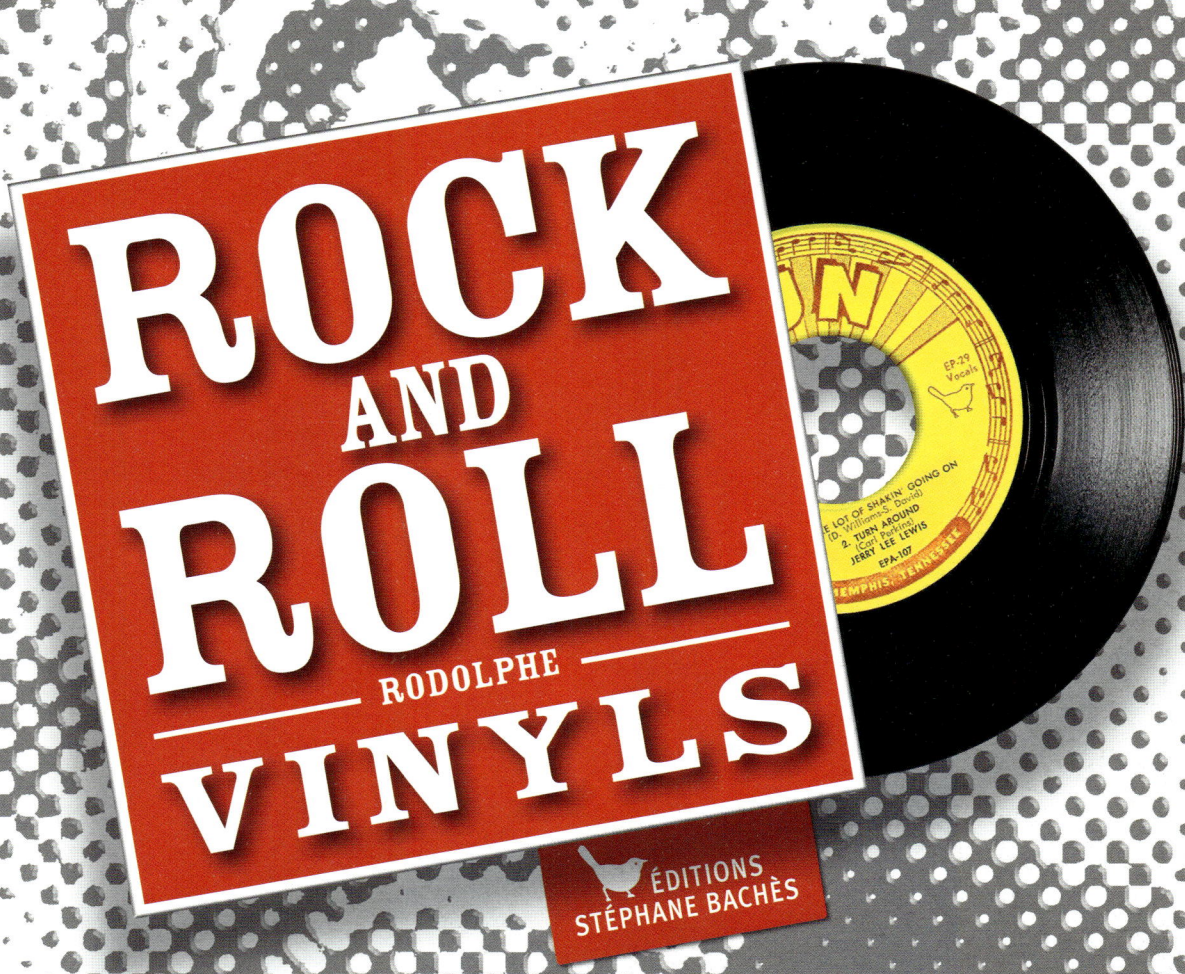

ROCK AND ROLL

RODOLPHE

VINYLS

ÉDITIONS
STÉPHANE BACHÈS

À mes amis W. Daniel Dauzonne, Jean-Paul Tronel et Patrick Delesques.

Sommaire

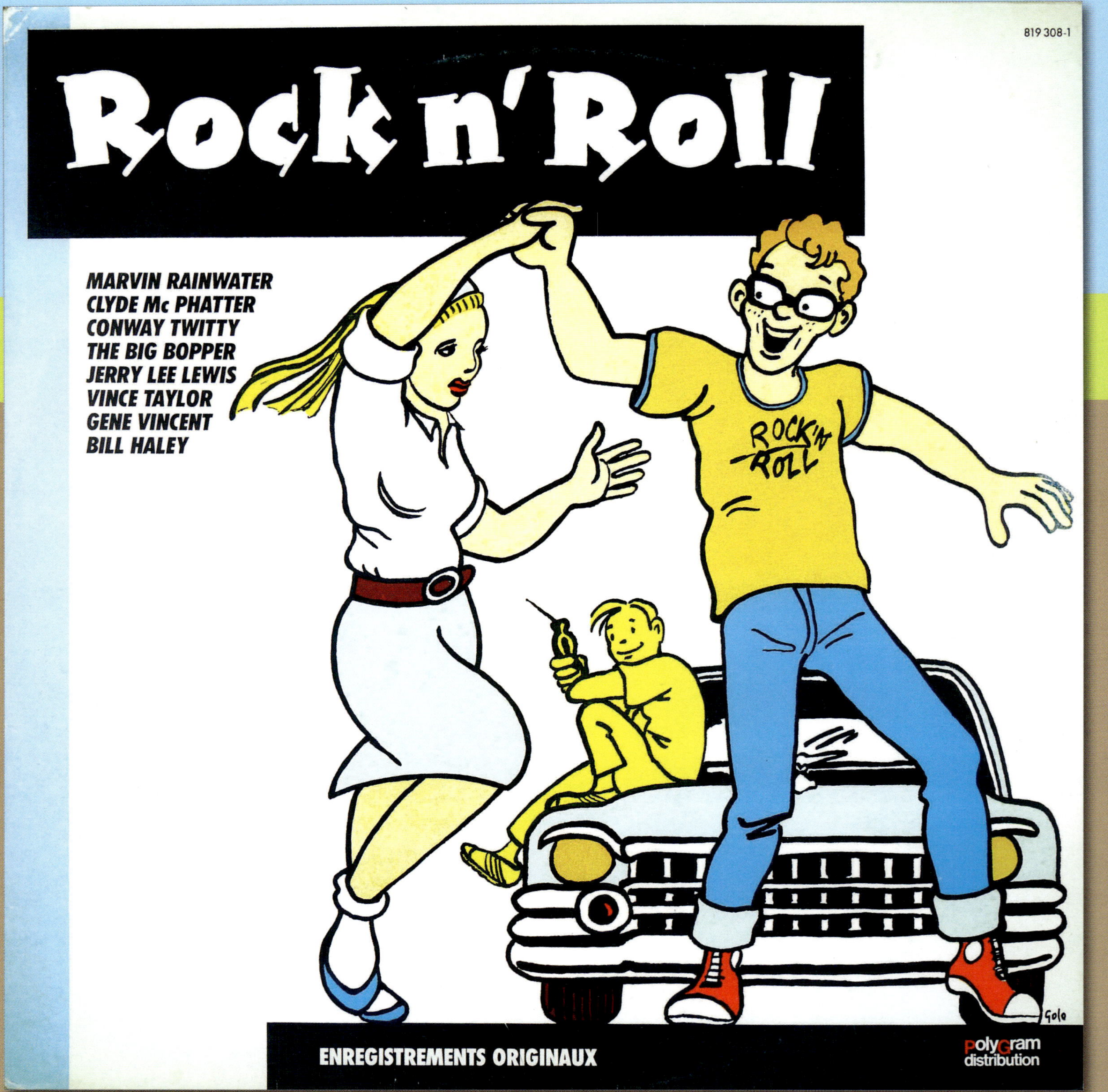
819 308-1
Rock n' Roll
MARVIN RAINWATER
CLYDE Mc PHATTER
CONWAY TWITTY
THE BIG BOPPER
JERRY LEE LEWIS
VINCE TAYLOR
GENE VINCENT
BILL HALEY
ROCK'N ROLL
Golo
ENREGISTREMENTS ORIGINAUX
polyGram distribution

Le son et l'image

#1

La naissance du rock'n'roll coïncide sensiblement avec celle du disque vinyle. Le film de Richard Brooks *Graine de Violence* qui fait du morceau phare de sa bande-son, *Rock Around the Clock* de Bill Haley et ses Comets, un succès interplanétaire, sort en mars 1955. Or, le journal américain *Bilboard* publie le 27 février de la même année une enquête concernant l'industrie musicale, dans laquelle il apparaît que les ventes de 45 tours microsillon viennent de dépasser celles des 78 tours. La chose était parfaitement prévisible : le disque vinyle est plus léger, plus petit, moins fragile, et surtout permet de stocker bien davantage de musique sur une même surface. Car le 45 tours simple –qui offre un morceau par face– est très vite complété du 45 tours à durée prolongée, en anglais "extended play", qui propose deux titres par face, et d'un disque à vitesse de rotation plus lente, le 33 tours, défilant à raison de 33 tours un tiers à la minute, décliné en format 25 ou 30 centimètres.

Le 45 tours simple est généralement –à l'instar de son vieux grand frère 78 tours– présenté sous une pochette non personnalisée, figurant juste le label de la compagnie musicale. Pour le 45 tours "extended play" que les Français appellent "Super 45 tours", comme pour le 33 tours, objets vendus à des prix plus élevés et nécessitant davantage de soin dans la présentation, sont créées des pochettes cartonnées présentant des photos de l'artiste, la liste des morceaux joués et des notes concernant l'enregistrement, la musique ou les musiciens.

TEENAGE MEETING | Artistes divers | Design Martin Brown & Studio 88 | 33 tours 30 cm | Monaural Seville | 1982 | GB

ROCK 'N' ROLL | Artistes divers | Conception graphique Étienne Robial | Dessin Golo | 33 tours 30 cm Polygram | France

AMERCIAN GRAFFITI | Artistes divers |
Bande-son du film de George Lucas |
Double album 30 cm | MCA records | 1974 | France

JAM SESSION AT THE TOWER | Ray Anthony |
33 tours 30 cm | Capitol | France
Derrière le médaillon figurant Ray Anthony
et son orchestre, la fameuse tour ronde
de la compagnie Capitol où enregistrèrent
entre autres Gene Vincent et Wanda Jackson.

ROCKIN THE BOP, BOPPIN THE ROCK ! | Ray Conniff |
Photo Guilbaud | 45 tours EP | Philips | 1957 | France

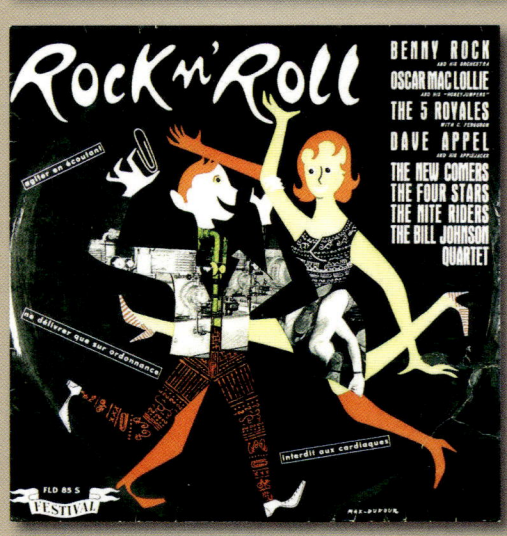

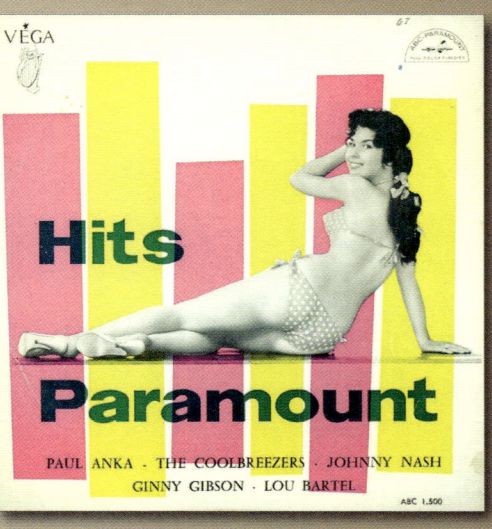

ROCK'N'ROLL | Artistes divers |
Graphisme Max-Dufour | 33 tours 25 cm |
Festival | France

HITS PARAMOUNT | Artistes divers |
Photo Sam Levin | Manequin Dominique Boschero |
33 tours 25 cm | ABC Paramount | France

L'apparition de l'image représente un facteur capital dans l'éclosion et la diffusion du rock'n'roll : musique d'une jeune génération revendiquant sa différence par rapport à la précédente, elle s'accompagne d'un ensemble d'attitudes, de comportements et de codes –vêtements, poses, pas de danse, instruments, accessoires comme Vespa, voitures ou juke-box.

Désormais la diffusion de la musique va de pair avec celle de l'image. Les deux sont indissociables. Le rock'n'roll, c'est tout autant un rythme, un son, qu'une façon de s'habiller, de danser, de marcher, de toiser l'adulte, d'anticiper son avenir. Une "rock'n'roll attitude" en quelque sorte...

Bien sûr la pochette du disque vinyle n'est pas le seul réseau qui diffuse l'image. La télévision s'impose alors dans chaque foyer américain et chacune des chaînes programme émissions et shows musicaux permettant de mettre des visages sur les voix. Il y a encore le cinéma dont l'industrie connaît un essor extraordinaire et qui n'hésite pas à faire appel aux stars de la chanson et du rock'n'roll. On connaît la carrière hollywoodienne de Presley, ou, plus modeste, celle de Cliff Richard. Mais nombre de films, comme *Rock, Rock, Rock*, *La blonde et moi* ou *Hot Road Gang* incluent des séquences musicales figurant les vedettes du temps en action, sur scène ou dans les studios d'enregistrement...

Ainsi les teenagers découvrent-ils les images idéales du rock'n'roll...

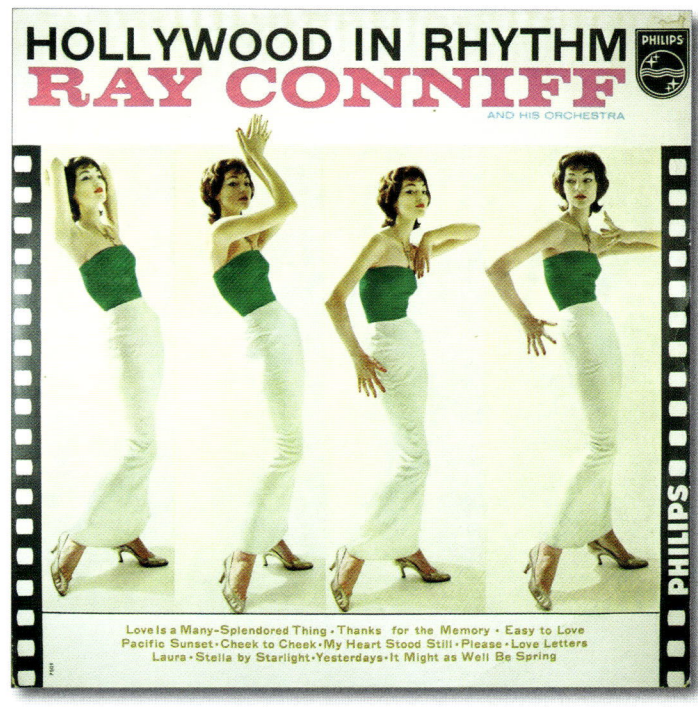

HOLLYWOOD IN RHYTHM | Ray Conniff | 33 tours 30 cm | Philips | Hollande

"Le rock'n'roll était la marque distinctive des adolescents des années cinquante et ceux-là en interdisaient jalousement les mystères au monde des adultes."

David Winter, *Un chant nouveau*

Question look, le garçon porte le cheveu brillantiné, relevé sur le front et encadré de favoris pointus, le pantalon moulant ou le jean, les chaussures à semelles de crêpe ou les bottes, le blouson en daim ou en cuir. Quant aux filles, le temps est à la queue de cheval, au corsage serré, aux vastes jupes tourbillonnantes, aux socquettes blanches ou aux bas de nylon.

Accessoires privilégiés figurant sur les pochettes de disques ou les couvertures de magazines : les guitares Gretsch ou Gibson rouges, les Fender aux formes futuristes, les juke-box Wurlitzer ou Rock'Ola, les grosses cylindrées Triumph ou les petits scooters italiens...

Sans oublier bien sûr les monstres aux chromes rutilants et aux formes galbées, habillés de vermillon ou de crème, de rose ou de bleu layette et répondant aux noms merveilleux de Studebaker, Buick ou Cadillac...

En ces temps révolus et innocents que certains veulent considérer comme l'âge d'or, l'éclosion de la musique rock'n'roll s'accompagne d'un florilège d'images, d'objets et de postures qui, un demi-siècle plus tard, brillent toujours à la façon des icônes...

SOME LIKE IT HOT | Marilyn Monroe + Artistes divers | Bande-son du film de Billy Wilder | 33 tours 30 cm | United Artists | 1959 | USA

MARILYN MONROE | Photo Keystone | 45 tours EP | RCA Victor | 1962 | France
Quoique ne chantant pas de rock'n'roll – et même pour James Dean ne chantant pas du tout –, Marilyn Monroe et lui représentent les icônes incontournables du temps, amenées à prendre place dans l'imagerie rock'n'roll.

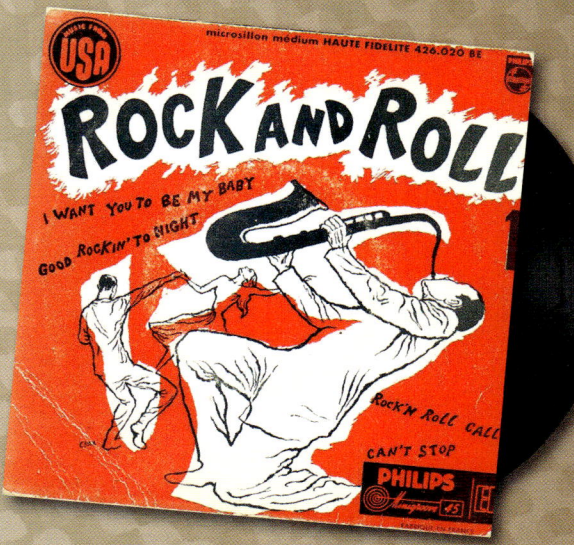

SUCCÈS DES FILMS DE JAMES DEAN | Eddie Barclay |
Maquette Gérard Jourdan | 45 tours EP | Barclay | France

BOOTS RANDOLPH ET SON SAXO DANSANT |
45 tours EP | RCA | France

ROCK AND ROLL | The Treniers & Lillian Briggs |
45 tours EP | Philips | 1956 | France

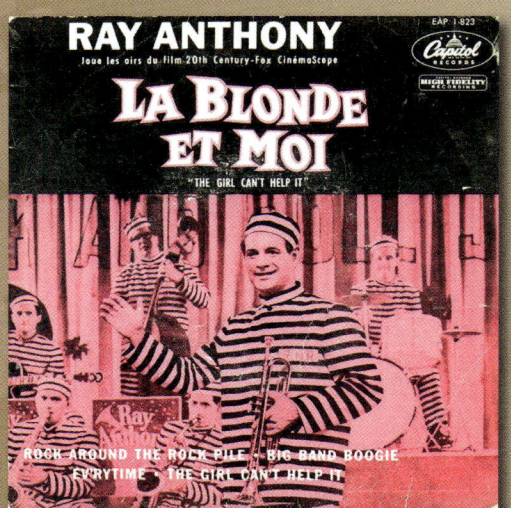

LA BLONDE ET MOI | Ray Anthony | Ray Anthony joue
les airs du film 20ᵗʰ Century Fox | Photo du film |
45 tours EP | Capitol | France

MÊME CE GENTLEMAN AIME LE ROCK'N'ROLL |
The Victorians | 45 tours EP | RGM | 1958 | France

Mr BLUE | The Fleetwoods |
45 tours EP | Top Rank | 1960 | Suède

TV RECORD HOP

RCA VICTOR
LPM-1803
A "New Orthophonic" High Fidelity Recording

BILL RASE
KCRA
SACRAMENTO,
CALIFORNIA

© RCA Printed in U. S. A.

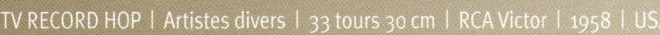

TV RECORD HOP | Artistes divers | 33 tours 30 cm | RCA Victor | 1958 | USA

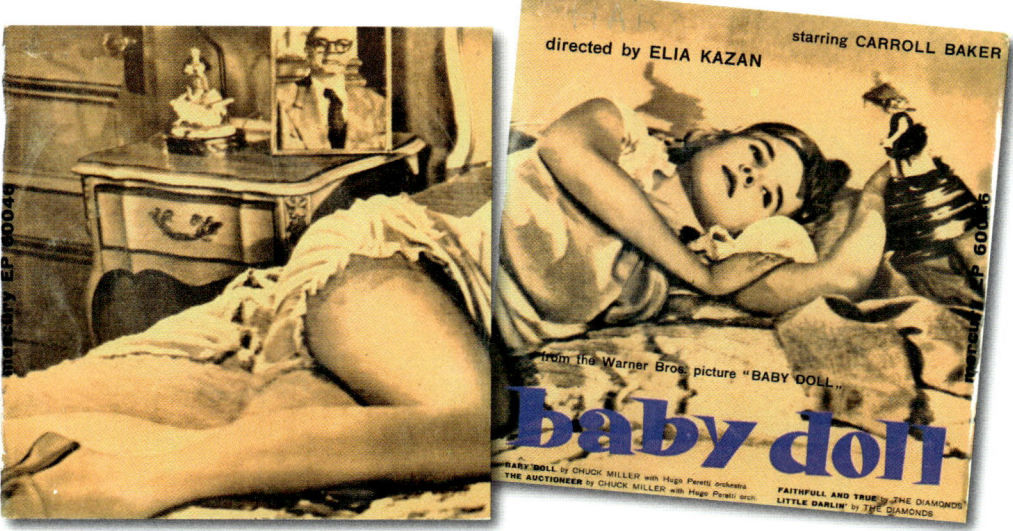

BABY DOLL | Artistes divers |
Bande-son du film d'Elia Kazan |
45 tours EP | Mercury | Italie

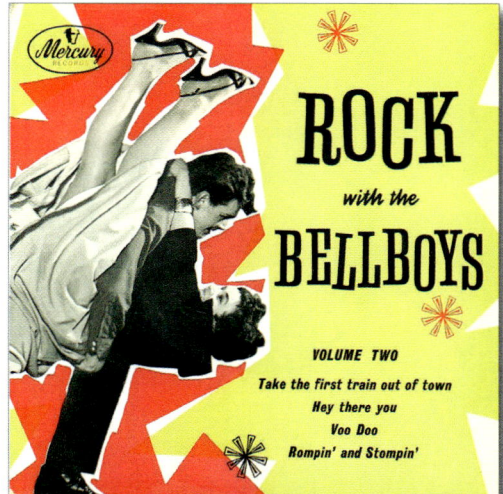

ROCK WITH THE BELLBOYS |
45 tours EP | Mercury | 1956 | GB

DANSONS GAIEMENT AVEC LES MODERNAIRES |
Les Modernaires | 45 tours EP | Vogue | 1958 | France

DANSONS GAIEMENT AVEC DICK JACOBS |
Dick Jacobs et son Skiffle Orchestre | 45 tours EP |
Vogue | 1958 | France
La collection Dansons Gaiement, qui compta plusieurs
dizaines de titres, révéla au public français, à la fin des
années cinquante, des artistes de rock'n'roll comme les
Treniers, Buddy Holly ou le Johnny Burnette Trio.

ROCK ROCK ROCK | Jimmy Cavello and his House Rockers
(photo du film Rock Rock Rock) |
45 tours EP | Coral | 1957 | Espagne

La série Bell proposait sous des couvertures figurant de jolies filles (parfois peu vêtues) des reprises des succès du moment, interprétées par des inconnus façon copies conformes. C'est l'homme de radio Alan Freed qui le premier stigmatisa ces pratiques alors fort répandues qui pénalisaient les véritables créateurs.

ALL THE HITS ON BELL | Artistes divers | Photo Universal International Pictures | Modèle Leigh Snowden | 45 tours EP | Bell

ALL THE HITS ON BELL | Artistes divers | Photo Universal International Pictures | Modèle Carol Morris | 45 tours EP | Bell

ALL THE HITS ON BELL | Artistes divers | Photo Universal International Pictures | Modèle Leigh Snowden | 45 tours EP | Bell

ALL THE HITS ON BELL | Artistes divers | Photo Universal International Pictures | Modèle Colleen Miller | 45 tours EP | Bell

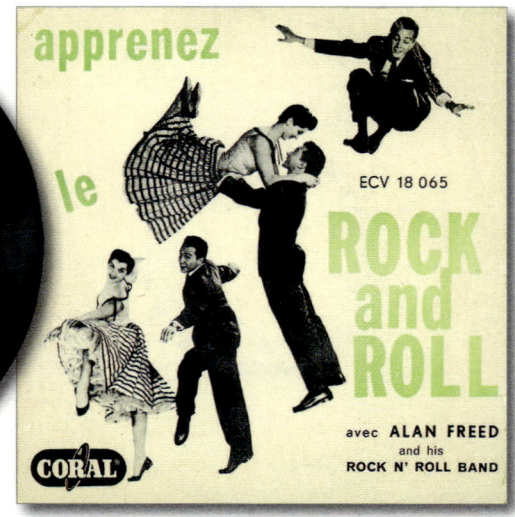

ROCK'N'ROLL | The Pitch Pikes | Photo Herman Léonard | 45 tours EP | Mercury | 1957 | France

APPRENEZ LE ROCK AND ROLL | Alan Freed and His Rock'n'roll Band | Photo Columbia | 45 tours EP | Coral | 1957 | France

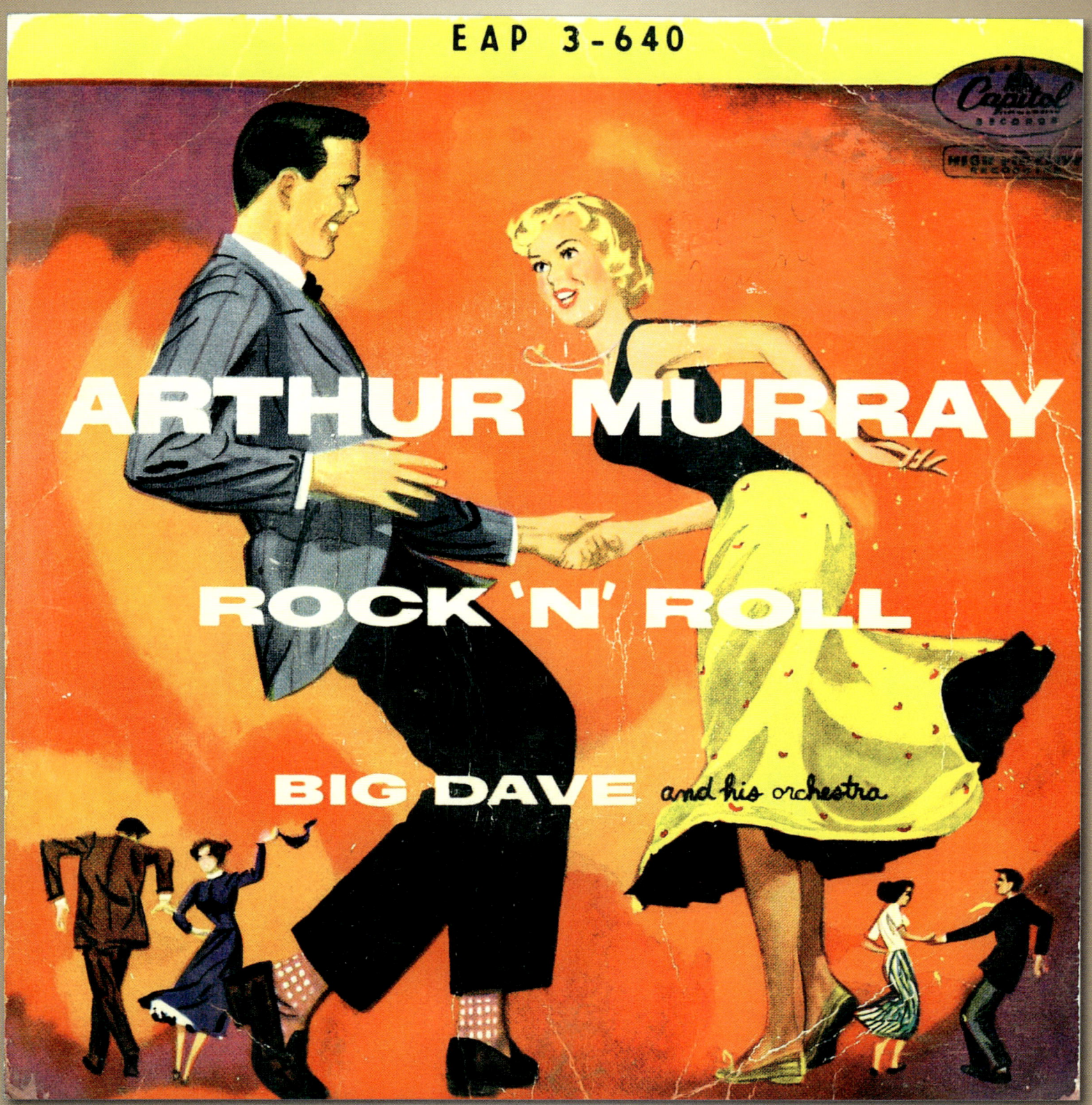

EAP 3-640

ARTHUR MURRAY

ROCK 'N' ROLL

BIG DAVE *and his orchestra*

ROCK'N'ROLL | Arthur Murray & Big Dave | 45 tours EP | Capitol | France

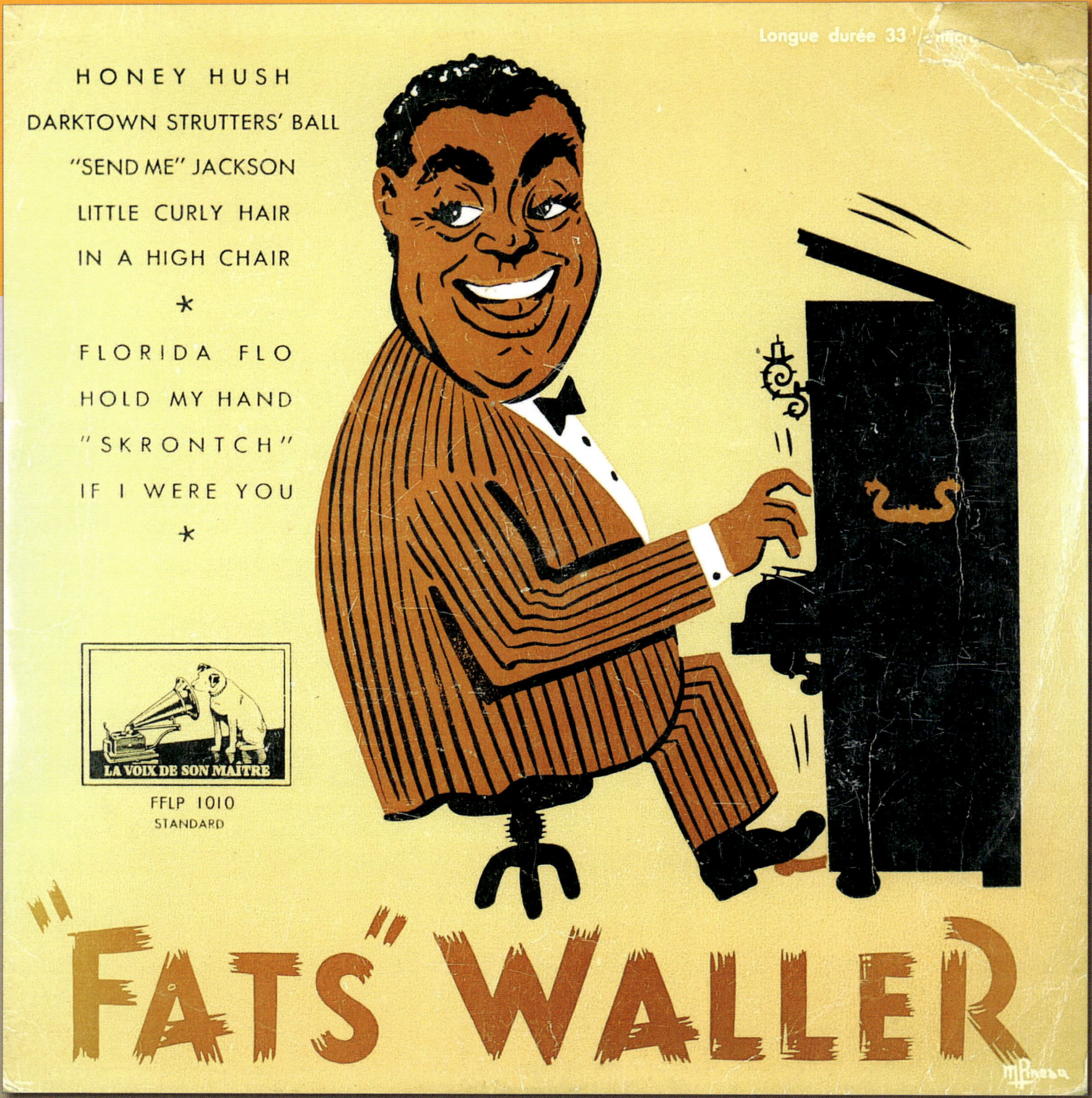

Longue durée 33 tours

HONEY HUSH
DARKTOWN STRUTTERS' BALL
"SEND ME" JACKSON
LITTLE CURLY HAIR
IN A HIGH CHAIR
*
FLORIDA FLO
HOLD MY HAND
"SKRONTCH"
IF I WERE YOU
*

LA VOIX DE SON MAÎTRE

FFLP 1010
STANDARD

"FATS" WALLER

Happy birthday, rock'n'roll ! #2

On se plaît à considérer le fameux *Rock Around The Clock* de Bill Haley et ses Comets comme le premier morceau de rock'n'roll enregistré et donc comme représentant la naissance du genre. Bien évidemment, c'est faux. Rendu célèbre par le film *Graine de Violence* sorti au printemps 1955 et qui mettait en scène un groupe d'adolescents se révoltant contre l'autorité scolaire, le morceau avait en réalité été enregistré deux ans plus tôt, en 1953, et n'avait lors de sa publication, pas rencontré grand succès. Mieux, une première version du titre avait vu le jour antérieurement, sous le titre *Rock the Joint*, dévidant la même ligne harmonique, et le même solo note pour note, qui était passée totalement inaperçue... Plus ancien encore (1951), le morceau *Rocket 88*, enregistré simultanément par Ike Turner dans les studios Sun, relevait lui aussi à l'évidence du même genre.

Le chanteur Joe Turner interrogé à la fin des années cinquante sur son style musical, déclarait : *"Du rock'n'roll ? Oui, c'est peut-être ce que je fais. On l'appelle rock'n'roll ou rhythm'n'blues, mais ce n'est rien d'autre qu'une bonne musique joyeuse qui swingue et que je chante depuis 1936 !"*

Il semble donc sage de ne pas chercher l'acte de naissance du rock'n'roll. Ses prémices remontent loin dans l'histoire de la musique populaire américaine –au moins au début du XXᵉ siècle– que ce soit dans la musique noire, le blues, comme dans la musique blanche, la country music.

CAB CALLOWAY | Illustration Norkin | 45 tours EP | Fontana | 1956 | France

FATS WALLER | Illustration M. Pineau | 33 tours 25 cm | La Voix de Son Maître | France

LIONEL HAMPTON ET SON ORCHESTRE | 45 tours EP |
CID | 1956 | France

PRESENTING JOE TURNER | JOE TURNER | 45 tours EP |
London | 1957 | GB

LOUIS PRIMA | Illustration Jouineau Bourduge | 45 tours EP
En duo avec son épouse la chanteuse Keely Smith,
Louis Prima est au milieu des années cinquante une des
attractions musicales les plus recherchées. En 1955, au
cabaret de Las Vegas, Le Sahara, ils touchent 10 000 dollars
par semaine. Le milliardaire Howard Hughes déclare :
"Prima et Smith, plus je les vois, plus je les aime !"

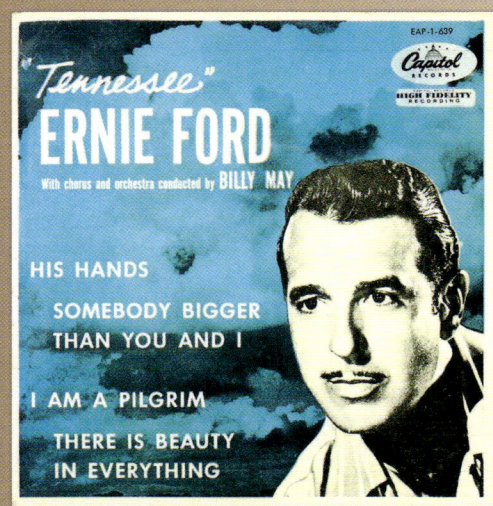

TENNESSEE ERNIE FORD | 45 tours EP | Capitol | USA

PIANO TRADITIONNEL | Artistes divers | Illustration
Barberousse | 45 tours EP | Vogue | France

BLUES CITY | Artistes divers | Illustration Barberousse |
45 tours EP | Vogue | France

Les communautés à l'origine de ces deux courants ont du reste plus d'un point commun : la pauvreté, le mépris où les tiennent les classes supérieures de la société, la nostalgie de leurs racines.

Le blues –sous sa forme moderne– apparaît à l'orée du siècle au Sud des États-Unis, là où la communauté noire est la plus nombreuse, employée la plupart du temps dans de grandes exploitations agricoles où la culture et la préparation du coton demandent une importante main-d'œuvre. Descendant des esclaves venus d'Afrique, ils nourrissent une nostalgie imprécise mais forte de leur terre d'origine, exprimant celle-ci par des chansons dérivées de chants tribaux ou religieux. À cette nostalgie s'ajoute encore la plainte de la dureté de leurs conditions de vie, et puis les mille histoires faisant leur quotidien : misère, amour , séparation, abandon, boisson, violence, haine, jalousie, prison, et bien sûr rêve (très hypothétique !) de sortir un jour de leur condition !

Leur chant est souvent accompagné d'une guitare. C'est l'instrument le moins cher. Il y a encore l'harmonica, le banjo ou le violon. Plus rarement le piano, on se doute pourquoi.

Les premiers bluesmen dont l'histoire retient les noms sont Charley Patton, Lonnie Johnson, Blind Lemon Jefferson, mort gelé dans les rues de Chicago, Son House et Robert Johnson dont la légende veut que ce soit le diable lui-même qui lui ait appris à jouer de la guitare. Son morceau le plus célèbre, Crossroad, sera repris par des musiciens de rhythm'n'blues ou de rock, tout comme le *Matchbox* de Carl Perkins s'inspirera directement de l'original de Jefferson.

Dans les années trente, puis quarante et cinquante, le delta du Mississippi et la ville de Chicago deviennent les hauts lieux du blues : Memphis Slim, Lightnin'Hopkins, John Lee Hooker, Muddy Waters, Sonny Boy Willliamson (le vrai et l'usurpateur du nom) s'imposent comme les maîtres du genre. Ils enregistrent des 78 tours diffusés exclusivement parmi le public noir, référencés et classés dans les charts "race" rebaptisés ultérieurement "rhythm'n'blues". Pour les écouter, les noirs les moins misérables s'endettent pour s'offrir d'énormes phonographes comme les "Victrola", objets mythiques et grands pourvoyeurs de rêves d'un temps.

FLAMINGO | Earl Bostic | 45 tours EP | Vogue | 1956 | France

JOHNNY OTIS | 45 tours EP | Capitol | 1958 | USA

Dans le même temps, les "rednecks" ont eux aussi sorti guitare, banjo ou fiddle. On appelle "rednecks" –littéralement nuques rouges–, les paysans de la côte Est, notamment des Appalaches, immigrés irlandais pour la plupart, qui s'échinent toute la journée, courbés vers la terre qu'ils creusent, binent, sarclent, plantent, arrosent, engraissent et récoltent pour de bien maigres profits. Lors des fêtes, des mariages, des baptêmes, pour accompagner les libations et les rares moments d'euphorie, des orchestres se créent, on joue, on chante, on danse. Un répertoire sans doute composé à l'origine de vieilles ballades irlandaises ou de jigs. Mais les strates d'immigrés se mêlent et leurs origines aussi. Voici que surgissent des mandolines italiennes, des accordéons français, et que les natifs du Tyrol poussent leur fameux "yodle". La country music, littéralement la "musique de la campagne" naît ainsi.

Ses premiers héros, à l'orée des années vingt, en seront Jimmie Rodgers, Les Delmore Brothers, Bill Monroe, Bob Wills ou la Carter Family dont la fille June épousera Johnny Cash. Le plus populaire d'entre eux –et qui préfigure clairement Elvis Presley et les rock-stars de la fin des années cinquante–, est sans conteste Hank Williams, idole absolue des teenagers comme des ménagères du temps. L'un de ses morceaux les plus célèbres, *Jambalaya*, sera du reste repris par nombre de rockers, à commencer par Jerry Lee Lewis et Brenda Lee. Il mourra très jeune, préfigurant là encore le destin des Buddy Holly ou Cochran, et en de sombres circonstances : par une nuit de réveillon, à l'arrière d'une Cadillac qu'un jeune étudiant amenait au lieu du concert sous une tempête de neige. Comme à l'accoutumée Hank avait bu plus que de raison et tâté sans doute à bien d'autres choses ! Quoi qu'il en soit, il ne franchit jamais le seuil de l'année 53, mourant silencieusement à l'arrière de sa limousine bleu layette, laissant au jeune gars qui la pilotait un drôle de souvenir pour une nuit de Saint-Sylvestre. Pourtant Hank Williams avait prévenu : son dernier tube avait pour titre : *I'll never get out of this world alive* (Je ne quitterai jamais ce monde vivant).

Dans les années cinquante, la country devient aux USA la musique populaire par excellence. Les artistes sont légion, Roy Acuff, Eddy Arnold, Gene Autry, Lefty Frizzel, Johnny Horton, Moon Mullican (le maître de Jerry Lee Lewis), Webb Pierce, Ray Price, Marty Robbins, Carl Smith ou Hank Snow. Et le *Grand Ole Opry*, spectacle tremplin puis émission populaire, en figure l'incontournable haut lieu, où, s'il triomphe, le postulant est adoubé héros.

Entre-temps, un fait nouveau a touché les prestations musicales, des blancs comme des noirs. La fée électricité ! C'est elle désormais qui amplifie les instruments –la guitare, le micro du chanteur, bientôt la contrebasse– et donne un son plus homogène et plus moderne à la formation.

Qu'il s'agisse de blues comme de country, celle-ci garde toutefois une taille modeste : une ou deux guitares, une batterie, une basse ou contrebasse qu'on appelle encore "double fiddle", parfois un piano, un violon, un harmonica, un saxophone.

À l'orée des années cinquante, le blues a lui aussi bénéficié d'un regain de popularité et ce d'autant –phénomène inédit et jusqu'alors insoupçonnable– qu'il se découvre une audience blanche.

Et pas seulement une audience : Sam Phillips, le propriétaire du studio d'enregistrement Sun à Memphis, celui-là même qui découvrira bientôt Elvis Presley, enregistre Howlin'Wolf, Rufus Thomas et le jeune B.B. King ! Il est pourtant tout ce qu'il y a de blanc ! Tout autant que le sont les frères Chess, Leonard et Phil, d'origine polonaise, qui créent à Chicago des studios et une compagnie musicale sous leur propre nom. Celle-ci publiera des artistes comme Elmore James, Jimmy Reed ou Willie Dixon, en attendant Chuck Berry et Bo Diddley !

> *"Le rock'n'roll, c'est un chant de bouseux blancs sur des rythmes d'esclaves nègres. Et que ceux qui n'aiment pas ça aillent se faire foutre !"*
> Jerry Lee Lewis

RED PRYSOCK's orchestra

RED'S BLUES
ROLLING AND ROCKING
THE FOX
ROCK AND ROLL MAMBO

mercury EP 60034 - vol. 2

Rock and Roll

ROCK AND ROLL | Red Prysock's Orchestra | Maquette Abbate | 45 tours EP | Mercury | Italie

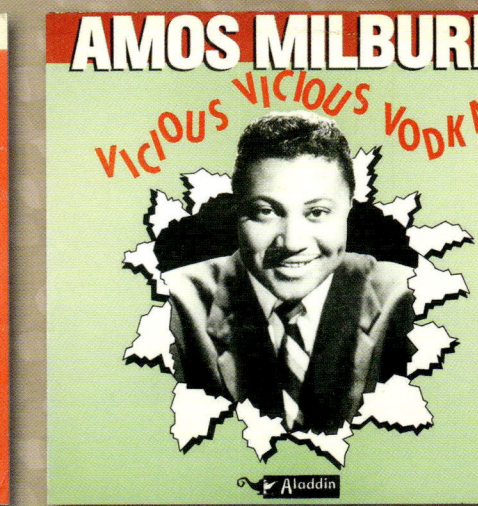

RHYTHM'N'BLUES | Louis Jordan |
45 tours EP | Brunswick | 1957 | France

VICIOUS VICIOUS VODKA | Amos Milburn |
33 tours 30 cm | Aladdin & Pathé Marconi |
Réé-dition 1985 | France

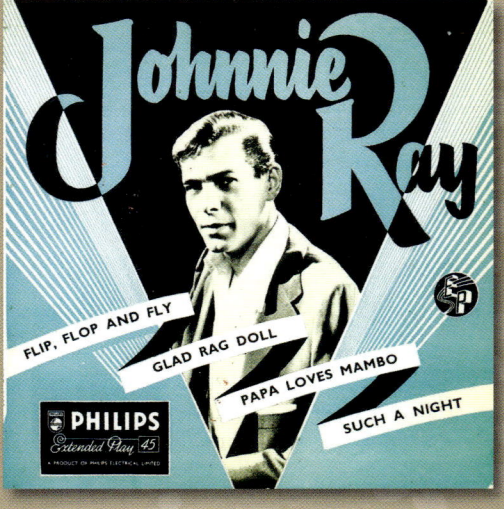

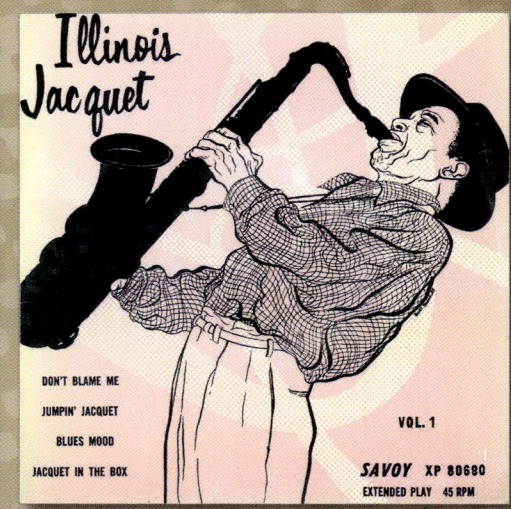

JOHNNIE RAY | 45 tours EP | Philips | GB

ILLINOIS JACQUET | 45 tours EP |
Ducretet-Thomson | France

ROCK-A-BILLY | Guy Mitchell | Photo Columbia |
Marcas reg | 45 tours EP | Columbia | 1956 | USA
Curieusement, le titre Rock-a-Billy de Guy Mitchell n'est
pas un rockabilly (ni même un rock'n'roll !).
Il œuvra pourtant à populariser ce terme parmi
les journalistes et les animateurs radio.

R&B DYNAMITE | Etta James |
Couverture Neil Watkinson | Michael Ochs Archive |
33 tours 30 cm | Ace | 1987 | Allemagne

En marge des courants musicaux cités –la country et le blues– d'autres genres se sont développés durant l'entre-deux-guerres trouvant leur apogée dans les années 40-50 : le jazz-swing dont les grands orchestres créent une musique entraînante propice aux danses endiablées et aux passes les plus audacieuses. À noter la présence, au sein de ces grandes formations, de saxophonistes dont la fonction première est de déchaîner l'assistance lors de longs et décoiffants chorus durant lesquels ils sont les stars de l'orchestre. Au-delà de leur présence dans ces orchestres, certains feront ultérieurement de brillantes carrières : Paul Williams, Big Jay McNeely ou encore le grand Illinois Jacquet, roi des "Sax Honkers" que le rock'n'roll utilisera à bon escient !

Ces grands orchestres révéleront encore quantité de vocalistes de premier plan : Big Joe Turner en est l'exemple le plus manifeste, mais notons également parmi ses consœurs les fabuleuses Ruth Brown, Ella Mae Morse ou Lavern Baker.

La country génère également des styles plus rythmés, plus nerveux, qui anticipent clairement du rock'n'roll. Le boogie en est l'exemple le plus évident. Calqué sur le rythme du train qui s'ébranle, le boogie propulse ses trois accords et sa lancinante ligne de guitare ou de basse afin de créer un effet quasi hypnotique : Red Foley, Moon Mullican, Piano Red et surtout "Tennessee" Ernie Ford, se font les champions de ce style, que Bill Haley ou Jerry Lee Lewis continueront de populariser.

> *"L'assommant primitivisme rythmique du rock : le battement du cœur est amplifié pour que l'homme n'oublie pas une seconde sa marche vers la mort."*
>
> Milan Kundera, *L'art du roman*

La musique dite "de variété" produit elle aussi des répertoires ou des chanteurs anticipant le phénomène rock comme Guy Mitchell, créateur du célèbre *Singin the Blues* et dont le titre *Rock-a-Billy* popularisa l'appellation. Citons encore Johnnie Ray dont le répertoire était presque entièrement composé de ballades mais dont le comportement scénique, uniquement construit sur l'émotion, l'hystérie, les larmes, annonçait les rapports irrationnels que le rock entretiendrait avec son public.

Terminons par l'évocation du cas singulier de Marvin Rainwater, métis d'indien Cherokee, qui n'hésitait pas à se produire sur scène en habit traditionnel, enregistrant dès 1956 de purs morceaux de rockabilly comme cet étonnant *Mister Blues* pourvu d'un chant hoquetant, d'une slapin'bass et d'un solo de guitare aussi électrique que déjanté !

RUTH BROWN SINGS | Ruth Brown | 45 tours EP | Atlantic | 1953 | USA

SADDLE SHOE SHUFFLE | Ray Anthony | 45 tours EP | Capitol | USA

LAVERN BAKER (avec J. RICKS et Ben E. King) | 45 tours EP | Atlantic | 1961 | France

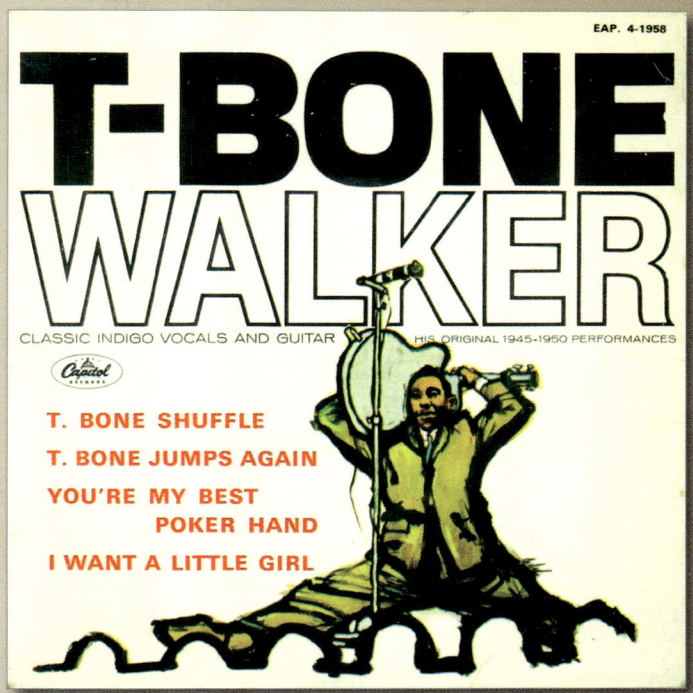

T-BONE WALKER | 45 tours EP | Capitol | 1963 | France

T-BONE WALKER | Photo Roy Avery | 33 tours 25 cm | Atlantic | France

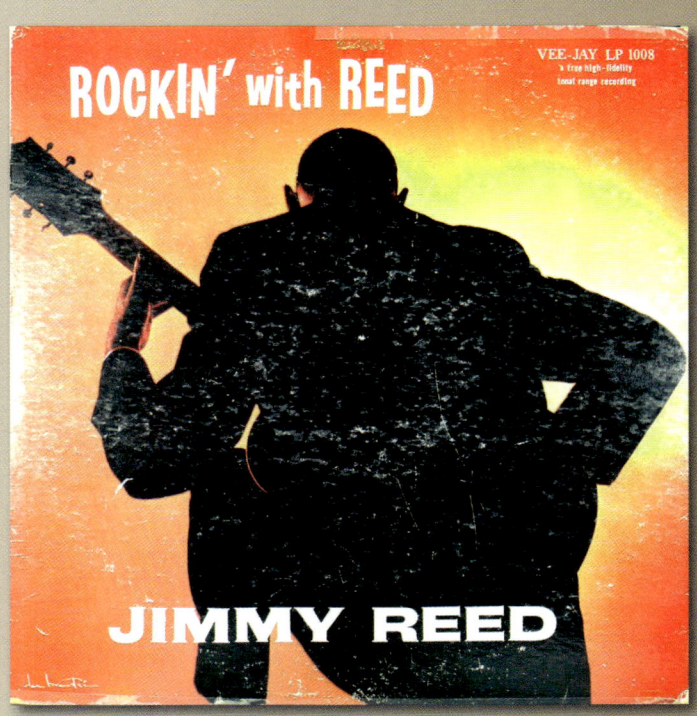

ROCKIN' WITH REED | Jimmy Reed | 33 tours 30 cm | Vee Jay | USA

JIMMY REED | 45 tours EP | Top Rank | 1959 | France

HILLBILLY ROCK | The Echo Valley Boys |
Design & illustration David Gibsone & Brian Rowland |
45 tours EP | Roller Coaster | 1958 Réédition | GB

COUNTRY AND WESTERN | Hawkshaw Hawkins |
45 tours EP | Parlophone | 1958 | GB

HANK WILLIAMS SINGS | Hank Williams | Couverture Loew's Incorporated |
45 tours EP | MGM | 1955 | USA

MOANIN'THE BLUES | Hank Williams | Couverture
Loew's Incorporated | 33 tours 30 cm | MGM |
1956 | USA

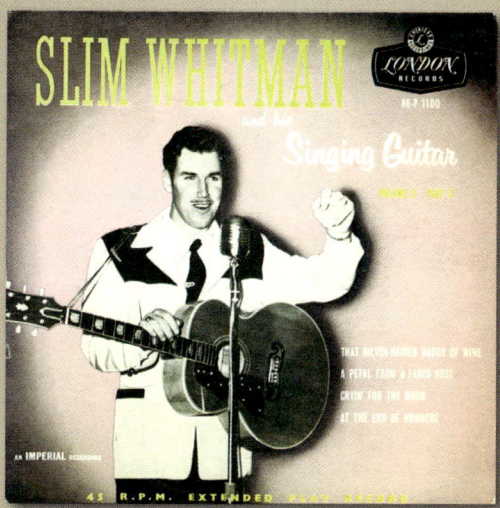

SLIM WHITMAN AND HIS SINGING GUITAR |
45 tours EP | London | 1954 | GB

BOUNDING BILLY CARLISLE | Billy Carlisle and his Little
Carlisles | 45 tours EP | Mercury | Australie
Le bondissant Billy Carlisle, accompagné un temps
de son frère Cliff (The Carlisles Brothers) puis de ses
enfants, représente un chaînon manquant entre country
et rock'n'roll.

LIFE'S RAILWAY TO HEAVEN | Red Foley |
45 tours EP | Decca | USA

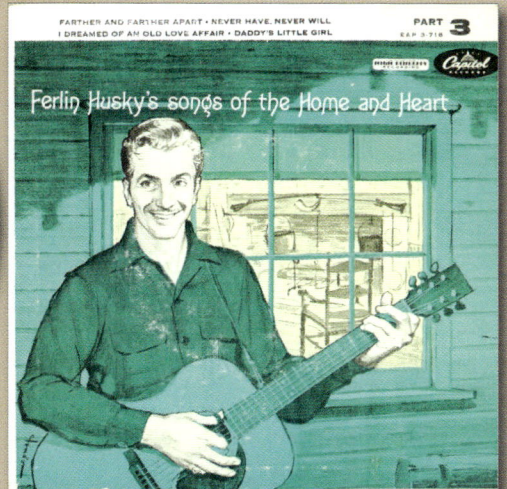

FERLIN HUSKY'S SONGS OF THE HOME AND HEART |
Ferlin Husky | 45 tours EP | Capitol | USA
Husky partagea plusieurs tournées avec des chanteurs
de rock'n'roll comme Gene Vincent et enregistra lui-même
des titres très marqués par l'émergence du rock.

MEET MARVIN RAINWATER | Marvin Rainwater |
45 tours EP | MGM | 1958 | GB

Bill Haley and his Comets

ROCKIN' THE "OLDIES"!

THE DIPSY DOODLE
YOU CAN'T STOP ME FROM DREAMIN'
CAROLINA IN THE MORNING
MISS YOU
and others

LAT 8219

La bonne étoile de Haley #3

Deux choses ont fait du tort à Bill Haley empêchant sa carrière et sa renommée –déjà conséquentes, il est vrai !– de devenir les égales de celles d'un Presley : son physique et son âge.

Quand il touche enfin le jackpot, en mars 1955 avec son *Rock Around the Clock*, Bill a 30 ans.

Issu d'une famille de musiciens, il a commencé son parcours très jeune. Cela fait près de 17 ans qu'il rame ! Il a tout fait : chanteur, guitariste, chef d'orchestre, animateur. Il a fait du swing, du bop, du hillbilly traditionnel, du boogie, rien n'a vraiment marché. Il a rebaptisé son groupe des *Four Aces of Western Swing* en *Saddleman* puis en *Comets*. Il a moult fois changé de compagnie de disques, réécrit, renommé, ré-enregistré les mêmes morceaux sous un titre différent.

En 1951, il frôle les charts et la gloire avec le morceau *Rocket 88*. Mais Sam Phillips, le patron des disques Sun –qui n'a pas encore croisé la route de Presley– vient de le faire enregistrer quelques semaines plus tôt par le groupe Jackie Brenston et les Delta Cats, dont Ike Turner est le leader. Et c'est la version de ces derniers, plus dure, plus âpre, qui grimpe dans le hit-parade rhythm'n'blues jusqu'à la première place ! La version des Comets, sans doute moins sauvage quoique joliment balancée, présentait toutefois l'originalité d'être jouée par un orchestre uniquement composé de blancs, fait unique, dans les annales du temps, pour une telle musique de sauvages ! Bill et ses gars poursuivent néanmoins : *Crazy Man Crazy*, puis *Shake Rattle and Roll* se font entendre. Sans plus.

BILL HALEY AND HIS COMETS | Photo Charles Stewart | 33 tours 30 cm | Warner Bros. | 1960 | Allemagne

ROCKIN'THE OLDIES | Bill Haley and his Comets | 33 tours 30 cm | Brunswick | GB

D'autres se seraient sans doute découragés et auraient raccroché la guitare au râtelier en échange d'un volant, d'un tournevis ou d'une pelle ! Bill, non ! Et on ne peut que louer là sa ténacité ! Mais peut-être ignorait-il tout simplement l'usage de la pelle ou du tournevis ? Quoi qu'il en soit, Bill et ses Comets tournent et tournent encore, animant salles des fêtes et patinoires de l'Amérique profonde. Jusqu'à ce mois de mars 1955 où brusquement tous les voyants se mettent au vert. *Rock Around the Clock*, huit semaines consécutives en première place des charts pop se vendra en final à près de 25 millions d'exemplaires ! Succès certes tardif, mais succès indéniable !

Reste qu'en terme d'image, l'ami Bill ne colle pas franchement à l'idée que son public de 13-18 ans peut se faire d'une idole de la jeunesse ! Sur les affiches et les photos promotionnelles du temps, les 30 ans de Bill apparaissent clairement ! Tout autant que sa légère corpulence, sa bouille ronde, son strabisme divergent et son ridicule accroche-cœur. Les autres Comets ne brillent pas davantage question charisme et physique avantageux ! Mais sur scène, ils bougent bien, compensant par un professionnalisme à toute épreuve, une fougue et un délire qui, après tant d'années de galère, se sont sans doute quelque peu érodés... Les saxophonistes Joey d'Ambrosio puis Rudy Pompeii se couchent sur le dos, le contrebassiste grimpe sur son instrument, Bill lui-même tombe à genoux...

[*"Tous ensemble, luttons contre cette musique de rock'n'roll qui fait de nos garçons des voyous et de nos filles des putains."* Boston News, 10 mai 1958]

Après le triomphe de *Rock Around the Clock*, les Comets s'embarquent pour l'Angleterre où ils reçoivent un accueil enthousiaste, dépassant tout ce qu'il est permis d'imaginer ! Des foules entières les attendent aux aéroports, les guettent à la sortie des studios, se jettent sur le trajet des voitures pour quémander des autographes, et bien sûr se déchaînent et hurlent lors des prestations dont les places se sont arrachées des semaines plus tôt ! Il faut dire que les Comets sont les premières vedettes de rock'n'roll à traverser l'Atlantique pour se produire en Europe. D'autres tournées suivent dont l'une en 1958 à travers le vieux continent, faisant escale à Paris, les 12 et 13 octobre, parmi les velours rouges de l'Olympia, créant émeutes, bagarres, violence, bris de fauteuils et interpellations. Mêmes scènes lors du passage à Berlin. *"Haley et ses Comets mettent le feu à l'Europe"* titrent les journaux de l'époque.

[*"Je n'oublierai jamais mon arrivée à la gare de Waterloo. Les journaux ont titré* La bataille de Waterloo !*"* Bill Haley]

Ayant regagné les États-Unis, Bill et ses musiciens reprennent la route des studios, enregistrant des titres comme *See You Later Aligator* ou *Rip it Up,* qui font des carrières honorables dans les charts, sans pour autant provoquer le raz-de-marée de *Rock Around the Clock*. Faute de compositions nouvelles et accrocheuses, ils revisitent des "oldies" des années trente et quarante qu'ils réactualisent sur un tempo rock'n'roll. Mais leur grand moment de gloire est passé. En deux ou trois ans a surgi toute une génération de jeunes, beaux et fougueux rock'n'rollers – Presley, Lewis, Holly, Richard – qui relèguent brusquement Haley et les siens au rayon des antiquités.
Entre la bouille ronde, un peu dégarnie, de ce brave Bill et la lippe arrogante d'un Elvis ou le chic voyou d'un Jerry Lee recoiffant son imposante chevelure crantée d'un coup de peigne étudié, il n'y a pas photo !

Bill n'a pas non plus le génie créatif d'un Berry ou d'un Holly, ni la voix de Roy Orbison ou de Gene Vincent (oublions Little Richard !). La sienne, curieusement atone, parfois comme étouffée, ne parcourt qu'un registre limité et ne traduit pas grande émotion. Décidément, la bataille est rude

DIM, DIM THE LIGHTS | Bill Haley and his Comets | 45 tours EP | Decca | USA

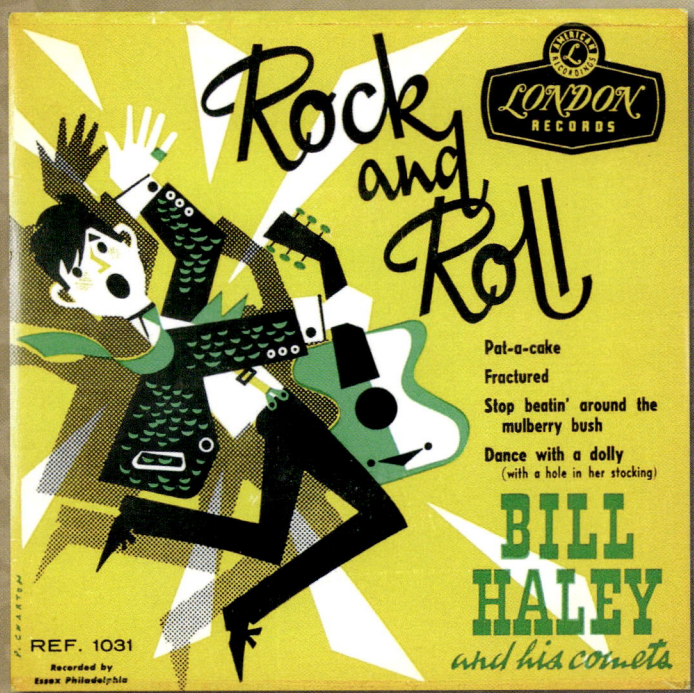

ROCK AND ROLL | Bill Haley and his Comets |
Design P. Charton | 45 tours EP | London | France

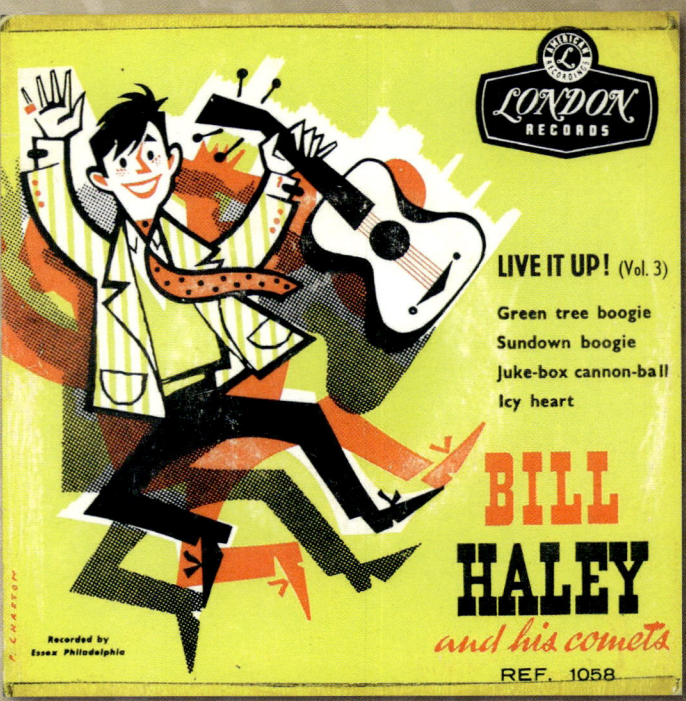

LIVE IT UP | Bill Haley and his Comets | Design P. Charton | 45 tours EP | London | France
Etait-ce un hasard si pour le moins photogénique des rock'n'rollers, l'éditeur avait choisi
de confier une bonne partie de ses pochettes de disques à des illustrateurs ?

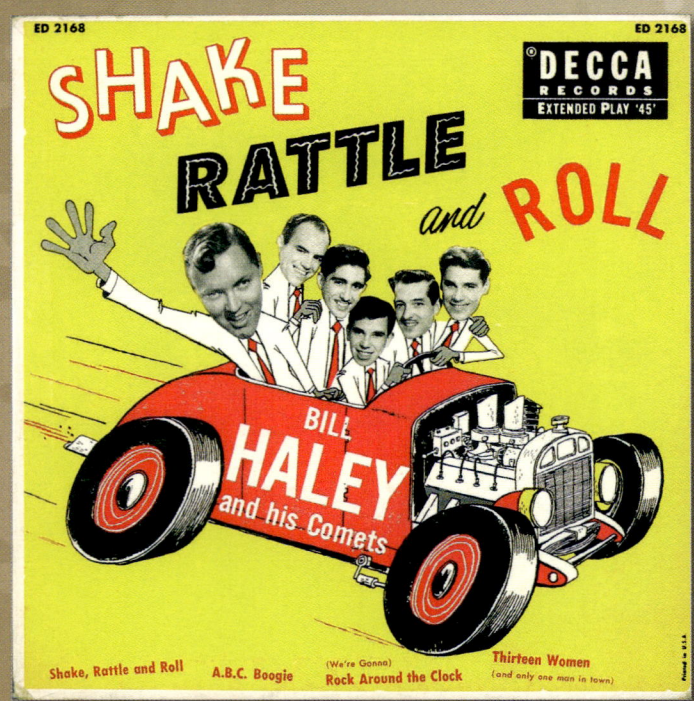

SHAKE RATTLE AND ROLL | Bill Haley and his Comets | 45 tours EP | Decca | USA

LIVE IT UP | Bill Haley and his Comets | 45 tours EP | London | 1956 | GB

pour le vieil homme ! Vieil homme ? Le terme peut sembler outré ? Pour un citoyen normal, sans doute, mais pas une idole des jeunes ! Juste un flash : au début de l'année 1959, lorsque Ritchie Valens trouve la mort dans un accident d'avion aux côtés de Buddy Holly, il a 17 ans. Bill, lui, fête ses 35 ans. Il aurait presque pu être son père...

[*"Elvis et moi sommes restés jusqu'au bout de très bons amis. Mais Elvis était beau garçon, ce qui n'était pas mon cas..."* **Bill Haley**]

Dans les années soixante puis soixante-dix, Bill et les siens continuent certes à enregistrer comme à tourner, mais de plus en plus éloignés des feux de la rampe. Il est vrai que les droits que continuent à générer *Rock Around the clock* sont susceptibles de mettre à l'abri du besoin plusieurs générations de Haley !

De temps en temps, pour se faire plaisir, le vieux Bill accepte de faire un petit saut à Londres ou à Berlin, le temps de quelques concerts et retrouvailles avec les anciens "teddies" ou rockers des années cinquante, restés fidèles aux chaussures bicolores aux semelles en crêpe, aux cheveux gominés, aux blousons en cuir ou aux longues redingotes "édouardiennes"...

À la fin des années soixante-dix, Bill se retire dans ses terres, à Harlingen au Texas. Il ne veut plus de visiteurs, surtout s'ils sont journalistes. On le dit malade, on parle de tumeur au cerveau, on prétend qu'il perd la tête. Plusieurs fois la police de Harlingen le récupère, errant seul sur les bords du Rio Grande, ne sachant plus trop qui il est ni où il va. Il montre seulement l'horizon d'un geste vague. Il va juste là-bas, vers le soleil qui se couche et le ciel qui devient rose. Alors, gentiment, les policiers l'aident à s'asseoir à l'arrière de la Dodge.
La faucheuse le rattrape au lendemain d'une de ces escapades, un certain 9 février 1981...

ROCK'N'ROLL | Bill Haley and his Comets |
Photo Columbia Films | 45 tours EP | Omega

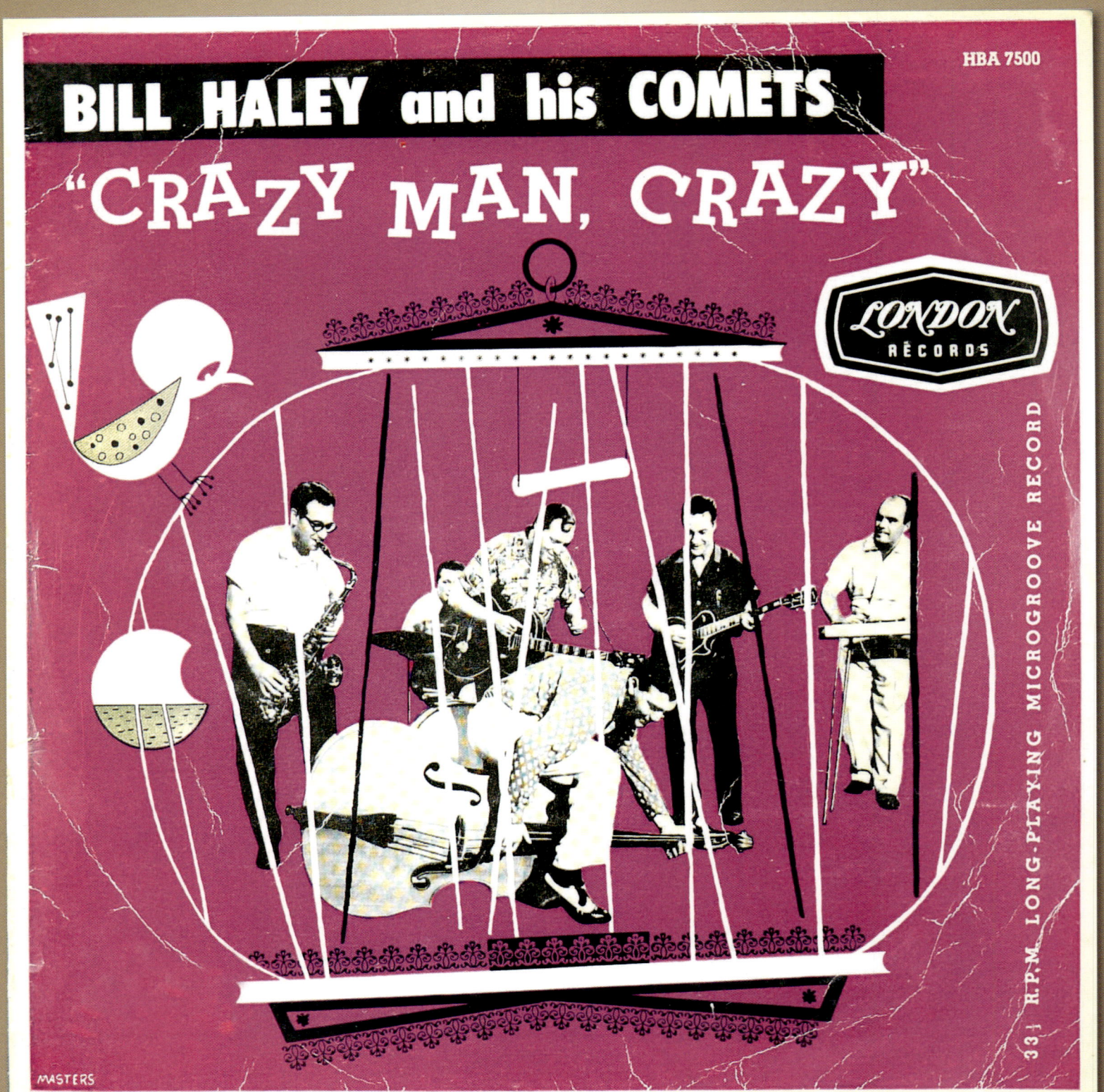

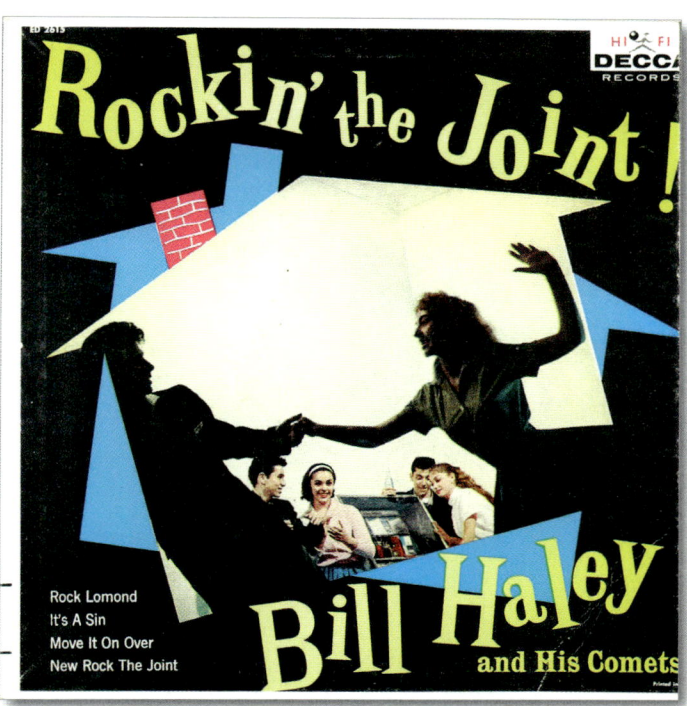

ROCKIN' THE JOIN | Bill Haley and his Comets | 45 tours EP | Decca | USA

ROCK AND ROLL DANCE PARTY | Bill Haley + Divers |
33 tours 30 cm | Somerset | 1957 | USA

LIVE IT UP | EP extrait de sa pochette : label rouge avec centreur triangulaire.
Celui-ci sera ultérieurement circulaire et fixé par 4 attaches.

Le soleil de Memphis #4

Juillet 1954, Memphis, Tennessee. Pas une goutte de pluie depuis des semaines. Une chaleur infernale, un soleil de plomb qui découpe de belles ombres noires, veloutées, aux angles des façades. Les volets sont fermés, les stores abaissés, les gros ventilateurs ronflent le plus fort qu'ils peuvent, dans la rue les rares passants s'épongent le front.

Au 706, Union Avenue, les stores sont également tirés. C'est un petit studio indépendant qui enregistre des artistes locaux pour quelques dollars. Son nom : *Sun, Sun Records*. Sûrement rapport au climat ! Dans le local officient deux personnes, une belle blonde d'une trentaine d'années, Marion Keisker, ex-animatrice de radio, et le patron des lieux, Sam Phillips, quelques années de plus, lui aussi présentateur d'émissions radio et surtout fan absolu de musique : blues, boogie, rhythm'n'blues, country.

Le studio marche correctement. Certes, il enregistre des amateurs venus graver une chanson pour un anniversaire, ou un petit air de mandoline ou de bandonéon. Mais il travaille encore pour des musiciens pros ou en passe de le devenir ! Ainsi il a gravé des faces de Howlin'Wolf, Little Junior Parker ou B.B. King. Son plus gros coup jusqu'alors, fut la cession d'enregistrement de *Rocket 88*, en 1951, avec Turner et sa clique. Avisé, il avait rétrocédé la bande aux frères Chess de Chicago, qui, mieux armés pour diffuser l'enregistrement, avaient réussi à en faire un numéro 1 !

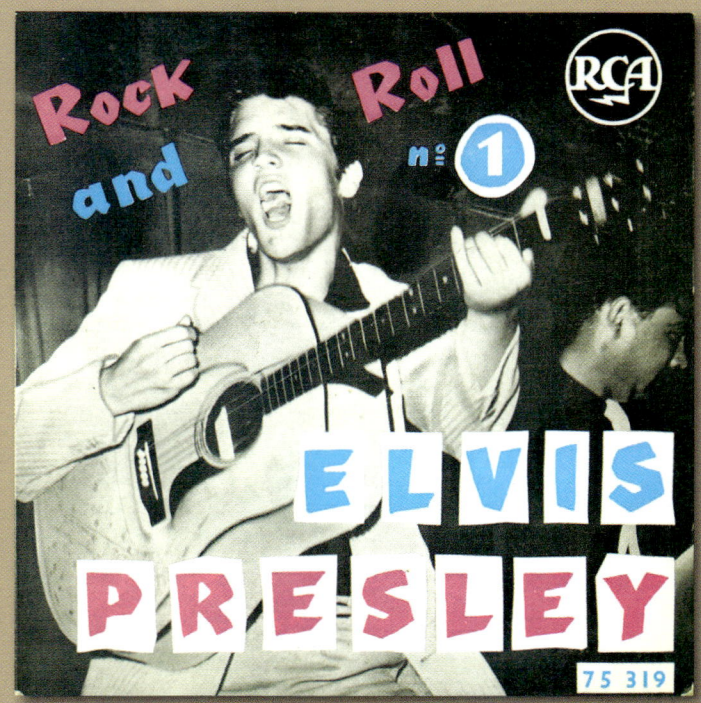

ROCK AND ROLL | Elvis Presley | 45 tours EP | RCA | 1957 | France

THE SUN SESSIONS | Elvis Presley | Design Harvey | 33 tours 30 cm | RCA | 1973 | France | Les seuls disques de Presley gravés chez Sun au milieu des années cinquante étaient des 45 tours simples (2 faces, sans pochette personnalisée). Il fallut attendre les années soixante-dix pour voir ces titres ressortir sous des formats 33 tours.

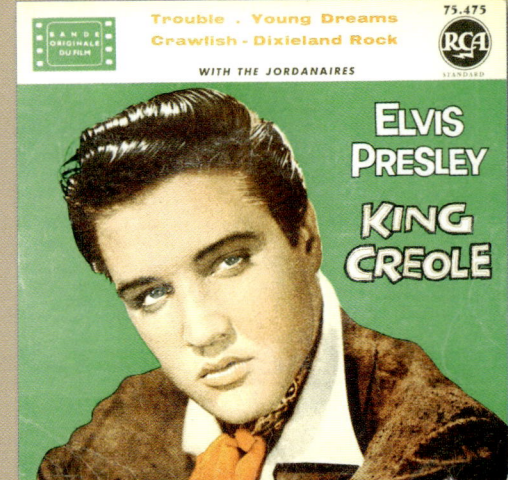
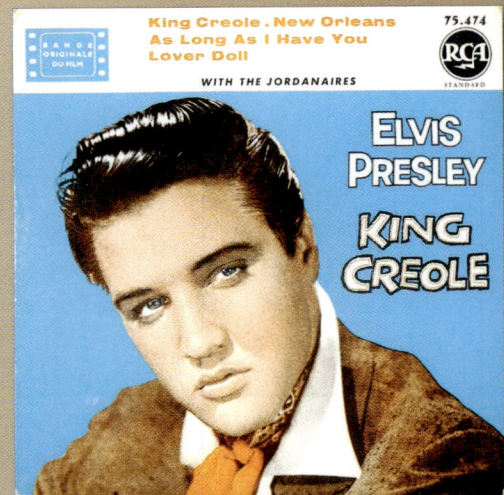

KING CREOLE | Elvis Presley
accompagné par Les Jordanaires
(Bandes sonores des films d'Elvis Presley) |
45 tours EP | RCA | 1958 | France

KING CREOLE | Elvis Presley
accompagné par Les Jordanaires
(Bandes sonores des films d'Elvis Presley) |
45 tours EP | RCA | 1958 | France

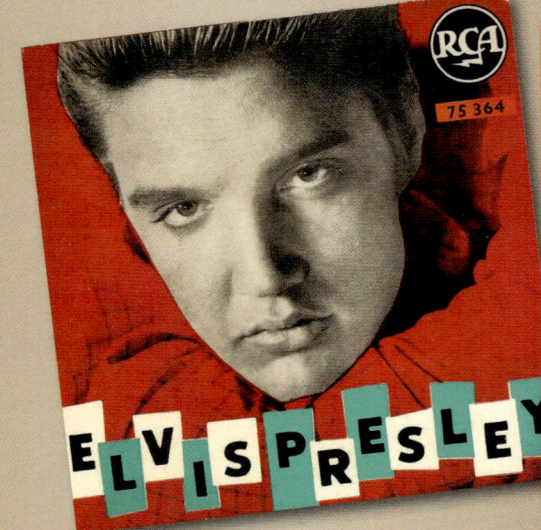
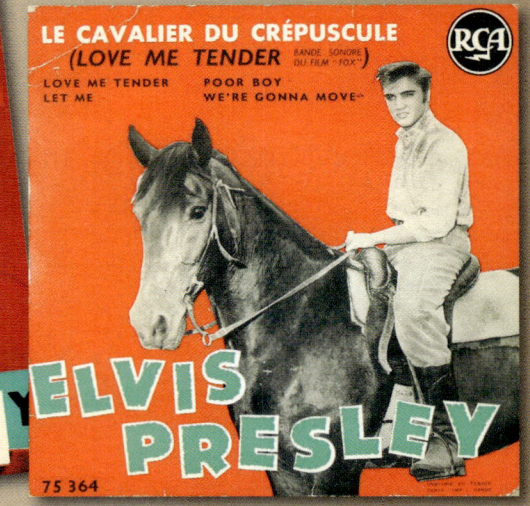

LE CAVALIER DU CRÉPUSCULE (LOVE ME TENDER) |
Elvis Presley (photo du film) |
45 tours EP | RCA | 1957 | France

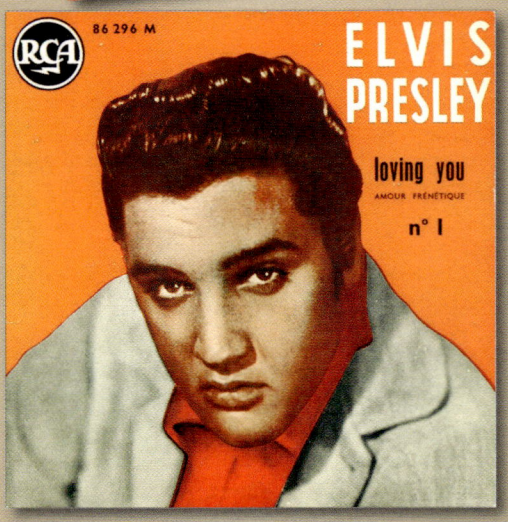
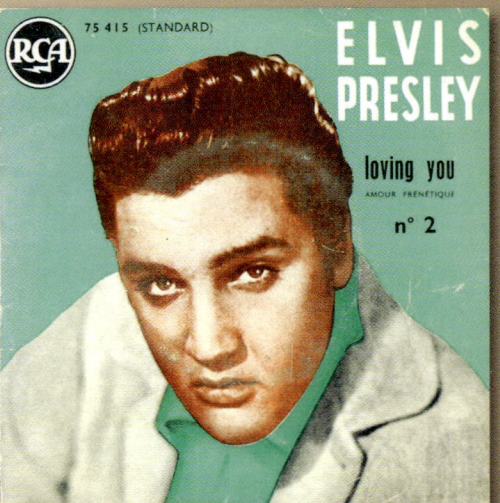

LOVING YOU | Elvis Presley
accompagné par Les Jordanaires
(Bandes sonores des films d'Elvis Presley) |
45 tours EP | RCA | 1958 | France

LOVING YOU | Elvis Presley
accompagné par Les Jordanaires
(Bandes sonores des films d'Elvis Presley) |
45 tours EP | RCA | 1958 | France

"Si je trouvais un blanc qui a le feeling et la voix d'un noir, je crois que je deviendrais millionnaire." Sam Phillips

Depuis bien sûr, il rêve de refaire un coup semblable, ou plus fort encore si cette fois, il peut le publier sous son propre label et en assurer lui-même la diffusion. Mais il sait que ce n'est pas gagné, surtout avec ce clivage en deux de la population : noirs d'un côté, blancs de l'autre, charts "race"pour les uns, "pop" pour les autres. D'où son idée de la réussite absolue, mais qui s'apparente à la quadrature du cercle : trouver un blanc qui chante comme un noir. Sa tessiture noire le ferait entrer dans les charts "race", son physique dans les charts "pop" et hop que je t'embrouille, que tous ces fichus clivages implosent, que tous les publics se mélangent et qu'on crée de super vedettes pour l'ensemble des communautés, dans toute l'Amérique !

Voilà certainement ce que Sam Phillips a en tête ce jour-là, quand ce gamin mal dégrossi pousse la porte de la boutique, sa guitare à la main.

Marion Keisker l'a déjà vu. Il vient souvent rôder dans les parages. Il a même quelques mois plus tôt sorti quelques dollars pour graver un disque, s'accompagnant lui-même sur sa guitare. *"C'est pour offrir à M'an"*, avait-il marmonné en guise d'excuse. Vrai que la chose n'avait rien d'extraordinaire. Pourtant Marion avait noté que la voix était posée et le timbre intéressant. Si jamais vous cherchez un chanteur... avait-il ajouté en sortant du studio. Marion avait noté un numéro de téléphone. Et aujourd'hui, lorsque Sam lui a dit vouloir refaire des essais avec Scotty et Bill, et chercher un chanteur, l'image du gamin lui revient en mémoire...

Scotty Moore, guitariste et Bill Black, bassiste, font partie des familiers du studio. Phillips les convoque régulièrement pour des cessions, de plus ils accompagnent nombre de vedettes locales lors de concerts publics ou de soirées. Mais ce jour-là les choses sont différentes. Toujours travaillé par l'idée de faire surgir de nouveaux sons, de nouveaux rythmes, une nouvelle musique, Sam leur propose de se lâcher. Comme ça, pour voir...

Le jeune Presley – car c'est bien de lui dont il s'agit – a la même feuille de route. Derrière la console, Sam enregistre. Le trio s'essaye à des succès du temps : *Harbor Lights* de Bing Crosby, *I Love you Because* de Leon Payne. Ils refont des prises, le temps passe, les musiciens transpirent, Sam Phillips baille. Une pause est décidée à l'unanimité. Tout en sirotant leur coca, ils bavardent. Elvis parle soudain d'un vieux blues du chanteur Arthur Crudup dont il raffole : *That's All Right Mama*. Sam tend l'oreille car jamais il n'aurait imaginé qu'un jeune blanc puisse connaître ainsi le répertoire d'un vieux bluesman...

Soudain, Elvis se lève et s'approche du micro.

Scotty Moore raconte : *"Il s'est mis à chanter tout en sautant et faisant l'andouille. Bill aussi a pris sa basse et fait l'idiot. Du coup, à mon tour je me suis mis à jouer. La porte de la cabine était restée ouverte. Sam a passé la tête et demandé qu'est-ce qu'on fabriquait. On a répondu qu'on ne savait pas. Eh bien continuez, qu'il nous a dit, continuez et surtout n'arrêtez pas, j'enregistre !"*

Ils enregistrent tout le restant de la journée. Et dans les jours qui suivent, Sam Phillips sent qu'il tient sans doute quelque chose. Peut-être bien sa quadrature du cercle. Accéléré, le vieux blues de Crudup prend des airs de hillbilly, mais en plus brutal, en plus nerveux, en plus rauque.

Vont suivre *Blue Moon of Old Kentucky*, *Mystery train*, *Good Rockin To Night*, et une poignée d'autres titres qui donneront lieu à quatre 45 tours simples flanqués du soleil jaune du label Sun. Sam Phillips n'est pas du genre à attendre le succès les bras ballants : quand il n'est pas derrière sa console, il est au téléphone à relancer tous les amis, les collègues, les connaissances qu'il a pu se faire dans les milieux du disque, de la presse et de la radio. On le voit encore sillonnant l'État, sa camionnette chargée de cartons de disques qu'il livre lui-même aux disquaires. Et pour Sam comme Elvis, le succès vient. Pas d'un seul coup, mais chaque jour un peu plus que la veille : là un papier élogieux sur le garçon, là un disc-jockey – comme le célèbre Dewey Phillips – qui passe son premier disque en boucle, là un concert en plein air qui fait un tabac, là une poignée de fans qui le guettent pendant des heures, là une interview, là encore une proposition de tournée...

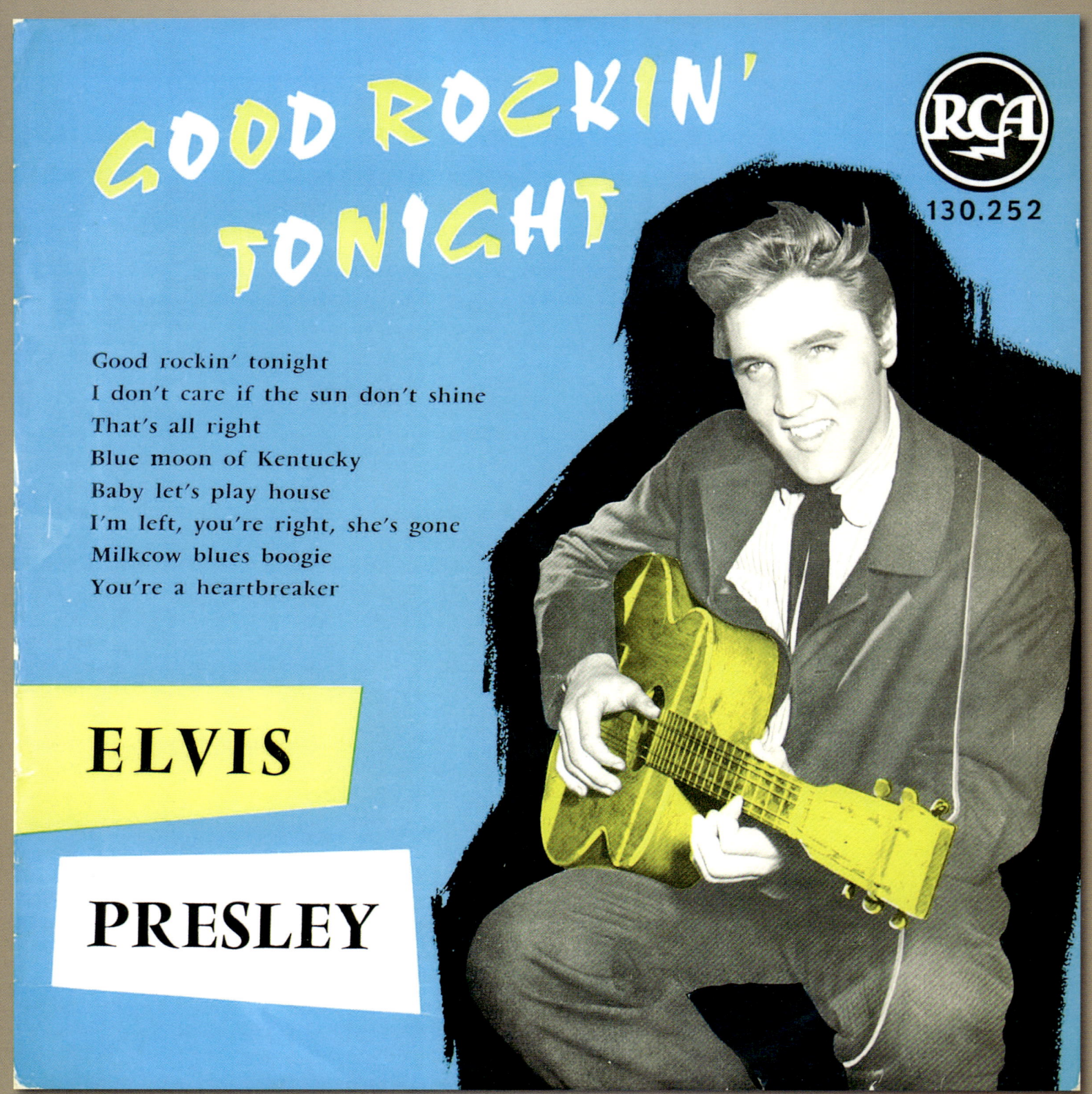

GOOD ROCKIN' TONIGHT

Good rockin' tonight
I don't care if the sun don't shine
That's all right
Blue moon of Kentucky
Baby let's play house
I'm left, you're right, she's gone
Milkcow blues boogie
You're a heartbreaker

RCA

130.252

ELVIS

PRESLEY

GOOD ROCKIN' TONIGHT | Elvis Presley | 33 tours 25 cm | RCA | 1961 | France

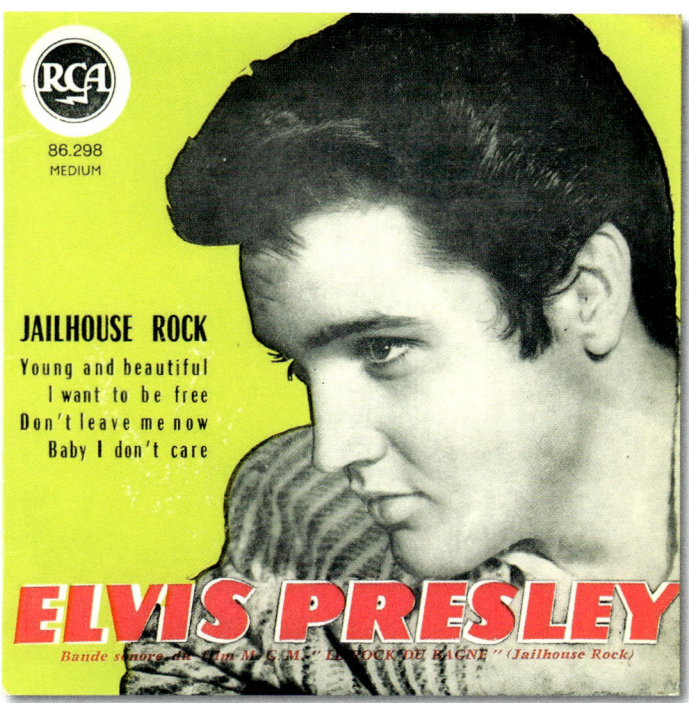

JAILHOUSE ROCK | Elvis Presley accompagné par Les Jordanaires
(Bandes sonores des films d'Elvis Presley) | 45 tours EP | RCA | 1958 | France

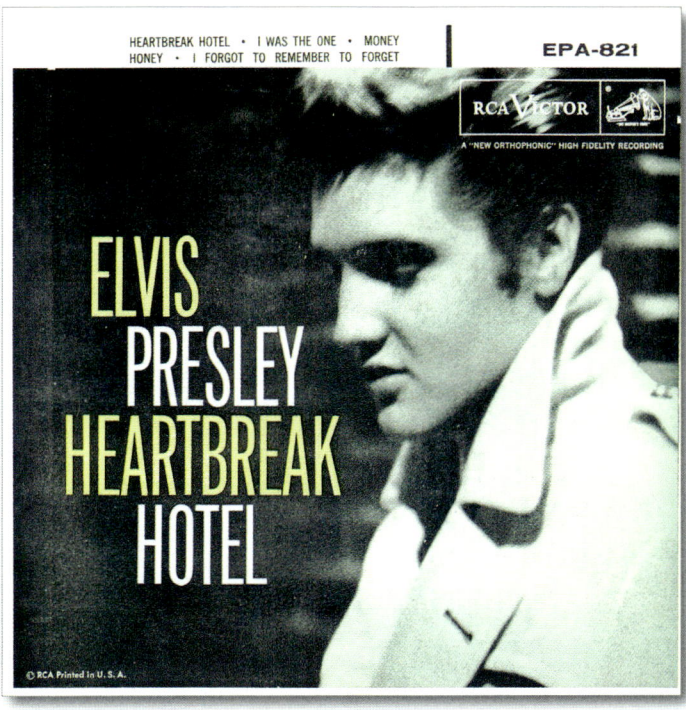

HEARTBREAK HOTEL | Elvis Presley | 45 tours EP | RCA Victor | USA

Accompagné des incontournables Scotty Moore et Bill Black que rejoindra bientôt le batteur D.J. Fontana, Elvis tourne et se rôde à la scène. Il met au point tout autant son travail musical que son jeu scénique, testant chaque jour un petit détail, mouvement de l'épaule, du bras, de la hanche, mimique suggestive, grimaces et notant leur éventuel impact.

> *"Le rock'n'roll existe depuis déjà un moment. Avant on l'appelait le rhythm'n'blues. C'etait déjà un truc formidable. C'est devenu encore plus énorme !"*
> **Elvis Presley**

Accompagné de ses *Blue Moons Boys*, alias Bill et Scotty, il se produit fin 1955 au Norfolk Municipal Auditorium en Virginie dans le cadre de la tournée *Hank Snow*. Parmi le public, un ado enthousiaste qui s'appelle encore Eugene Vincent Craddock mais qui simplifiera prochainement son nom en Gene Vincent. Un autre ado enthousiaste va ouvrir avec son groupe le show organisé à Lubbock au Texas quelques semaines plus tard : un certain Buddy Holley qui bientôt abandonnera le "e" de son patronyme. *"Elvis avait un look pas possible,* se souvient Sonny Curtis, futur "Cricket" de Buddy, *des chaussures en daim blanc, des pantalons rouges et une veste saumon ! Et il se remuait comme un damné !"*

Un autre spectateur ne perd rien de la prestation de cette soirée-là. Un certain Tom Parker, autoproclamé colonel, homme d'affaires avisé, mais rapace qui s'est spécialisé depuis quelques années dans la promotion d'artistes populaires. Parmi l'ensemble des vedettes qui se produisent, deux artistes retiennent tout particulièrement son attention : Buddy et Elvis. L'homme, ventripotent et volontiers grossier, un éternel cigare collé sous le pif, ne nourrit aucun amour particulier pour le rock'n'roll. Juste que ces deux-là, il les sent. Enfin, il sent l'argent qu'ils peuvent représenter.

En final il choisit Elvis auquel il se fait présenter en sortie de scène . Il le toise, cigare au bec : *"Petit, va falloir que l'on cause..."* Dorénavant plus rien ne sera comme d'habitude...

Le colonel ne s'intéresse ni au public de Lubbock, ni à celui de Memphis : le public qu'il guigne, c'est celui de l'Amérique tout entière, ni plus, ni moins. Il n'aura donc de cesse de sortir son poulain de son coin de bouseux pour le faire grimper sur le tremplin national. Les disques Sun certes se vendent bien, mais ici, dans le Sud. Et à New-York ? Et à Chicago ? Et à Los Angeles ? Parker n'aura de cesse de faire racheter le contrat de Sam Phillips par une "major". Le bougre s'y connaît en affaires et fait monter les prix. Les enchères atteignent 40 000 dollars, somme jamais atteinte pour la revente d'un contrat d'artiste, et Sam Phillips finit par passer l'éponge. L'heureux repreneur s'appelle RCA. Pour fêter l'événement, il offre à Elvis une Cadillac blanche, rutilante. On imagine l'attroupement lorsque, partant à la suite du colonel pour de triomphales aventures, il ira faire la bise à ses parents et saluer ses vieux potes dans la banlieue de Memphis !

Tom Parker a-t-il lu le *Pygmalion* de Bernard Shaw ? Rien n'est moins sûr : notre homme, ancien forain, ne doit guère être porté sur la littérature, hormis celle, dans les tabloïds, qui lui est consacrée ! Alors s'il n'a pas lu ou vu la pièce de Shaw, il la réinvente lui-même fort bien. Prenant en main la carrière d'Elvis, il prend de fait en main la totalité de sa vie. Dans celle-ci, il intervient à tout niveau : choix des tenues, teneur des interviews, choix des prestations et des émissions, sélection des titres et des dates d'enregistrement, plus tard choix des navets cinématographiques dans lesquels son préféré s'embourbera...
Dans l'immédiat, il remonte les bretelles à ce malheureux Bill Black. Que celui-ci cesse de faire le pitre sur sa contrebasse. C'est Elvis que le public vient voir, pas lui. Et puis qu'il se mette plutôt à la guitare basse : le son en est plus moderne. Et puis qu'il cesse de vendre des photos d'Elvis en sortie de concert pour arrondir ses fins de mois. Le business, c'est lui, Parker, et rien que lui ! Et pour serrer les cordons de la bourse, il s'y entend. Au plus fort de la carrière du "King" les prestations de

Bill et Scotty resteront tarifées de la même manière : 200 dollars la semaine, à prendre ou à laisser. Un jour, ils laisseront. Dommage...

Dans les semaines qui suivent ce rachat, Elvis ne chôme pas. RCA et avec lui le colonel sont bien décidés à faire fructifier ce pactole. Début 1956, trois mois après le passage sur le catalogue RCA, sort *Heartbreak Hotel*. Première place au top ten, deux mois plus tard, disque d'or. Les enregistrements ne cessent plus. Autre atout par rapport à son rival du moment, Bill Haley : le répertoire. Les tandems Leiber & Stoller ou Pomus & Shuman lui écrivent sur mesure des morceaux mémorables, toniques, irrésistibles et qui presque tous cartonnent : *Hount Dog, Lovin'you, Jailhouse Rock, Surrender, Little Sister, His Latest Flame*. Elvis triomphe également avec une belle reprise *Blue Suede Shoes*, véritable hymne au rock'n'roll que vient d'écrire son petit camarade Carl Perkins, nouvelle recrue de Sam Phillips et vedette des disques Sun.

Sur le premier semestre de l'année 1956, Elvis ne donne pas moins de 120 concerts, concerts auxquels on n'entend du reste à peu près rien, les spectatrices hurlant en permanence ! Il apparaît aux plus grands shows télévisés du pays, ceux des frères Dorsey, de Milton Berle, de Steve Allen, et même de Ed Sullivan qui avait pourtant juré, craché, promis quelques semaines plus tôt, que jamais le voyou sudiste n'apparaîtrait à son émission.
Et ce n'est pas tout : le colonel lui a dégoté le rôle vedette dans un film de la Fox, un western prévu pour s'appeler *The Reno Brothers* mais qui en final prendra le titre phare de la bande son –bien sûr chantée par Presley– *Love Me Tender*. À sa sortie, en novembre, le film provoqua de véritables émeutes et se classa aussitôt parmi les plus grosses entrées de l'année...
1957 ne fait pour Elvis que confirmer 1956. Tournées, disques, émissions, films, il réussit tout, tout lui réussit. L'argent coule à flots. Il offre des Cadillac en quantité, salarie des copains afin que ceux-ci l'accompagnent en tournées, il achète le 19 mars à Memphis une gigantesque demeure de style géorgien de 900 m², où il convie Gladys et Vernon, ses parents, à venir habiter...

SHAKE, RATTLE AND ROLL   BLUE MOON
I LOVE YOU BECAUSE   LAWDY, MISS CLAWDY   EPA-830

RCA VICTOR
A "NEW ORTHOPHONIC" HIGH FIDELITY RECORDING

ELVIS PRESLEY

© RCA Printed in U.S.A.

ELVIS PRESLEY | 45 tours EP | RCA | USA
Une rare pochette figurant Elvis Presley sur scène, accompagné de ses fidèles Scotty Moore (à gauche, à la guitare) et Bill Black (à droite, à la contrebasse).

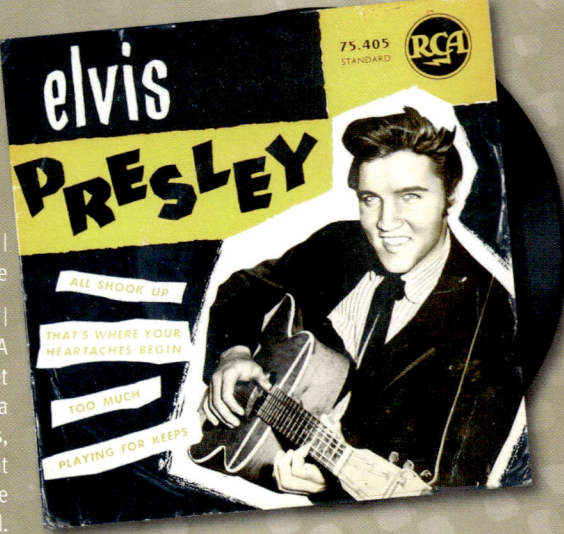

ELVIS PRESLEY |
45 tours EP | RCA | 1959 | France

GLORYLAND | The Jordanaires |
45 tours EP | Capitol | 1956 | USA
Le quatuor vocal des Jordanaires formé en 1948 et
composé de deux ténors, un baryton et une basse a
accompagné des grands noms du rock comme Elvis,
Ricky Nelson ou Johnny Cash. Mais il a également
enregistré de façon autonome nombre de morceaux de
rock'n'roll, de country ou de gospel.

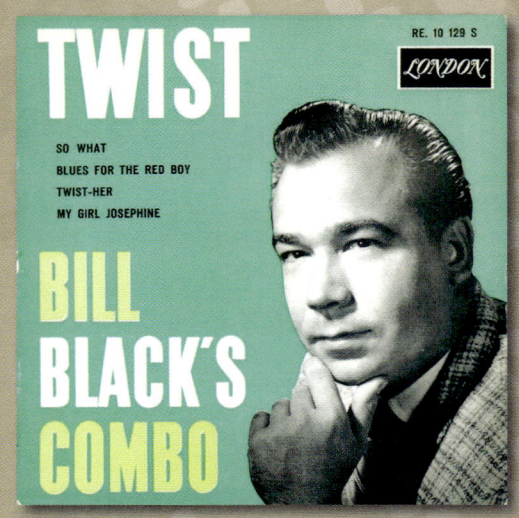

TWIST | Bill Black's Combo |
45 tours EP | London | 1962 | France
Après qu'il se soit séparé d'Elvis (et surtout du colonel
Parker !) Bill Black forme en 1959 son propre groupe
instrumental, the Bill Black's Combo dont le hit
Smokie se positionne à la 20ᵉ place dans
les charts pop et rhythm'n'blues.

G.I. BLUES | Elvis Presley (photo du film) |
45 tours EP | RCA | 1961 | France

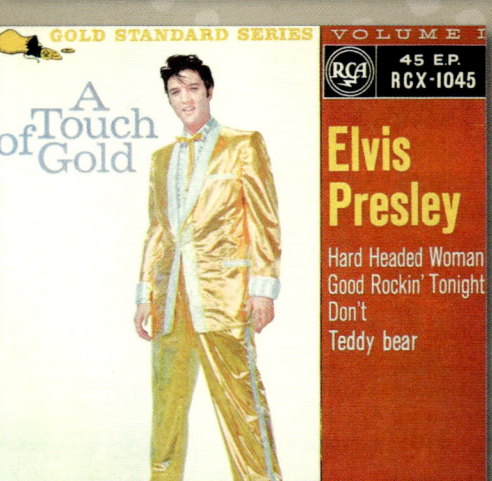

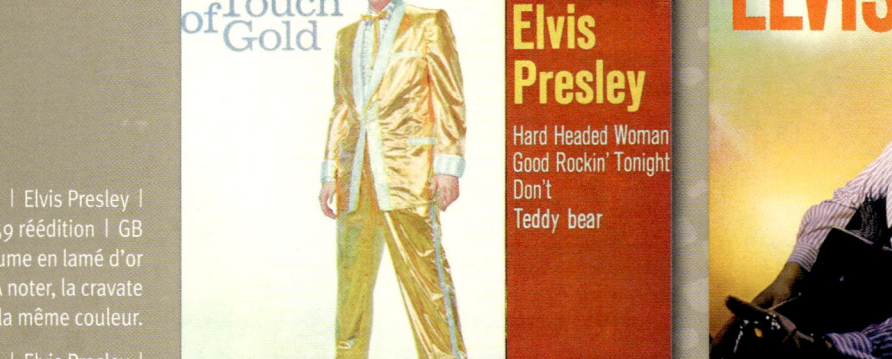

A TOUCH OF GOLD | Elvis Presley |
45 tours EP | RCA | 1959 réédition | GB
Elvis arbore le fameux costume en lamé d'or
conçu par Nudie. À noter, la cravate
et les chaussures de la même couleur.

ELVIS | Elvis Presley |
33 tours 30 cm | RCA Victor | France

L'année 1958, marquera un tournant dans sa carrière comme dans vie. Il y a le service militaire qui l'entraîne près de deux ans loin de chez lui et de son public, en Allemagne près de Francfort. Il y a surtout la disparition brutale de sa mère, le 14 août, avec laquelle il entretenait une relation fusionnelle...

> *"Le rock'n'roll est mort le jour où Elvis est parti à l'armée."*
> John Lennon

Elvis est rendu à la vie civile le 5 mars 1960. Malin, le colonel a fait en sorte que l'image et la voix de son poulain restent bien présentes chez ses fans durant ces deux années d'absence. Il a notamment fait publier un album 33 tours reprenant des titres enregistrés précédemment, sous le titre *50 000 000 Elvis's Fans Can't'be Wrong* (50 millions de fans d'Elvis ne peuvent s'être trompés), présentant le chanteur habillé d'un costume, d'une cravate et de chaussures réalisés en lamé or, par Nudie, le célèbre tailleur excentrique des vedettes !

Pour Elvis, le travail de star reprend : à nouveau enregistrements, émissions, tournages. Le nouveau film en route –le cinquième– a pour titre *GI Blues* et capitalise sur le service du King en Allemagne. Question scénarios, les productions auxquelles il participe ne s'améliorent guère. Son répertoire musical –dès lors composé en grande part des bandes-sons de ses films– non plus !
It's Now or Never, son grand succès de l'année 1960 est un démarquage du fameux *O Sole Mio* napolitain. Sans doute lui permet-il de mettre sa formidable voix en valeur notamment dans les graves, mais le rock'n'roll est cette fois bien loin...
Phénomène qui sera hélas inéluctable. Hormis quelques salutaires réactions, comme ce show télévisé de 1968 où il apparaît –à la planète presque entière– juvénile et drôle, vêtu de cuir noir, entouré de ses vieux compagnons Scotty Moore et D.J. Fontana, pour chanter quelques solides rock'n'roll de ses débuts. Mais le colonel n'a jamais eu pour but de faire de Presley le plus grand chanteur de rock du monde, mais seulement le plus grand chanteur. Alors le répertoire compte peu. Et Elvis qui sa vie durant reste fidèle au colonel et ne remet jamais en cause le contrat les liant, enregistre ou tourne à la guise de ce dernier.
La mainmise de Tom Parker sur Elvis s'étend bien au-delà du simple choix de titres à enregistrer, ou de films à tourner. Il façonne littéralement son poulain, voulant en faire un être à part, inaccessible, situé si ce n'est au-dessus du restant de ses semblables et même de ses pairs, tout au moins ailleurs.

Isolé dans la gigantesque maison et le vaste domaine de Graceland, Elvis désormais refuse les interviews et les shows télé. Ses apparitions publiques se font rares, ses concerts plus encore. Entouré de sa famille mais encore d'un groupe d'amis vivant avec lui à demeure et qu'il entretient, le King lentement se désincarne, devient légende. Est-il au courant de ce qui se passe par-delà les hauts murs de Graceland et son gigantesque portail de fer forgé figurant une guitare et des notes de musique ? Certes, en août 1965 il passe une soirée avec ceux qu'on lui présente comme ses plus dangereux rivaux : les Beatles. Mais la rencontre est savamment organisée comme le sont toutes les rencontres, tous les événements le concernant. Jamais quoi que ce soit n'est laissé au hasard. Sa vie est devenue une cage dorée. Dorée certes, mais cage quand même ! Lui arrive-t-il de rêver de liberté, de retrouver les rues pauvres des banlieues de Memphis, de revoir le temps où il rôdait autour des stores verts des studios Sun, où il chantait dans les fêtes pour séduire une jolie brunette ou gagner quelques dollars ?
Quoi qu'il en soit, sous la férule implacable du colonel, il continue à tourner et enregistrer. En tout, plus de 500 titres et 30 films. À la fin des années soixante, il devient la coqueluche de Las Vegas où il se produit régulièrement devant une clientèle sélecte et fortunée. Il connaît déjà l'endroit pour s'y être fait jeter lors d'un engagement avorté en 1955, puis pour y avoir épousé le 1er mai 1967 Priscilla Ann Beaulieu, à l'Aladdin Hotel. Entre 1969 et 1977, l'année de sa mort, il donnera à Vegas pas moins de 600 concerts !

Pourtant le cœur n'y est plus. Malgré le barrage qu'opèrent le colonel et ses proches, il note bien le changement d'attitude des médias et des nouvelles générations à son égard : ses films sont taxés de nanars, ses albums se vendent moins et sont en tout cas indifférents aux nouveaux teenagers qui ne jurent plus que par les Beatles, les Rolling Stones, les Doors. Face à ces nouveaux venus, son image a pris un terrible coup de vieux. Et les costumes comme les scénographies qui habillent aujourd'hui ses spectacles ne font qu'amplifier le phénomène. Lorsqu'il s'avance sur la scène vêtu de costume blanc serti de pierres précieuses et qu'il ouvre les bras, faisant s'envoler les pans de sa cape brodée, le tout sur fond du *Ainsi parlait Zaratoustra* de Richard Strauss, il développe un kitsch qui enthousiasme les rombières de Las Vegas, mais font pisser de rire les amateurs de british blues ou de psychédélisme.

Dans le même temps, dépressif, il est bourré de pilules par son médecin traitant, lui-même appartenant au clan des familiers, la "Memphis Maffia" bien nommée... Il s'empiffre, grossit, frise l'obésité, suit un régime drastique pour les nécessités d'une prestation, déprime, redevient boulimique... Sa santé s'en ressent. Son physique aussi. Au-delà d'une musique et d'orchestrations qui datent, au-delà de ses costumes de cirque, son visage apparaît gras, lourd, bouffi.
Fatigué, malade, dépressif, il n'est pourtant pas idiot, loin s'en faut. Parfois il rêve de retourner à la bagarre, de défier tous ces nouveaux venus, ces blancs-becs ! Remonter une tournée en Angleterre, en Europe, leur montrer qu'il est toujours le King !
Mais le colonel n'y tient pas trop. Pour lui, entre navets hollywoodiens et spectacles pour rombières à Vegas, tout va bien...

Perdu parmi ses pilules, ses faux amis et ses rêves de réincarnation, le roi du rock'n'roll meurt d'une crise d'arythmie cardiaque le matin du 16 août 1977.
Mais l'histoire du King n'est pourtant pas finie pour autant. Désormais, c'est la légende qui prend la relève et poursuit son aventure ! Légende concernant sa mort, pour commencer ! Car celle-ci semble comporter

ELVIS' CHRISTMAS ALBUM (Elvis Sings Christmas Songs) | 33 tours 30 cm |
RCA Victor | USA

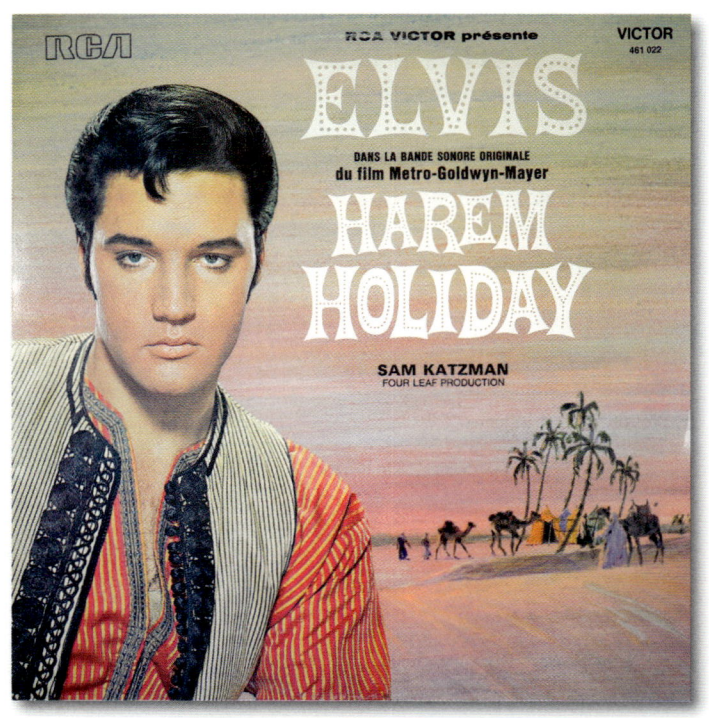

HAREM HOLIDAY | Elvis Presley (Photo du film) |
33 tours 30 cm | RCA Victor | France

ELVIS IS BACK | Elvis Presley | 33 tours 30 cm | RCA Victor | France

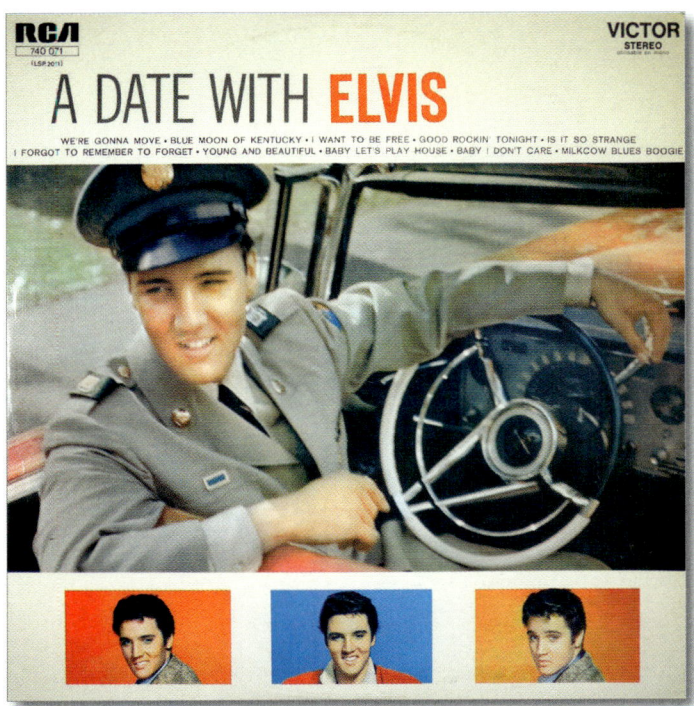

A DATE WITH ELVIS | Elvis Presley | 33 tours 30 cm | RCA Victor | Réédition 70 | France
Aiguillonné par le Colonel Parker, le Sergent Elvis Aaron Presley pense à envoyer des nouvelles à ses fans, de son lointain cantonnement allemand de Friedberg.

KISSIN'COUSINS | Elvis Presley (photos du film) |
33 tours 30 cm | RCA Victor | France

de nombreuses zones d'ombre, de passionnants mystères dont les fans comme les journaux à sensation aussitôt s'emparent. Et si le King avait été assassiné ? Et si au contraire il n'était pas mort ? Et si son cercueil transportait quelqu'un d'autre ?

Quoi qu'il en soit, Graceland –où il est enterré aux côtés de sa mère et de son frère jumeau mort-né Jesse Garon– devient aussitôt un sanctuaire. Du monde entier, les foules affluent. Cinq cent mille pèlerins pour les seuls derniers mois de l'année 1977 !
Le merchandising s'en donne plus que jamais à cœur joie. Des visites guidées de Graceland sont organisées, des conventions annuelles, des concours de sosies. Des documentaires, films ou téléfilms sont tournés en pagaille. Mais le plus extraordinaire reste la vente même des disques qui, tous supports confondus, du 78 tours au CD, représente aujourd'hui à travers le monde plus d'un milliard d'exemplaires.

À ce jour le King n'est pas encore détrôné...

> *"La mort d'Elvis Presley prive notre nation d'une partie d'elle-même. Dans le monde entier, il symbolisait la virilité, la rébellion et la bonne humeur. Il était unique et irremplaçable. Sa musique et sa personnalité ont radicalement transformé l'aspect de la musique populaire américaine."*
>
> Jimmy Carter, Président des États-Unis d'Amérique

FRANKIE AND JOHNNY | Elvis Presley (photo du film) | 33 tours 30 cm | RCA Victor | France

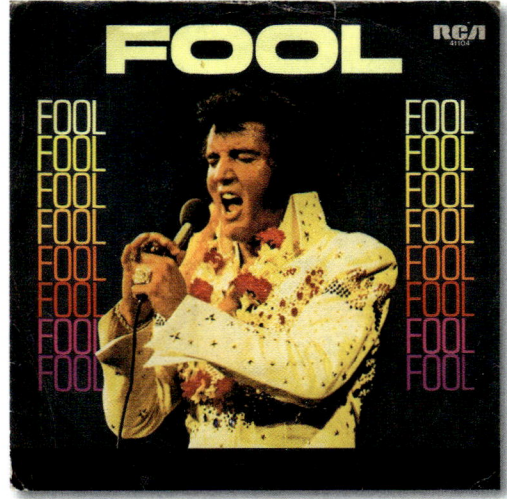

FOOL | Elvis Presley | 45 tours simple | RCA | 1973 | France

GRACELAND | ELVIS RECORDED LIVE ON STAGE IN MEMPHIS | Elvis Presley | photo Road Show | 33 tours 30 cm | RCA | France | Le sanctuaire où le King a vécu et où il repose, a reçu depuis son ouverture au public environ 15 millions de visiteurs. Encore aujourd'hui il reçoit entre 600 000 et 700 000 visites par an.

La musique de dieu et celle du diable

#5

Si Sam Phillips s'est laissé finalement convaincre de céder le contrat de Presley à RCA, c'est qu'il a d'ores et déjà des idées extrêmement précises sur la façon dont il va utiliser ses 35 000 dollars (40 000 moins les 5 000 d'Elvis). D'autres prétendants frappent toutes les semaines à la porte du Studio Sun, 706 Union Avenue.

Le dernier en date est un petit gars du Sud, un jeunot lui aussi, l'œil vif, le cheveu long et bouclé, le sourire sardonique. Curieusement, il ne joue pas de la guitare, mais du piano. Pas de problème, le studio en a un. Jack Clement, l'assistant de Sam, l'enregistre à deux reprises. La seconde qui produit le rock médium *End of the Road* est excellente. Sam et le garçon se serrent la pince.

On sort une bouteille et des contrats types :

- *"Quel nom tu as dit ?"*
- *"Lewis. Jerry Lee."*

Ils signent. En décembre 1956, son premier 45 tours paraît chez Sun. Face A, *End of the Road*, face B, une reprise vitaminée du *Crazy Arms* de Ray Price. Voilà qui, pour le garçon, fera un beau cadeau de Noël à offrir à la famille !

Jerry Lee Lewis est né en septembre 1935 dans un village de Louisiane. Le climat familial est particulier : marqué autant par la religion que

JERRY LEE LEWIS | 33 tours 30 cm | London | 1959 | GB

THE GREAT BALL OF FIRE OF JERRY LEE LEWIS | 45 tours EP | Sun | 1958 | USA
Sous la pochette personnalisée figurant Lewis, son piano et les flammes de l'enfer (?), le vinyle marqué du mythique label jaune et des rayons de l'astre SUN.

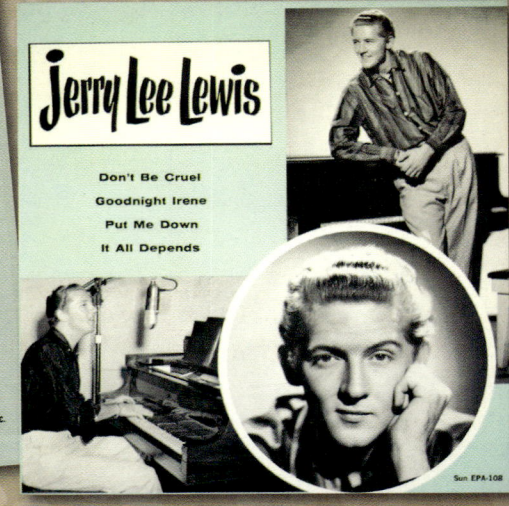

JERRY LEE LEWIS | 45 tours EP | Sun | 1958 | USA

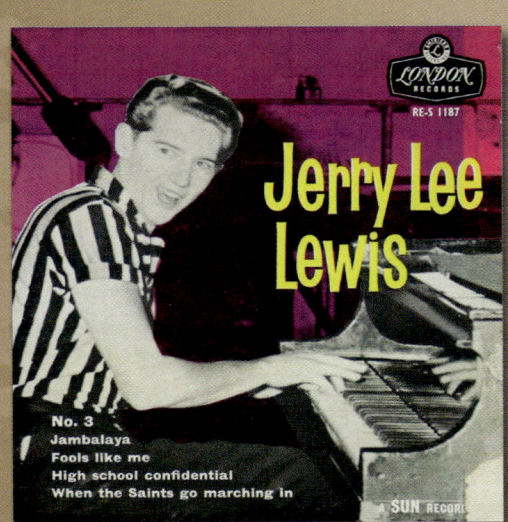

JERRY LEE LEWIS |
45 tours EP | London | 1959 | GB

4 MORE FROM JERRY LEE | Jerry Lee Lewis |
45 tours EP | London | 1963 | GB

JERRY LEE'S GREATEST | Jerry Lee Lewis |
33 tours 30 cm | London | 1961 | GB

par l'alcool, sans oublier les bagarres, le sexe et les armes à feu. Il y a eu des batailles rangées entre les fédéraux et les siens pour défendre l'énorme distillerie familiale clandestine camouflée sur la rive du lac Turtle. Les familles Lewis et Calhoun (son beau-frère) comptent des héros. Mais plus encore de soiffards. Quelques taulards et quelques religieux encore. Sans oublier des musiciens. Jerry Lee tiendra de tous à la fois. Comme ses deux cousins, Mickey Gilley et Jimmy Lee Swaggart, sensiblement du même âge, avec lesquels il fera l'incontournable parcours des bêtises d'enfants.

Dans le coin des Lewis, les sectes et les prédicateurs pullulent. Le bourg compte pas moins de cinq églises. En chaire, les hommes de dieu s'excitent, font de grands gestes, hurlent, décrivent les tourments de l'enfer, les diables aux langues bifides, les flammes rouges, les corps calcinés. Tout cela lui fait sans doute un peu peur, mais intéresse rudement le jeune Jerry Lee. Son cousin Jimmy Lee également, qui plus tard se fera pasteur.

En 1945, année de grande crue du Mississippi, le garçon se découvre une passion pour le piano. Il s'entraîne chez des copains et devient vite excellent. Entre deux raclées au rejeton, grand pourvoyeur de zéros pointés sur le carnet de notes, le père –qui a non seulement de la main mais de l'oreille– file à Monroe et lui ramène un piano d'occasion. Il le colle devant lui : *"Eh bien, vas-y ! Joue donc, bordel de dieu !"*

Jerry Lee joue en non-stop, chaque instant de la journée, chaque journée de la semaine, chaque semaine du mois. On oublie les zéros, on ne parle plus trop d'école...
Faute de professeur et de méthode, se fiant juste à son oreille et au souvenir de ce qu'il a entendu d'autres faire, il développe sur son piano droit Starck un jeu totalement personnel, martelant des accords lourds et rapides de la main gauche, tandis que la droite déroule la mélodie. Il joue des spirituals adaptés en boogies, des blues, de la country, des morceaux de Jimmie Rodgers ou de ses nouvelles idoles, Moon Mullican, Piano Red et Hank Williams.

Parfois la nuit, pour faire une pose, il s'en va avec son cousin Jimmy Lee, le futur pasteur, cambrioler quelques boutiques du centre ville. Ensuite il fourgue ça à des revendeurs, histoire de se faire de l'argent de poche...
Un jour il est pris. Ça se passe mal. La famille doit déménager.

À quinze ans, il entre à l'Institut biblique du Sud-Ouest, dans le comté d'Ellis. Il veut être pasteur. Mais les hauts murs et la discipline rigoureuse ont vite raison de sa vocation. Au terme d'un premier trimestre lamentable, après avoir donné une version très personnelle d'un hymne religieux sur l'orgue de la chapelle, Jerry Lee est renvoyé.

Il retrouve sa famille, son piano Starck, ses cousins avec lesquels reprennent les frasques et les concerts improvisés. À noter du reste que Mickey et Jimmy Lee feront eux aussi carrière de chanteurs-pianistes, l'un de rock'n'roll, l'autre de gospel. Pour fêter le retour au bercail, il se marie. Il triche sur son âge, se déclarant né en 1930, pour obtenir la licence. La cérémonie se déroule le 21 février, la mariée, Dorothy, ex-Barton et maintenant Lewis, est une jolie petite brunette de 17 ans, qu'il aura tôt fait de délaisser et qui, exaspérée, le quitte deux ans plus tard. Qu'à cela ne tienne : le voilà qui en épouse une autre qu'il vient d'engrosser. Détail : il a oublié de divorcer de la première. À 17 ans, il est déjà bigame !
Entre quelques larcins, quelques escroqueries et quelques brefs séjours en prison, Jerry Lee se produit dans des clubs. Ça marche pas trop mal et il rêve d'enregistrer. Dans les radios du Sud, Elvis fait un carton.
"Pourquoi t'irais pas voir le type qui l'a enregistré, suggère le cousin Gilley, *dans le fond, t'es aussi bon que ce Presley."*
Et voici notre homme à Memphis, 706 Union Avenue, devant les stores verts de Sun Records...

Décembre 1956. *End of the Road* n'est pas entré dans les charts, mais se vend correctement au niveau local. Sam envisage d'autres dates pour enregistrer son nouveau poulain.

Une après-midi, convoqué au studio pour participer à un enregistrement de Carl Perkins, autre nouvelle vedette des disques Sun, Jerry Lee voit débouler Elvis lui-même, qui quoique star des disques RCA n'en est pas moins resté un ami de Sam Phillips. Rejoints par Johnny Cash qui faisait des courses en ville avec madame, les gars fraternisent. Elvis se met au piano et improvise. Les quatre reprennent en chœur de vieux spirituals ou des tubes du moment. Bien sûr Sam enregistre. Tous n'ont d'yeux que pour Elvis ("l'homme le plus célèbre d'Amérique"?) et chantent doucement pour ne pas risquer de couvrir la voix du King. Tous sauf Jerry Lee. Quand ils reprennent le *Crazy Arms* de Pierce, Jerry Lee bouscule Elvis sur le tabouret du piano : "*Gicle, mec. Là-dessus, j'suis bien meilleur !*"

"Chez Sun, il n'y avait pas de jalousie. Nous étions tous des gars d'origine modeste qui rêvions de posséder une Cadillac. C'était naturel de se retrouver dans un studio et de faire le bœuf." Carl Perkins

15 avril 57. Le second disque de Lewis paraît : *Whole Lotta Shakin'goin on*. Un véritable brûlot. Jerry se déchaîne. La voix rugit, la main martèle le piano. Le rock'n'roll le plus endiablé, le plus furieux jamais enregistré ! Le titre grimpe simultanément dans les trois charts : country, pop et rhythm'n'blues. Fin juillet, Sam Phillips a déjà vendu plus de 100 000 copies. Et ce n'est pas fini, loin de là !
Jerry Lee qui est alors en tournée avec Perkins et Cash se découvre brusquement devenu une star. Pourtant il déclare : "*Pendant cette tournée, je gagnais environ cent dollars par jour. J'étais parti avec cinquante en poche, je suis revenu avec vingt cinq. Je ne sais pas comment ça s'est fait, mais c'est comme ça !*"

Sur scène, il développe un spectacle dantesque. Handicapé au départ par son instrument, le piano ne laissant pas la liberté d'action d'une guitare, il en fait rapidement un atout : il joue debout, frappe le clavier de sa botte, grimpe sur l'instrument et sans cesse apostrophe le public, l'excite, le déchaîne, le pousse à l'hystérie. Le terme "feu", "mettre le feu" revient souvent dans sa bouche. Revoit-il les flammes des sermons des prédicateurs de son enfance ? À un journaliste il lâche : "*Lors de mes concerts, j'emmène le public en enfer avec moi !*"
Le 3 novembre paraît *Great Balls of Fire* qui grimpe aussitôt dans les charts. Lewis est invité aux plus grandes émissions et à tous les grands shows. Les journalistes et les programmateurs se l'arrachent. On le présente dès lors comme le plus dangereux rival, voire le successeur d'Elvis…
Jerry Lee que l'on appelle – et qui demande à ce qu'on l'appelle ! – "The Killer" (le tueur), ne dément en aucune manière son intention de filer prochainement une petite branlée à ce brave plouc que l'Amérique prend pour un dieu.

"Au début, dans les années cinquante, ils cassaient nos disques en direct à la télé en disant : 'Ça ne durera pas !' Et merde ! Ça a duré ! Le rock est toujours là, plus fort que jamais ! Si ce truc-là avait dû mourir, il serait déjà mort !" Jerry Lee Lewis

En janvier 1958, il s'envole pour l'Australie, aux côtés de Paul Anka et de Buddy Holly et ses Crickets. S'il est aussitôt pote avec Buddy – avec lequel il a déjà fait des dates en 1957 –, il insupporte par contre Paul Anka, la coqueluche des tout jeunes ados du moment, via son tube planétaire *Diana*. Paul n'est alors qu'un gamin rondouillard de 15 ans, surdoué mais mal dans sa peau. Jerry Lee entreprend de parfaire son éducation.

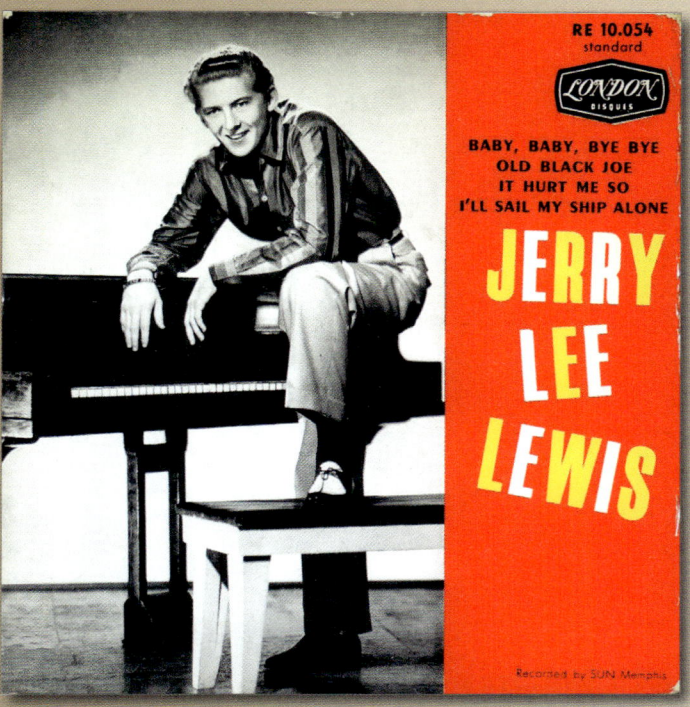

JERRY LEE LEWIS | 45 tours EP | London | 1960 | France
Dans les années cinquante et même au début de la décennie suivante, les clichés des musiciens ou chanteurs d'outre-Atlantique étaient rares, obligeant les éditeurs européens à décliner la même photo sur plusieurs pochettes de l'artiste.

JERRY LEE LEWIS | 45 tours EP | London | 1962 | France

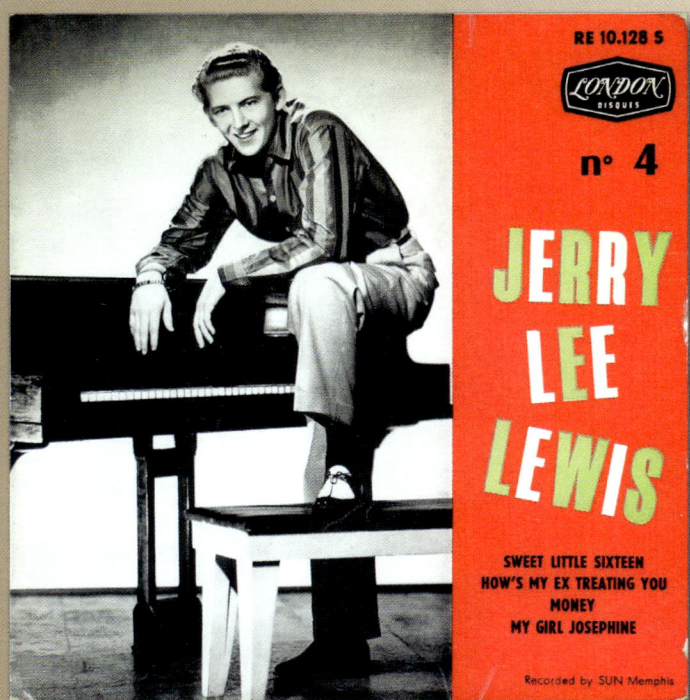

JERRY LEE LEWIS | 45 tours EP | London | 1963 | France

THE RETURN OF ROCK | Jerry Lee Lewis |
33 tours 30 cm | Smash Records | 1965 | USA

JERRY LEE LEWIS : ENREGISTREMENT PUBLIC AU STAR-CLUB D'HAMBOURG |
33 tours 30 cm | Philips | 1964 | France
Considérée comme représentant le meilleur enregistrement public de rock'n'roll de tous les temps,
la prestation de Lewis, soutenue par le groupe britannique des Nashville Teens, et délivrée dans le lieu
le plus mythique de la scène allemande, atteint des sommets inégalés. Il revisite tous ses classiques
mais encore des titres de Ray Charles (What I Say, I Got a Woman),
Carl Perkins (Matchbox), ou Little Richard (Long Tall Sally).

Lors du premier dîner à Sydney, il pousse son jeune confrère à abandonner le coca pour de la bière, une boisson d'homme. Résultat, c'est un Paul Anka complètement bourré qui monte sur scène, titubant et ânonnant tandis que son méchant compère, dans les coulisses, se plie de rire !

Jerry Lee Lewis, on l'aura compris, est tout sauf un gentil garçon !

Lors de la même tournée, dans un pub de Brisbane, une ville à 310 miles au nord de Sidney, Lewis est pris d'une bouffée de haine à l'égard des Australiens, tellement cons à l'en croire, qu'incapables de faire la différence entre un verre de pisse et un verre de bière. Sur ce, passant de la théorie à la pratique, le voici qui devant le comptoir se débraguette et remplit sa chope vide puis la tend à son voisin, un grand balèze de fermier : *"Tiens, goutte-moi ça mon pote ! c'est de l'américaine !"*

On devine la suite. Bagarre générale. Police, intervention des organisateurs, etc.

Le 28 mars, rentré aux USA, Jerry Lee est invité à New York, au *Paramount* de Brooklyn pour le coup d'envoi de la nouvelle tournée organisée par l'animateur vedette Alan Freed. Au programme de celle-ci, à nouveau Buddy, mais encore Frankie Lymon, les Chantels, Chuck Berry et quelques autres. Depuis un an, fort de sa célébrité, Jerry Lee exige de clôturer les concerts, ce que les organisateurs agréent généralement sans grande difficulté. Mais là surgit un problème, car Chuck Berry manifeste exactement les mêmes exigences. Discussions, tractations, comparaison des chiffes de vente, du nombre de titres classés, ce qu'on appellerait aujourd'hui l'indice de popularité. Rude coup pour Lewis, Berry l'emporte. Le pianiste blémit, se ronge le poing mais se tait.

Le soir en question, Jerry Lee, positionné juste avant Chuck Berry, fait une prestation inouie, mettant le public en transe totale. Celui-ci, au bord de l'hystérie a renversé les barrières et les sièges et se masse contre la scène. Jerry Lee termine son show par *Great Balls of Fire*. Tout en martelant les touches du piano, le voilà qui sort une bouteille de sa poche. Une bouteille d'essence dont il répand, sans cesser de jouer, le contenu sur le clavier. Puis, martelant toujours

celui-ci de la main gauche, de la droite il allume son briquet qu'il jette dessus. Aussitôt le piano s'enflamme. Mais Jerry Lee n'en a cure. Il frappe l'instrument en feu et conclut en apothéose. Il quitte la scène sous une ovation monstrueuse, et, croisant Berry qui va pour y entrer, lui lâche : *"Assure après ça, négro !"*

C'est en mai que les choses se gâtent. Il est la vedette d'une grande tournée anglaise et débarque à Heathrow, le 22 mai, en compagnie de sa nouvelle femme, Myria Gale, la fille de son bassiste, épousée quelques semaines plus tôt. Comme elle semble particulièrement jeune, les journalistes l'interrogent sur son âge. *"Quinze ans"*, répond-elle. Les journalistes apprennent à l'occasion que c'est la troisième épouse du chanteur et qu'elle est également sa cousine. Plus tard, on saura qu'elle n'avait pas 15 ans, mais 13 ans ! *"Dans la famille, nous sommes très portés sur le sexe, et très jeunes"*, expliquera vainement la sœur du chanteur.

Au lendemain de ces déclarations, la presse déclenche un véritable tollé autour du jeune couple et des mœurs de Lewis. Elle encourage au boycott de la tournée, expliquant que c'est faire preuve de morale et de civisme que de refuser de se rendre là où l'olibrius se produit ! D'un coup, le château de cartes s'effondre. Les billets sont échangés ou revendus, les salles sont à moitié vides, le public, remonté, le siffle et le hue. C'est la catastrophe. Les organisateurs annulent tout, Lewis et sa jeune compagne ré-embarquent pour l'Amérique. Non sans avoir touché, en dédommagement un chèque de 7 000 dollars.

"Ces gens-là n'y connaissent rien au rock, déclarera-t-il à son retour à New York. C'est rien qu'une bande de puritains et de grincheux. J'ai pas été expulsé, je suis rentré voilà tout !"

Ce retour sonnera pourtant pour Jerry Lee la fin de ses grandes espérances. Là, en ce premier semestre de l'année 1958, il est au sommet de sa carrière et de sa gloire, il ne fera dès lors que redescendre. Plus ou moins, et plus ou moins vite, cela dépend. Et avec encore quelques beaux come-back, il est vrai. Mais son rêve de surpasser Elvis se finit là.

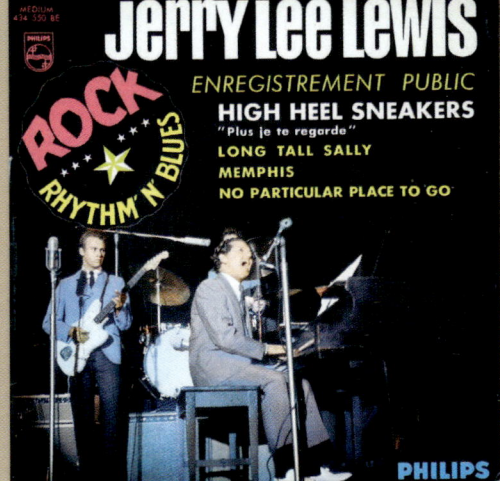

DOWN THE LINE | Mickey Gilley | 33 tours 30 cm |
Charly Records | 1980 | GB | Avec le futur pasteur
Jimmy Lee Swaggart, Mickey Gilley et Jerry Lee Lewis
– tous trois cousins – formèrent durant leur adolescence
un trio façon Pieds Nickelés, à mi-chemin entre
l'expression artistique (ils étaient tous trois chanteurs et
pianistes) et de la délinquance... Ultérieurement, Mickey
Gilley devint une grande figure de la country, enregistrant
toutefois à l'occasion quelques solides rock'n'roll.

JERRY LEE LEWIS : ENREGISTREMENT PUBLIC |
45 tours EP | Philips | 1964 | France

JERRY LEE LEWIS | 45 tours EP | Philips | 1964 | France
JERRY LEE LEWIS | 45 tours EP | Philips | 1964 | France

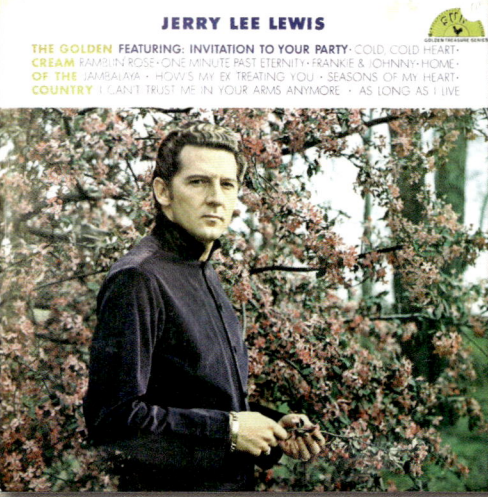

THE GOLDEN CREAM OF THE COUNTRY |
Jerry Lee Lewis | 33 tours 30 cm | Sun | 1969 | USA

SOUTHERN ROOTS | BACK TO MEMPHIS |
Jerry Lee Lewis | 33 tours 30 cm | Mercury | 1973 | France
À la fin des années soixante, Lewis revient vers la
musique de son enfance, la country, dont il devient l'un
des champions et des plus gros vendeurs.

Il enregistre et tourne toujours, bien sûr. Et divorce et se remarie tout autant. Et poursuit son chemin marqué d'esclandres et de scandales…

Un soir, devant Graceland, le domaine des Presley, une voiture fait hurler ses pneus sur les gravillons contre la grille d'entrée. Un type coince le klaxon et gueule. Le gardien va voir. Il reconnaît Lewis, ivre mort, brandissant un calibre 38, désireux de s'expliquer avec Elvis. Il appelle bien sûr la police…

D'une façon générale, la police connaît bien Jerry Lee : excès de vitesse, exhibitions, voies de faits, insultes aux forces de l'ordre, ivresse sur la voie publique, plaintes pour mauvais traitements, le chanteur est "celui par qui le scandale arrive".

> *"Vous voyez mon petit doigt, vous le voyez bien ? Il y a là-dedans dix fois plus de talent que dans les quatre Beatles réunis !"* Jerry Lee Lewis

Mais sa vie n'est pas seulement scandaleuse, elle est également sombre, parsemée de drames. Il y a bien sûr le brusque arrêt de sa carrière, il y a encore l'échec de ses trois premiers mariages et surtout la mort de ses deux fils, Steve Allen Lewis qui meurt noyé à l'âge de 3 ans et Jerry Lee Lewis junior qui se tue en voiture en 1973. Sa quatrième femme également meurt noyée. Quant à la cinquième, elle disparaît de façon aussi tragique qu'inexpliquée, ce qui ne manque d'alimenter les soupçons.

Poursuivi de façon permanente par la justice comme par le fisc, Lewis doit régulièrement repartir à zéro. Ce qu'il fait. Et qui généralement lui réussit : après le passage à vide consécutif au scandale de sa tournée anglaise, il réalise lors d'un passage à Hambourg, accompagné par le groupe pop-blues anglais, les *Nashville Teens (Tobacco Road)*, un album considéré alors comme le meilleur album rock jamais enregistré en public. Son 45 tours suivant, *I'm On Fire*, gravé pour le label *Smash* (édition française : Philips) marche bien, et d'autres suivent sur la lancée. En 1968, il est contacté par le producteur anglais Jack Good pour tenir un rôle dans une version contemporaine de l'*Othello* de Shakespeare, intitulée *Catch My Soul*. Il prend son rôle de Iago très au sérieux : *"J'aurais jamais imaginé qu'il existait tant de mots que ça ! Quelle tête, ce Shakespeare ! Je me demande vraiment ce qu'il aurait pensé de mes disques."*

La presse trouve sa prestation bonne, même s'il s'amuse à glisser de temps en temps dans le texte quelques variantes personnelles. Ainsi, lorsqu'il découvre, acte 5, le corps de Roderigo, il s'exclame : *"Grandes boules de feu ! Mon ami Roderigo."*

Le public est hilare.

La même année, il revient sur le devant de la scène musicale américaine, via plusieurs morceaux de country qui se placent bien dans les charts.

En septembre 1969, il se produit à Toronto, aux côtés de John Lennon, Chuck Berry (ils se sont depuis longtemps réconciliés !), Gene Vincent et Bo Diddley dans le cadre du Rock'n'Roll Revival Festival.

Enfin en 1973, la firme Mercury lui fait enregistrer à Londres, accompagné par la fine fleur du pop rock anglais, Alvin Lee, Peter Frampton, Rory Gallagher, etc. un double album baptisé *The Session*, qui renoue avec le rock de ses débuts et se classe honorablement dans les charts pop.

Fier de cette dernière réalisation, Jerry Lee regagne alors l'Amérique où il retrouve le chemin des studios country, ses démêlés avec ses épouses et le fisc, sans oublier ce délicat parfum de bourbon, de scandale et de souffre, sans lequel Jerry Lee Lewis n'aurait jamais été Jerry Lee…

Sun men et hommes en noir #6

On peut certes prétendre que la rencontre d'Elvis Presley et de Sam Phillips –avec le fructueux résultat qui s'ensuivit– ne fut le fruit que d'une suite de hasards, d'heureuses coïncidences. Admettons. Mais il faudrait mettre sur le dos de ce même hasard et de ces mêmes coïncidences la rencontre Phillips et Lewis avec les ventes énormes qui s'ensuivirent. Et encore l'apparition de ces trois autres nouveaux venus, dont le label jaune de Sun allait également faire des stars internationales : Carl Perkins, Johnny Cash et Roy Orbison. Peut-être serait-il temps d'oublier les vertus du hasard pour se pencher sur le génie de découvreur de Sam Phillips ?

[*"Sam Phillips était un authentique visionnaire. Il avait saisi la situation dans son ensemble. Et il savait également découvrir un talent et un potentiel là où les autres n'avaient rien vu."* **Johnny Cash**]

Fin 1955, lorsqu'il revend les droits d'Elvis à RCA, Sam Phillips ne fait pas que se frotter les mains : il se retrousse également les manches. Il a plusieurs petits trucs sur le feu, des petits trucs pas mal du tout, dont il n'a pas pu s'occuper jusqu'alors comme ils le méritaient et sur lesquels il va dès lors focaliser son énergie et son savoir-faire.

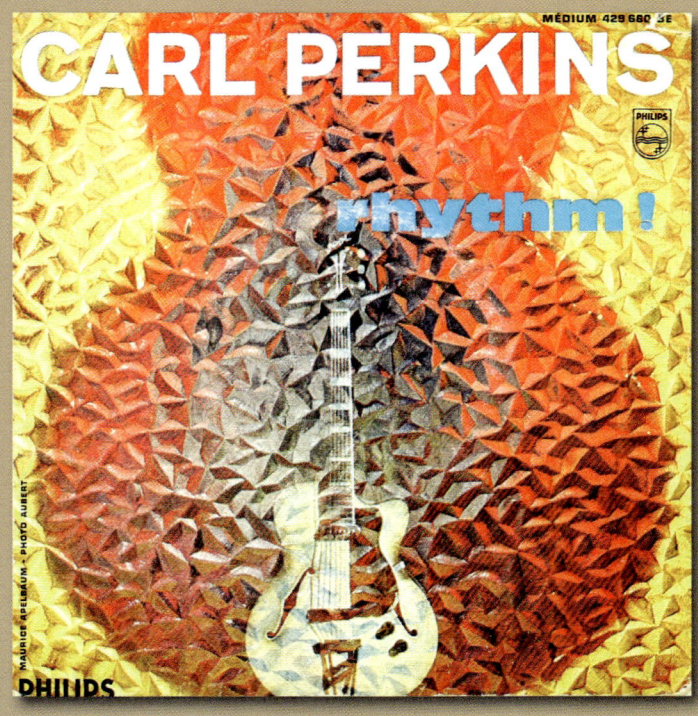

RHYTHM ! | Carl Perkins | Maurice Apelbaum | Photo Aubert | 45 tours EP | Philips | 1957 | France

CARL PERKINS | 45 tours EP | Sun | Hollande

THE RARE CARL PERKINS
Vol.1

Caldona
Everybody's
trying
to be my baby
You can do
no wrong
Put your cat
clothes on

SUN EP-801

THE RARE CARL PERKINS Vol.1 | Carl Perkins | 45 tours EP | Sun | USA

THE RARE CARL PERKINS
Vol.2

Dixie Fried
Her love
rubbed off
Somebody
Tell me

SUN EP-802

THE RARE CARL PERKINS Vol.2 | Carl Perkins | 45 tours EP | Sun | USA

BLUE SUEDE SHOES
HA 2202 LONDON

MOVIE MAGG · SURE TO FALL · GONE, GONE, GONE · HONEY DON'T
ONLY YOU · TENNESSEE · WRONG YO YO · EVERYBODY'S TRYING
TO BE MY BABY · MATCHBOX · YOUR TRUE LOVE · BOPPIN' THE BLUES

CARL PERKINS

BLUE SUEDE SHOES | Carl Perkins | Photography 33 (Disco-Revue) |
33 tours 30 cm | London | 1965 | France

CARL PERKINS
OL' BLUE SUEDE'S BACK

Carl Perkins' Tribute to Rock and Roll

OL'BLUE SUEDE'S BACK | Carl Perkins (Carl Perkins Tribute to Rock and Roll) |
Design Jeff Lancaster | Photo Gary Young | 33 tours 30 cm | Jet Records | 1978 | GB

"Peut-être suis-je le premier ? Presley a toutefois été le premier à enregistrer notre genre de musique. Mais ses origines remontent aux années quarante, avec des gens comme les Delmore Brothers ou Hank Williams, le chanteur qui m'a le plus inspiré."

Carl Perkins

Le premier de ces "petits trucs" s'appelle Carl Perkins ou plus précisément les *Perkins Brothers* : Carl, le leader, chante et joue de la guitare, Jay le second frère est à la lead, Clayton, le troisième, à la basse. Ils sont complétés d'un vieux copain, W. S. "Fluke" Holland à la batterie qui a l'avantage de posséder outre une batterie, un vaste break dans lequel le groupe circule. Ils sont du Tennessee. Les Perkins viennent de Tiptonville où Carl est né un 9 avril 1932. Très vite attiré par la musique –le blues des noirs comme la country des blancs– le jeune Carl se bricole lui-même une guitare, comme tant d'autres, avec du matériel de récupération, une boîte à cigares, du fil de fer. Comme il arrive, malgré l'aspect primitif de l'instrument, à en tirer quelque chose, son père lui achète une guitare. Une vraie. Ils se la passent entre frangins et l'amènent même illicitement à l'école. Ils animent des soirées, jouent lors des réunions familiales. Papa Perkins doit encore une fois ouvrir sa bourse pour équiper décemment les trois frères.

Toutefois, la musique ne nourrit pas son homme –ou rarement– aussi Carl devient apprenti boulanger. Celle-ci pourtant ne cesse de l'obséder. Avec ses frères, ils jouent de plus en plus souvent et deviennent populaires dans le coin. Un jour, à la radio, ils entendent *Blue Moon of Kentucky*. Une version étrange, moderne, décoiffante, chantée par un certain Elvis Presley. Renseignement pris, c'est un label de Memphis, *Sun Records* qui l'a produit. Ils n'hésitent pas une minute : les guitares, la basse de Clayton et la batterie de Fluke sont entassées dans le break et direction Memphis, 706 Union Avenue.

Malheureusement, Sam Phillips ce jour-là est absent. C'est Marion Keisker, sa secrétaire, qui les reçoit et leur explique que son patron est débordé et qu'en ce moment il préfère s'occuper de la promotion des disques d'Elvis plutôt que de prendre en charge de nouveaux artistes. Ils repartent donc, dépités. Mais au moment où ils s'apprêtent à traverser, une grosse limousine freine et stoppe devant le studio. Un homme élégant en descend.
"Je suis sûr que c'est lui, Phillips !" dit Carl à ses frangins.
Ils se précipitent dessus et se présentent. Ils ont vu juste : c'est bien Sam. Mais il revient d'une longue tournée chez les disquaires. Il est crevé. Néanmoins, l'enthousiasme des gars le touche. *"Allez-y, lance-t-il en dénouant sa cravate, installez-vous, montrez-nous ça."* Les Perkins Brothers y vont à fond. Ils jouent trois morceaux, revisitant, un peu à la manière de Presley, des standards du blues et de la country. *"C'est bon, dit Sam, je vous prends. On va faire un disque."*
Sam Phillips est en effet convaincu du potentiel des quatre jeunes gens. Néanmoins, quelque chose le contrarie, car leur style est proche de celui de Presley : ne risque-t-il pas, en les poussant, de faire de l'ombre à Elvis ? Signer les Perkins, n'est-ce pas en quelque sorte se tirer une balle dans le pied ?
Le rachat du contrat de Presley le délivre de cette angoisse. Dès lors, il peut mettre toute la gomme sur Carl et ses frères. Si, au départ, il temporisait en accentuant leur coloration country, cette fois, il leur dit de se lâcher. Du coup la basse de Clayton pulse, Fluke accélère son tempo, la rythmique de Jay joue la hache et Carl, magistral, alterne des vocaux agressifs et des parties de guitares métalliques et mordantes. Ne dira-t-on pas, quelques années plus tard, que ce sont eux, les Perkins Brothers, qui ont inventé le rockabilly ?

Un soir de tournée, dans sa chambre d'hôtel, Carl note les paroles d'une chanson sur un bout de papier. Il a entendu une réplique qui l'a amusé, et il s'amuse à poursuivre et développer ce gimmick. C'était un couple de teenagers qui dansait. Elle lui cassait les pieds avec ses histoires alors que lui voulait se concentrer sur leur rock et sur les passes. Prise par son bla-bla, elle dansait mal. Alors le gars lui dit quelque chose comme : *"Tu peux me raconter ce que tu veux, mais je te demande juste une chose, c'est de ne pas marcher sur mes pompes en daim bleu !"*
Ainsi surgit ce qui sera peut-être le rock'n'roll le plus célèbre et le plus joué de tous les temps, *Blue Suede Shoes*.

Enregistré le 19 décembre 1955, avec *Honey Don't* en face B, le disque bondit immédiatement dans les charts se hissant aussitôt vers les sommets : seconde place catégorie rhythm'n'blues, deuxième en country, quatrième en pop ! Les ventes s'envolent, Sam Phillips jubile, et RCA s'inquiète fortement : le jeune Presley dont ils viennent de racheter le contrat n'a encore rien donné, alors que le nouveau poulain de Sun cartonne aussi bien qu'Elvis le faisait précédemment. Et si en final, le génie c'était Sam et non ses chanteurs ? La sortie de *Heartbreak Hotel,* quelques semaines plus tard, aura tôt fait de les rassurer !

Quoi qu'il en soit, en matière de rock'n'roll, Carl est le héros du moment. Invité partout, fêté, adulé, il traverse les USA, toujours avec Fluke et les frangins, allant de triomphe en triomphe....
Et puis c'est le drame...
Quatre mois après la sortie du disque, le 22 mars, alors qu'ils se rendent à New York pour participer au *Perry Como TV's Show* sur la station NTB, leur voiture, conduite par leur manager, percute l'arrière d'un pick-up. Il fait nuit. Peut-être est-ce la fatigue, le manque de sommeil, peut-être les restes de quelques libations ? La voiture plonge ensuite dans un fossé profond où elle se renverse et s'écrase. Sans doute roulaient-ils vite ? Carl a le crâne fracturé en trois endroits ; retiré très difficilement de l'amas de tôle, il reste inconscient 24 heures. Son frère Jay a la nuque brisée, et mourra quelques mois plus tard. Le conducteur du pick-up, un fermier de 40 ans, a été tué sur le coup.

De ce fait, toute promotion autour de *Blue Suede Shoes* devient impossible et les ventes sont brusquement stoppées dans leur ascension. Le titre est pourtant déjà disque d'or avec plus de 500 000 copies vendues. C'est du fond de son lit de clinique, couvert de bandages, de plâtres et de perfusions que le malheureux Carl assiste au triomphe de Presley qui dans le *Melton Berle Show,* reprend à son compte *Blue Suede Shoes* déclenchant une formidable ovation...

Désormais, Perkins ne sera jamais plus comme avant. Voir la gloire passer si près, le frôler ainsi, puis s'en aller comme si de rien n'était, l'abandonnant là, entre hôpital et cimetière (son manager lui aussi est mort), minerves et couronnes !

Sam Phillips pourtant ne se décourage pas. Carl enregistre de nouveaux morceaux, dont certains écrits justement lors de sa convalescence dans sa chambre d'hôpital : *Boppin the Blues*, *Your True Love* ou *Matchbox,* inspiré du vieux blues de Blind Lemon Jefferson. Ventes honnêtes, petits classements dans le bas des charts, mais le miracle de *Blue Suede Shoes* ne se reproduit pas même si ces nouveaux titres méritaient un succès analogue.
La mort de son frère, la chute de sa popularité, le sentiment d'avoir raté sa carrière et sa vie poussent Carl à boire plus que de raison. Il sombre dans l'alcoolisme.
C'est son vieux pote Johnny Cash, qui lui est accro aux petites pilules, qui l'aide à s'en sortir. Pendant un temps, Carl sera "l'Homme derrière l'Homme en noir", silhouette presque ascétique, le cheveu devenu rare, les joues creusées, mais ciselant sur sa Les Paul de petites phrases nerveuses, des riffs cinglants.
Plus tard, grâce à l'ami Johnny, ayant cessé de boire et retrouvé une forme de sérénité au moyen d'une pratique religieuse constante, Carl enregistre à nouveau des albums tant de country que de rock'n'roll. Mais sans jamais renouer avec sa brusque gloire de l'année 1955.

Sujet de fierté toutefois, et pas des moindres : les reprises que les Beatles font dans les années soixante de trois de ses chansons : *Honey Don't, Matchbox* et *Everybody's Trying to Be My Baby.*

OLD GOLDEN THROAT | Johnny Cash | Couverture Jacques Parnell | 33 tours 30 cm | Charly Records | 1972 | France

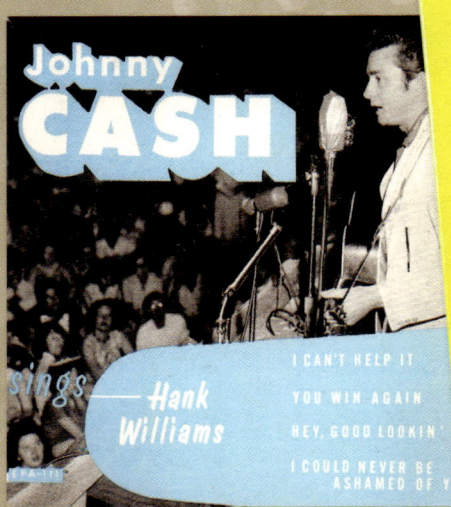

COUNTRY BOY | Johnny Cash | 45 tours EP | Sun | Canada

JOHNNY CASH SINGS HANK WILLIAMS | 45 tours EP | Sun | 1956 | USA

I WALK THE LINE | Johnny Cash | 45 tours EP | Sun | USA

JOHNNY CASH | 45 tours EP | CBS | 1964 | GB

GET RHYTHM | Johnny Cash & The Tennessee Two | 33 tours 30 cm | Sun | USA

THE ADVENTURES OF JOHNNY CASH | Johnny Cash | Photo Marty Stuart | 33 tours 30 cm | CBS | 1982 | Hollande

Admiré de toute la profession, tant pour ses talents de compositeur que de guitariste, et apprécié pour sa grande simplicité et sa gentillesse, Carl sera amené jusqu'à sa mort, en 1998 (crise cardiaque), à participer à nombre d'enregistrements de ses pairs comme de nouveaux venus, lui demandant avec gourmandise, au détour d'une plage de LP, ou en fin d'un concert, une petite reprise –juste pour le fun !– du mythique *Blue Suede Shoes*.

Johnny Cash a le même âge que Carl Perkins à 15 jours près, et il vient lui aussi de l'Amérique profonde et rurale, l'Arkansas, où sa famille –7 frères et sœurs !– travaille sur une plantation de coton. Il subit un violent traumatisme à 12 ans, découvrant son frère aîné Carl, ouvert en deux et baignant dans son sang, suite à une maladresse sur une scie électrique. La mort de Carl qui était tout à la fois, son frère, son meilleur copain et son mentor restera pour toujours marquée dans son esprit. Il le voit régulièrement en rêve, se reprochant de ne pas avoir été là au moment où le drame se produisait et de l'avoir empêché...
Un peu plus tard, il se trouve un ami en la personne de Pete, un gamin de son âge, guitariste déjà virtuose, malgré un corps atrophié et déformé par la polio. Cash souffre de voir les autres enfants se ficher de lui et imiter sa démarche claudicante et plus d'une fois des bagarres éclatent. Pete lui apprend ses premiers accords et surtout, cette façon très particulière qu'il a de s'accompagner, le pouce jouant en lead sur les cordes graves.
Ensemble, ils reprennent du Hank Snow ou du Jimmie Rodgers.

Lorsque Johnny à la nuit tombée, quitte son ami pour retrouver son foyer, il doit marcher deux bons kilomètres dans la pénombre et celle-ci l'effraye. Alors, pour combattre sa peur, il chante : *"Je reprenais les chansons que nous avions jouées, Pete et moi. Ma voix, avec le son imaginaire de sa Gibson acoustique, perçait l'obscurité et je me disais que la magie de cette musique-là me ferait traverser tous les lieux obscurs..."*
Ayant obtenu son diplôme de High School, il quitte les siens au début de l'année 1950 pour aller travailler à Détroit, où il occupe divers emplois peu gratifiants. Il décide de s'enrôler dans l'US Air Force où il s'occupe de transmissions. Comme le sera Presley quelques années plus tard, il est envoyé en Allemagne. Pour lutter contre le mal du pays, il s'achète une guitare et compose ses premières chansons.
Rendu à la vie civile en 1954, il s'installe à Memphis où il devient représentant en articles ménagers et se marie. Mais la musique le travaille toujours. Avec deux copains, le guitariste Luther Perkins (aucun lien de parenté avec Carl) et le contrebassiste Marshall Grant, ils montent un petit ensemble et jouent de la country et du gospel.
Ils se présentent pour une audition chez Sun Records au début de l'année 1955, et Sam Phillips est aussitôt emballé par le morceau, *Hey Porter*, que Johnny a composé et qu'ils jouent devant lui. Le trio sonne là encore un peu à la façon de Presley et ses *Blue Boys*, mais le fameux jeu de guitare de Cash avec le pouce se singularise de celui de Scotty Moore, tandis que sa voix étonnement basse donne une coloration particulière aux morceaux. Le disque sort en juin 1955, et sa face B, *Cry, Cry, Cry* se place 14e dans les charts country. Mais le véritable triomphe viendra un an plus tard, avec un 45 tours extraordinaire contenant à la fois *I walk the Line* et *Get Rhythm*, premier d'une série de succès quasi ininterrompus qui feront de Johnny Cash une vedette internationale. Pourtant, en 1957, Cash se décide à quitter Phillips. Malgré la publication du premier album 30 cm de la compagnie, il est médiocrement content de la diffusion de ses disques et surtout il considère que le pourcentage qui lui revient est ridiculement bas. Aussi, quand la Columbia lui fait une proposition, il accepte. Sam Phillips s'empresse de revoir ses conditions, mais c'est trop tard, Johnny est déjà parti...

Malgré les succès qui se poursuivent sous ce nouveau label, les années soixante s'ouvrent de manière sombre. Il est toujours sur la route et se produit en moyenne 250 fois par an ; pour supporter la fatigue, le trac, le stress, il se bourre de petites pilules dont il devient vite dépendant. Son caractère s'en ressent. Et son mariage aussi. Quoiqu'ayant eu ensemble quatre enfants (4 filles !), sa femme Vivian et lui se séparent au début des années soixante, le divorce étant prononcé en 1966.

La même année, il récupère son vieux camarade Carl Perkins, alors au plus bas des charts et au plus haut de sa consommation d'alcool. Ils tournent ensemble dans le *Johnny Cash Show* et souvent jouent l'un avec l'autre. C'est ensemble qu'ils décident de tenter de mettre un terme à leurs dépendances. Ils instaurent un système d'amendes réciproques taxant le fautif pris sur le fait. Mais le chemin de la rédemption est long, semé d'embûches et de rechutes. Et puis, ils reviennent de loin. Il est arrivé à Cash de parfois ne plus trop savoir où il était, qui il était, et ce qu'il était censé faire...

"Lorsque j'ai rencontré Johnny Cash, c'était un drogué, et moi j'étais alcoolique. Je n'ai aucune honte à le dire. Nous nous sommes aidés mutuellement à nous en sortir. À l'époque je n'arrêtais pas de boire du bourbon. Aujourd'hui, la seule vue d'une bouteille me fait horreur." Carl Perkins

Curieusement, cette descente aux enfers a épargné sa créativité. En 1963, il place *Ring of Fire*, chanson écrite par June Carter et Merle Kilgore – dont le sujet est précisément la dépendance aux drogues et à l'alcool –, numéro un des charts country.

1963 est également l'année de sa rencontre, à Greenwich Village, avec le jeune Bob Dylan, une amitié qui perdurera au fil des années, amenant plusieurs collaborations, et créant un pont symbolique entre deux générations : les rock'n'rollers des années cinquante, et les folksingers contestataires de la nouvelle décennie...

Autre rencontre capitale, celle de June Carter – à qui il doit Ring of Fire –, fille de la célèbre chanteuse Maybelle Carter et membre des Carter

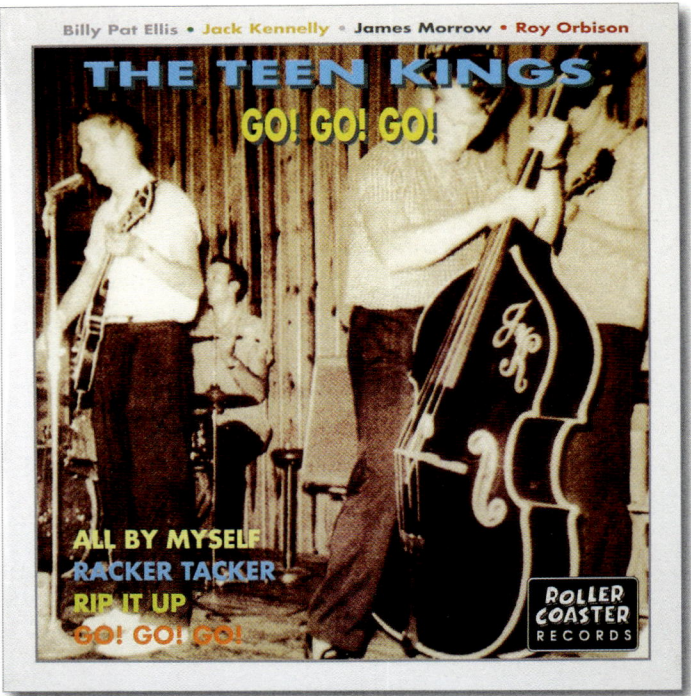

GO! GO! GO! | The Teen Kings | 45 tours EP | Roller Coaster | 1995 | GB
Retrouvés au début des années 90, ces enregistrements sont les premiers réalisés par Roy Orbison et ses amis, Billy Ellis, Jack Kennelly et James Morrow sous le nom de Teen Kings. On reconnaît Roy à l'extrême gauche de la pochette, à la guitare et au chant.

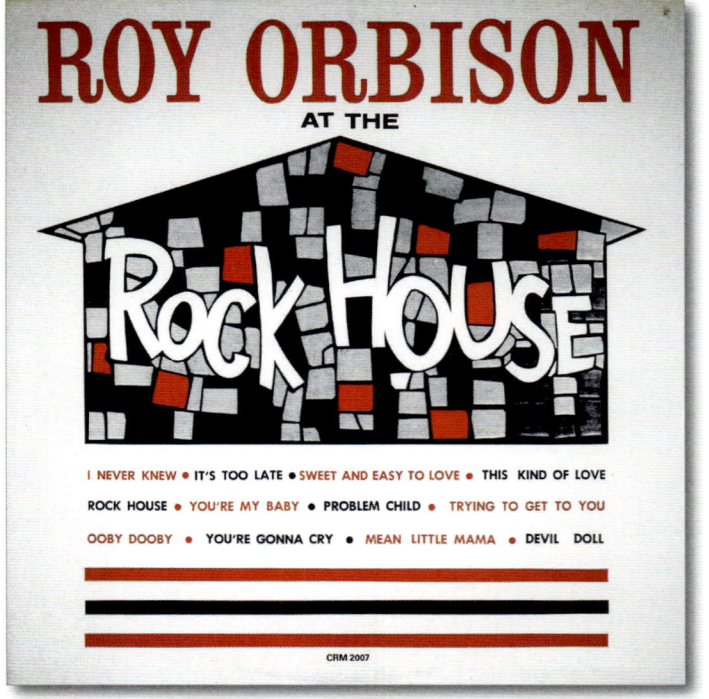

ROY ORBISON AT THE ROCK HOUSE | Roy Orbison | 33 tours 30 cm | Sun | 1961 Rééditions | USA

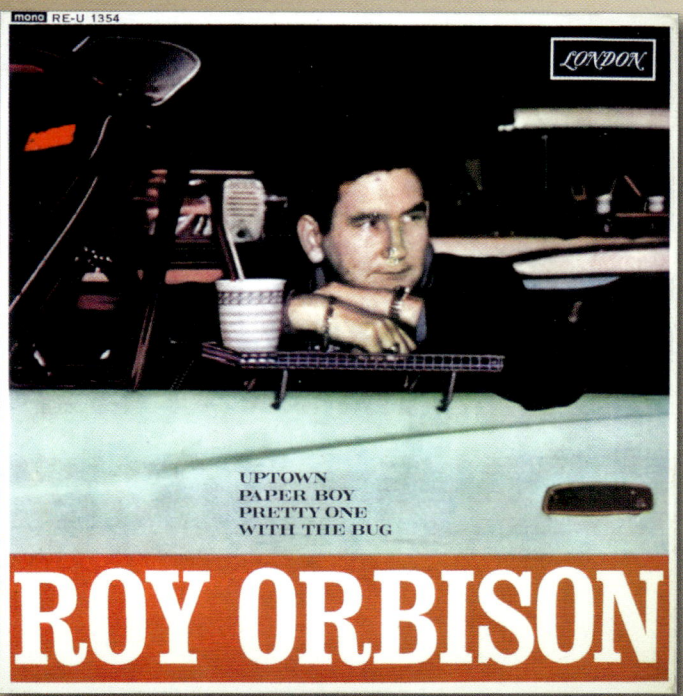

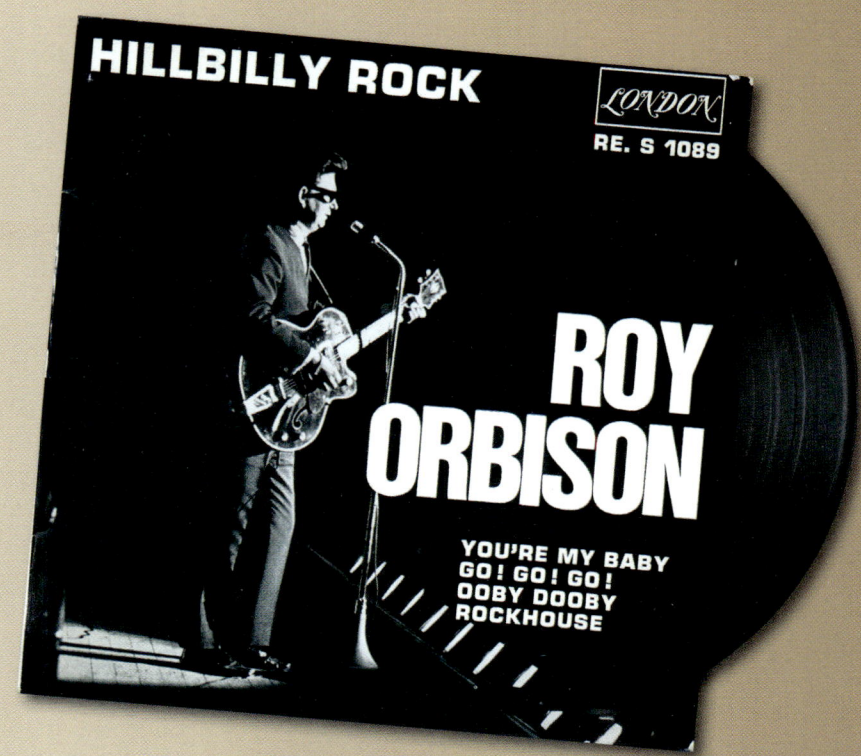

ROY ORBISON | 45 tours EP | London | GB | Au début de sa carrière, Roy Orbison, complexé par son physique, retirait ses lunettes avant de monter sur scène et plus encore avant d'affronter l'objectif du photographe. C'est grâce à son ami Buddy Holly qu'il se décomplexa et assumera ses lunettes à grosse monture et à verres fumés, qui allaient devenir partie intégrante de son image.

HILLBILLY ROCK | Roy Orbison | 45 tours EP | 1965 | France

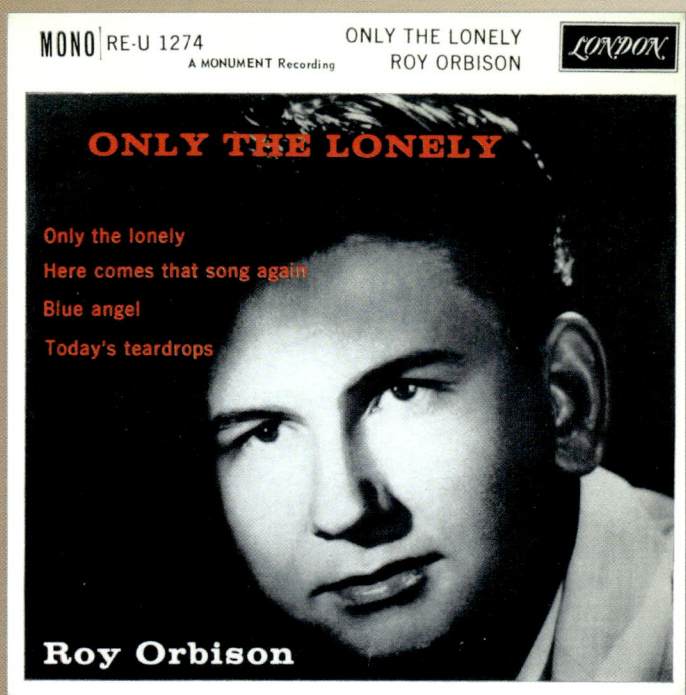

ONLY THE LONELY | Roy Orbison | 45 tours EP | London | 1960 | GB

THE ORBISON WAY | Roy Orbison | Design Acy Lehman | 33 tours 30 cm | MGM | 1965 | USA

MUSIC FROM THE
ORIGINAL SOUND TRACK
STARRING

ROY ORBISON

SINGING SONGS FROM THE MGM FILM

The FASTEST GUITAR ALIVE

Songs by Roy Orbison
and Bill Dees
A Sam Katzman Production

MCA Classics Soundtracks

MCA-1437

THE FASTEST GUITAR ALIVE | Roy Orbison | Dessin Frazetta | 33 tours 30 cm | MCA Records | 1986 | USA

Sisters. Ils s'épouseront en 1968, après que Johnny ait définitivement renoncé aux stimulants, la demande en mariage ayant été faite en public, lors d'un concert dans l'Ontario alors qu'ils se partageaient le micro pour mêler leurs voix sur *Jackson*.

C'est elle qui amènera Johnny à certains engagements religieux, notamment aux côtés du prédicateur évangéliste Billy Graham.

Pourtant, Johnny cultive toujours l'image de "l'Homme en noir" – c'est sa tenue préférée sur scène – et de mauvais garçon. Mais, même s'ils lui collent à la peau, ce ne sont là que clichés. Si Johnny a milité en faveur des détenus de pénitenciers (Folsom Prison Blues), il n'a pour sa part jamais été incarcéré.

Quoi qu'il en soit, ça fait partie de sa légende. Une légende sombre, liée sans doute au timbre grave de sa voix, à son visage buriné et son allure austère, et encore bien sûr aux drames traversés, dont la mort d'un petit gamin, son frère, presque son double, haché à 14 ans par une scie circulaire...

Quatrième mousquetaire de l'écurie, dernier entré en date, mais pas le moindre : Roy Orbison, "The Big O".

Né en 1936 à Vernon dans le Texas, le jeune Roy apprend vite à jouer de la guitare et à chanter, influencé par son père, mécanicien professionnel et musicien amateur (mais éclairé). Orbison ne garde de son enfance que de bons souvenirs. À un journaliste venu l'interviewer sur sa vocation, il raconte : *"Mes parents débordaient d'enthousiasme et de joie de vivre. Tout ce qu'ils faisaient, ils le faisaient à fond, avec tout leur cœur et toute leur âme. C'est comme ça que moi aussi je vois la vie. Cette intensité fait partie de moi. Dès l'âge de 7 ans ma vie était toute tracée..."*

Il joue et chante avec son père, sa mère, tous les parents, tous les amis qui passent à la maison. Ses chanteurs préférés sont alors Lefty Frizzel, Don Gibson et Hank Williams. Avec des copains il monte différents groupes dont les Teen Kings. Ils font des maquettes, se produisent lors de soirées ou de banquets. Un de ses condisciples de collège qui vient de se lancer dans la chanson, un certain Pat Boone,

l'encourage lui aussi à laisser tomber les études et se jeter à fond dans la musique.

Roy l'a écouté comme il écoute un autre jeune chanteur, Buddy Holly, qui lui conseille d'aller voir de sa part un certain Norman Petty dont le studio d'enregistrement se trouve à Clovis. Début 1956, il enregistre avec son groupe pour le label Jewel.

Mais il doit plus que ça à Buddy : de l'avoir vu sur scène, à Lubbock avec ses Crickets, se faire acclamer et être entouré de hordes de filles, lui a retiré un énorme complexe. Ainsi peut-on être un rock'n'roller et une star sans avoir le physique de Presley. Du coup, Roy qui, en montant sur scène retirait systématiquement ses lunettes (aux verres façon cul de bouteille) et n'y voyait plus rien pendant toute la prestation, s'assume tel quel ! Pour lui également, les lunettes à grosse monture deviendront une forme de symbole, une signature !

En avril de la même année, il se présente à son tour au 706 Union Avenue. Il a dans ses cartons deux de ses compositions : *Ooby Dooby* et *Down the Line*. Sam Phillips qui a le bon réflexe de le signer aussitôt, va vendre plus de 500 000 copies de la première ! Intégré à l'équipe Sun, Orbison sympathise avec Jerry Lee Lewis, Carl Perkins et Johnny Cash. *"Souvent, se souvient-il, nous partions tous ensemble en tournée. Il y avait là une file de sept ou huit Cadillac dans lesquelles se trouvaient Jerry Lee, Johnny Cash, Warren Smith et moi-même. Sans oublier nos orchestres respectifs !"*

"Sam ne voulait pas sortir mes chansons lentes. Comme c'était le patron, il n'était pas possible de le contredire."
Roy Orbison

IN DREAMS | Roy Orbison |
45 tours EP | London | 1963 | GB

OH ! PRETTY WOMAN | Roy Orbison | Design J-C Trambouze |
45 tours EP | London | 1964 | France

ROY ORBISON IN DREAMS | THE BIG "O" | Roy Orbison |
33 tours 30 cm | Monument | 1963 | USA

ROY ORBISON | 45 tours EP | London | 1965 | France

Pourtant, moins de deux ans plus tard, Roy quitte Sun. Ce n'est cette fois pas un problème de royalties, mais plus d'orientation musicale. Sam Phillips, élevé au blues rural et à la country sudiste, aime les sons bruts, les chansons rythmées, ce qui pulse et qui secoue. Roy lui, se sent au contraire de plus en plus attiré par les ballades, les belles mélodies, les orchestrations sophistiquées. Fort du succès que les Everly Brothers remportent avec sa chanson *Claudette* (numéro 1 en 1958), Roy Orbison signe sur le label Monument. Là, il abandonne le rock'n'roll de ses débuts pour se créer un répertoire de ballades, bien rythmées pour certaines, dont bon nombre cartonnent dans les hit-parades : *Only The Lonely, Running Scared, It's Over, Dream Baby, Blue Bayou*. En 1964, il réussit même le challenge, en pleine Beatlemania de placer *Oh Pretty Woman* trois semaines en première place du *Bilboard !*

L'optimisme dont il aime se prévaloir en prend néanmoins un rude coup via les disparitions de ceux qu'il aime le plus : sa femme, Claudette, tuée sur sa moto lors d'un accident de la route, et ses deux fils brûlés dans un incendie !

[*"L'homme Roy Orbison était aussi doux, sage et mystérieux que sa voix."* Bono, U2]

Il reprend pourtant courageusement le chemin des studios et des tournées. Durant les années soixante, il se produit aux USA comme en Angleterre, notamment en compagnie des Beatles et des Rolling Stones. Sa musique ne prend pas une ride. Ses nouveaux enregistrements figurent toujours dans les charts.

Le film de David Lynch, *Blue Velvet* (1986) utilise *In Dreams* dans sa bande-son, celui de Garry Marshall *Pretty Woman* (1990) reprend non seulement la chanson éponyme, mais s'en approprie le titre, permettant à Orbison d'être découvert par de nouvelles générations. En 1988, devenu Lefty Wilbury, il s'intègre dans le groupe de

superstars, *Travelling Wilburys*, créé en grande part pour lui rendre hommage. À ses côtés officie une bande de fans de la première heure, Bob Dylan, George Harrison, Tom Petty et Jeff Lynne. Il succombe à une crise cardiaque lors de l'enregistrement de leur second album.

Le rock critique Nik Cohn raconte l'un de ses concerts auquel il avait assisté en 1966 : *"Il partageait l'affiche avec les Beatles, les Rolling Stones, les Shadows, Dusty Springfield, les Who et des dizaines d'autres : toute la fine fleur de la pop britannique. Il les a tous taillés en pièces [...]. Il n'a pas bougé d'un pouce pendant tout le concert, ne remuant même pas la tête. Il tapait simplement du pied, solidement arrimé au sol, et il mettait la gomme."*

À la belle brochette que représentent Elvis, Jerry Lee, Carl, Johnny et Roy, le label Sun a également ajouté une poignée de "seconds couteaux" qui ont vu le succès et la gloire leur échapper mais qui, en raison de leur savoir-faire, de leur originalité et de leur talent auraient fort bien pu –dans d'autres circonstances– se hisser dans le wagon de tête !

Saluons là Billy Lee Riley, un demi-sang indien, au visage émacié et au tempérament difficile, qui jouait sensiblement de tous les instruments et que Phillips utilisa fréquemment comme "session man", jouant sur les enregistrements de ses autres poulains. Son succès Flyin'Saucer Rock'n'Roll, le "rock'n'roll des soucoupes volantes", ne fut hélas suivi d'aucun autre.

Il y avait encore le pianiste chanteur Charlie Rich, qui excellait sur des rocks rapides façon Jerry Lee Lewis. Il grava une dizaine de simples pour Sun et eut son heure de gloire avec *Lonely Week Ends*. Ayant quitté Sam Phillips il fit une carrière honorable dans la country et la variété de qualité.

Quant à l'autre Charlie, Feathers celui-là, il quitta assez rapidement Sun, non sans avoir prétendu y avoir inventé le rockabilly et avoir réalisé une première version rock (dont on n'a hélas jamais retrouvé trace) de *Blue Moon of Kentucky*, en compagnie de Scotty Moore et Bill Black !

LIKE MANN | CARL MANN SINGS | 33 tours EP | Philips | 1960 | USA
Un autre "héros oublié" découvert en 1959 par le judicieux Sam Phillips

Au catalogue Sun, figurait également Sonny Burgess, plus sauvage encore que ses confrères, et sonnant davantage rhythm'n'blues. L'excellent *Red Headed Woman*, son premier single Sun est là pour en témoigner. Pour accentuer l'impact sonore de ses prestations, Sonny ne reculait devant aucune audace. Roy Orbison raconte : *"Un soir, notre show commun, à Johnny Cash, Sonny et moi, était parti pour être un désastre. Mais voilà que Sonny a renversé la situation en surgissant sur scène, entièrement rouge. Chez lui tout était rouge : chaussures, vêtements, guitare, jusqu'à ses cheveux qu'il avait fait teindre !"*

Citons encore Warren Smith qui triompha quelques semaines avec *So Long I'm Gone* (72e dans les charts pop), mais Sam Phillips qui mettait toute la gomme sur ses vedettes confirmées – comme Lewis ou Cash – négligeait les nouveaux venus. En tout cas, c'est ce que ceux-ci lui reprochaient. Dépité par son insuccès chronique, et usé par ses incessantes bagarres avec Jerry Lee Lewis (ils se détestaient), Warren quitta Sun pour enregistrer chez Liberty des albums de country.

Sam Phillips continua de diriger le studio et la compagnie jusqu'en 1968. Ils furent revendus en 1969. Son dernier grand succès, mais qui n'avait plus grand-chose à voir avec le rock'n'roll, fut le *Wooly Bully* de Sam the Sham and the Pharaohs qui en 1965 allait faire le tour du monde.

Après avoir été intronisé au *Rock'n'Roll Hall of Fame* en 2001, Sam Phillips disparaissait deux ans plus tard d'une crise cardiaque, chez lui, à Memphis.

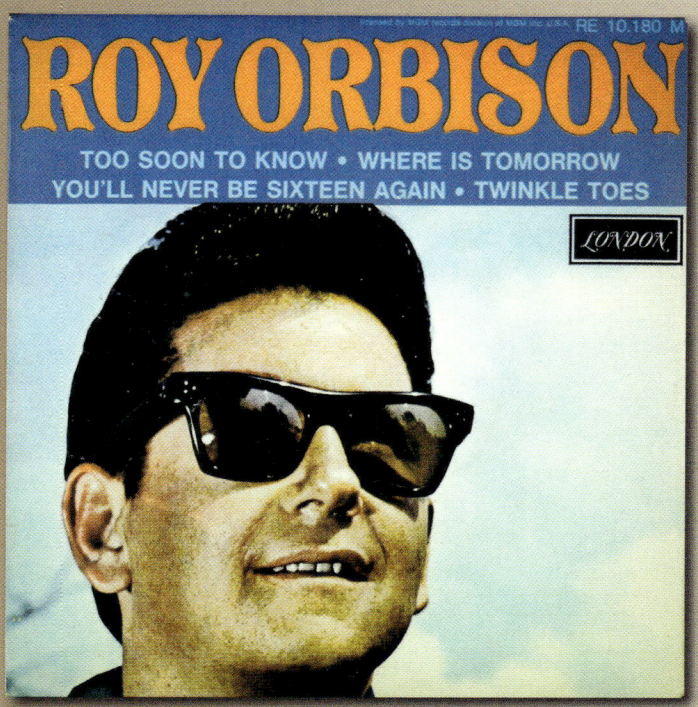

ROY ORBISON | 45 tours EP | London | 1966 | France

MYSTERY GIRL | Roy Orbison | Design Tim Stedman | Public Eye |
Photo Glen Erler | 33 tours 30 cm | Virgin | Allemagne
Produit par Tom Petty, Jeff Lynne, Mike Campbell et T. Bone Burnett,
le testament du "Big O", le dernier album du merveilleux Roy Orbison...

REGENERATION | Roy Orbison |
Design David Wright & Nova | 33 tours 30 cm | Monument | 1976 | USA

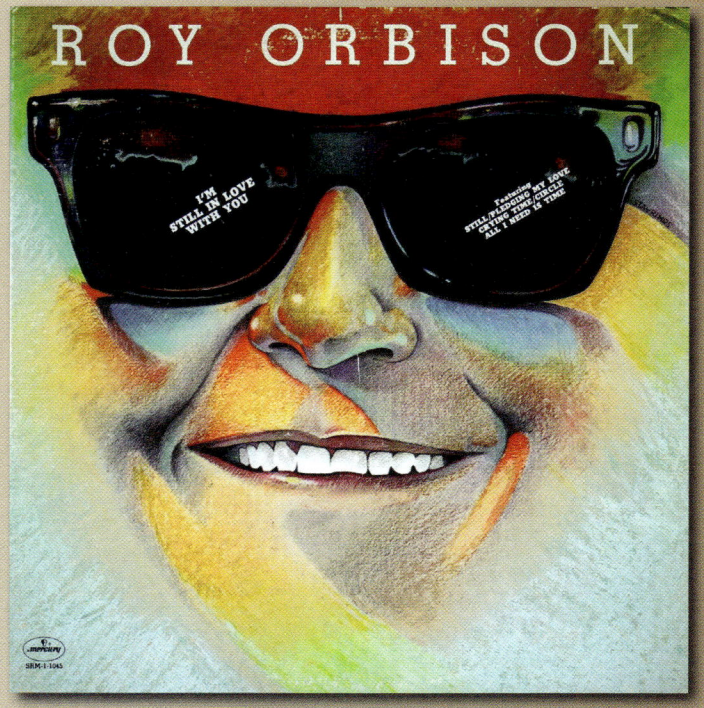

I'M STILL IN LOVE WITH YOU | Roy Orbison | Design George Stavrinos |
33 tours 30 cm | Mercury | 1974 | USA

L'âge d'or

#7

La question en fait est double : qui a inventé la musique rock'n'roll et qui en a inventé le vocable ? Pour la première, on l'a compris, la réponse se perd dans la nuit des temps. À la seconde, par contre, plusieurs noms sont avancés. Dont celui d'un certain Alan Freed.

Freed s'est fait connaître dans les années 1954-1955 tout à la fois en tant que présentateur radio (son émission passe en nationale sur CBS à partir d'avril 1956) et organisateur de concerts. Il aime le bop, le blues, le swing, la country, et bien sûr ce qui commence à surgir à la croisée de ces chemins. Quand le blues devient plus rapide on l'appelle rhythm'n'blues, quand la country pulse davantage sur un tempo plus lourd, on l'appelle rockabilly. Est-ce effectivement Alan Freed qui, le premier, a utilisé sur les ondes, le terme de rock'n'roll pour recouvrir d'un vocable unique ces courants convergents ? Il le revendique. Du reste "Mister Rock'n'roll" devient vite son surnom. C'est vrai qu'il est unique : animateur, présentateur, organisateur, acteur, manageur, chef d'orchestre, chanteur, compositeur... On ne peut en cette année 1955 parler de rock'n'roll sans qu'aussitôt son nom surgisse ! Et ce n'est sûrement pas le fadasse Dick Clarke, présentateur rival, partisan déclaré du rock édulcoré et de la variété sirupeuse pour teenagers, qui saurait le détrôner !

Lors des concerts et des tournées qu'il organise, l'homme qui déteste catégories et clivages, mélange artistes noirs et blancs, groupes et chanteurs. Il peut inviter tout à la fois : Lavern Baker, Fats Domino, Jerry Lee Lewis et les Flamingos. Du reste, les genres –si genres il y a– se mélangent parfaitement.

ROCK'N'ROLL DANCE PARTY | Alan Freed + Artistes divers | 33 tours 30 cm | Coral | USA

THE PLATTERS | 45 tours EP | Mercury | Italie
Groupe favori des Européens et tout particulièrement du public français via les succès énormes remportés par My Prayer, Only You, My Senerade ou The Great Pretender, les Platters publièrent rien qu'en France pas moins de vingt-neuf 45 tours entre 1956 et 1965.

ALL TIME HITS | Dick Clark + Artistes divers |
45 tours EP | All Time Hits | USA
Pâle copie d'Alan Freed, le présentateur vedette
Dick Clark se fit le champion d'un rock'n'roll
aseptisé susceptible de plaire à l'ensemble
de la middle class blanche.

INK SPOTS | 33 tours 25 cm | Decca | 1949 | USA
Ancêtres des groupes noirs "Doo-Wop" des années
cinquante, les Ink Spots s'étaient formés à Indianapolis
au début des années trente et avaient obtenu d'énormes
succès populaires avec des titres comme *If I Didn't Can*
ou *We Three* (My Echo, My Shadow and Me).

THE INK SPOTS | 45 tours EP |
President | 1959 | France

GOODNIGHT, SWEETHEART | The Flamingos |
45 tours EP | End | 1957 /USA

THE PLATTERS IN HI-FI | Les Platters |
45 tours EP | President | 1957 | France

COME GO WITH US | The Dell Vikings |
45 tours EP | Dot | 1957 | USA

Alan Freed nourrit une tendresse particulière pour les groupes vocaux noirs, comme les Clovers, les Flamingos, les Platters ou les Moonglows.

En ce milieu des années cinquante, ces groupes ont une forte cote. Héritiers des ensembles et des formations gospel ou spirituals constitués sur les bancs des églises, ils offrent dès les années quarante une alternance "laïque" aux ensembles chantant la gloire du Tout-Puissant. Des groupes comme les Ink Spots acquièrent à la fin des années trente une grosse popularité. Dans les années cinquante, des dizaines voire des centaines ou même des milliers de formations analogues se constituent. Il y a là généralement un soliste, ténor léger, qui chante en leader, un autre ténor et un baryton qui l'accompagnent avec des chœurs et un baryton-basse qui ajoute des "Woop-doop-doop". D'où leurs surnoms de groupes "Doo-Wop".

Ils sont généralement accompagnés par une petite formation constituée de guitare, piano, basse, batterie, à laquelle s'ajoute souvent un saxophone. Ils interprètent principalement des morceaux lents, ballades ou slows construits sur les quatre accords de "l'anatole". Mais ils enregistrent encore de solides rock'n'roll tout à fait comparables à ceux de Chuck Berry ou de Little Richard, qui lors de leurs prestations scéniques ont le mérite de réveiller le public !
Citons les Spaniels, les Cadillacs, les Medallions, les Meadowlarks, les Calvanes, les Orioles, les Ravens, les Five Keys, les Dubs, Randy and the Rainbows (Denise), les Olympics, les Clovers, les Five Satins, les Cleftones ou les Imperials.
Certains groupes sont mixtes, noirs et blancs, comme les Mariners, les Marcels, les Crests –avec l'excellent Johnny Maestro– restés célèbres pour le tube *Sixteen Candles* ou encore les Dell Vikings, dont l'un des solistes, Gus Backus fera ultérieurement une carrière pop en Allemagne.
À noter également les Platters qui, malgré de nombreux changements de personnel, se firent une solide réputation en Europe.
Certaines de ces formations, plus marquées blues ou rhythm'n'blues, comme les Dominoes, les Drifters, les Midnighters ou les Coasters

permirent à leurs chanteurs solistes de poursuivre ultérieurement de belles carrières : Clyde Mc Phatter, Hank Ballard, Ben E. King, Jackie Wilson ou le saxophoniste King Curtis.
D'autres groupes ciblent directement une clientèle de teenagers, jouant la carte juvénile, et recrutant des chanteurs les plus jeunes possibles : Danny et les Juniors, Little Anthony et les Imperials, Frankie Lymon et les Teenagers. Triste destin du reste que celui du petit Frankie : star à 13 ans, entreprenant une carrière solo à 14, accro à l'héroïne à 15, has been à 16, il mourra d'une overdose, oublié de tous, dans les années soixante.

Autres stars du temps marquées par un destin tragique : Johnny Ace, spécialiste des ballades soul, qui avait la déplorable habitude de se promener avec un colt sur lui, et de jouer avec à la roulette russe ! Le 24 décembre 1955, soir de Noël, alors qu'il est en tête des hit-parades avec l'incontournable *Pledging My love* (que nombre de rock'n'rollers reprendront) et qu'il s'apprête à participer à une émission nationale dans l'auditorium de Houston, il sort son revolver, en fait tourner le barillet et pour se moquer des expressions terrifiées de ses voisins, porte l'arme à sa tempe et appuie sur la détente ! Ce coup est fatal. Johnny se fait exploser la tête. Alors que ses titres caracolent toujours dans les charts, une foule énorme l'accompagne le 2 janvier 1955 au cimetière de Memphis, vers sa dernière demeure !

Autre disparition spectaculaire et sombre, celle de Sam Cooke, lui aussi spécialiste des ballades soul et compositeur extraordinaire, dix ans après Johnny Ace, presque jour pour jour. Cela se passe dans un motel près de Los Angeles. Cooke, au faîte de sa gloire, est abattu pendant la nuit par la tenancière de l'établissement. Crime raciste ? Légitime défense suite à une tentative de viol ? L'affaire ne sera jamais élucidée...

Terminons cette sombre litanie par la disparition d'Alan Freed, l'animateur vedette. Cette fois, ni overdose d'héroïne, ni roulette russe, ni crime. Juste l'acharnement d'une bonne société qui exècre le

THE SWINGING, SINGING DEL VIKINGS RECORD SESSION |
The Del Vikings | 33 tours 30 cm | Mercury | 1958 | USA
Écrits parfois Del (avec un seul "L") ou Dell (avec deux !),
ces Vikings représentèrent entre 1957 et 1962 l'un des groupes vocaux les plus
populaires des USA. Comme les Crests ou les Marcels, ils étaient multi-raciaux,
comptant des membres noirs et blancs, dont le chanteur Gus Backus,
qui entreprit ultérieurement une carrière musicale en Allemagne.

THE SWINGING, SINGING DEL VIKINGS RECORD SESSION | The Del Vikings |
33 tours 30 cm | Mercury | 1958 | USA

rock'n'roll et ce qu'il représente comme image de jeunesse et de liberté.
Accusé de tous les maux de la terre, mis en examen, condamné, harcelé,
Freed est mis à l'index de la corporation, broyé par le fisc et abandonné
de tous. Il mourra en 1965, dans un lit d'hôpital, malade, oublié, seul.

Mais n'anticipons pas : dans l'immédiat, nous sommes en 1955, et
l'homme a encore devant lui dix ans à vivre, dix années qu'il va consacrer
à la défense et à la promotion du rock'n'roll.
Le 14 janvier 1955, il organise à New York un grand concert regroupant
une pléiade d'artistes réputés comme les Clovers, les Harpers ou Joe
Turner. Il y a encore quelques nouveaux venus, comme ce gaillard aux
formes rondes et au sourire épanoui, formidable pianiste enchaînant
ballades et boogies. Il vient de signer chez Imperial. Son nom –ou plutôt
son pseudo : Fats Domino, littéralement "le gros Domino".
De son vrai nom Antoine Dominique Domino, Fats est né en 1928 à la
Nouvelle-Orléans. Peu doué pour les études, il se met à fond sur le
vieux piano aux cordes oxydées et aux touches usées que son père a
échangé contre quelques dollars. Son beau-frère, joueur de banjo et
musicien professionnel, lui en montre les rudiments, écrivant le nom
des notes sur les touches. Le gamin se prend au jeu et ne lâche plus
l'instrument.
Ayant abandonné l'école, il est embauché dans une manufacture.
Toutefois, il rêve de devenir musicien professionnel. Ses maîtres,
entendus à la radio sont Amos Milburn, Louis Jordan et Fats Waller
dont il récupère du reste le sobriquet, via son léger embonpoint.
Accompagné de musiciens de son âge, il se produit le soir dans des
boîtes ou des clubs. Sa dextérité, sa "rondeur", sa gentillesse et son
humour en font rapidement un artiste localement très apprécié.
Sa bonne fée sera Dave Bartholomew, talent-scout de la firme Imperial,
à la recherche de nouveaux talents. Un soir, quelqu'un conseille
à Bartholomew d'aller faire un tour au Hideway ; il y a là un type,
rondouillard et marrant qui fait tous les soirs un tabac. L'homme s'y
rend, voit et écoute Fats, est aussitôt conquis.
Domino deviendra à la fois la vedette d'Imperial et l'inséparable de
Dave Bartholomew !

THE 5 SATINS SING | The Five Satins | 45 tours EP | Ember | 1957 | USA

Herald
HEP 451

The Fabulous MELLO·KINGS

TONITE TONITE
SHE'S REAL COOL
THE ONLY GIRL
DO BABY DO

THE FABULOUS MELO-KINGS | 45 tours EP | Herald | 1957 | USA

THE COASTERS | 45 tours EP | Barclay | 1959 | France

Ensemble, ils composent, arrangent, réorchestrent ou adaptent à leur guise et au goût du jour des morceaux anciens. Ainsi est créé *The Fat Man*, titre clin d'œil qui sera le premier vrai succès du jeune Domino. Ceux-ci vont dès lors s'enchaîner. Parmi les plus grands, citons *Ain't That a Shame, I'm walking, Blue Monday* et une reprise du vieux *Blueberry Hill*, dont il fait contre toute attente un tube mondial.

> **"*Je me demande ce que j'aurais fait si je n'avais pas été chanteur ! De toute façon, il aurait fallu que je trouve un bon job parce que j'aime la bonne cuisine.*"** Fats Domino

Les tournées succèdent aux tournées et si Antoine Domino s'amuse, il nourrit néanmoins une forte nostalgie de son foyer et des siens. Il s'est marié en 1947 et sa femme Rosemary lui a donné huit enfants prénommés respectivement Antoinette, Antoine, André, Andréa, Anatole, Anola, Antonio et Adonica !
Pour eux il fait construire, en 1960, un manoir rose et blanc, érigé dans un quartier pauvre de la Nouvelle-Orléans, pour la bagatelle de 200 000 dollars !
Les tournées néanmoins se poursuivent et Domino sillonne l'Europe visitant les salles les plus prestigieuses, où il fait hurler et rire les foules, martelant son piano de ses gros doigts boudinés couverts de bagues et repoussant l'instrument d'un bout à l'autre de la scène, à coup de cuisse et de ventre !
Homme tranquille et sans histoires, à mille lieues des frasques et des vicissitudes d'un Jerry Lee Lewis, Fats au retour de tournées retrouve les siens avec toujours le même bonheur. Ils ont fêté en 1997 avec Rosemary leurs 50 ans de mariage. En 2005, lorsque le cyclone Katrina s'est abattu sur la Nouvelle-Orléans, il a fait partie de ceux qui ont refusé l'évacuation et qui ont été sauvés in extremis par la police fluviale. Comme le palais gris et rose avait sombré, il en a fait reconstruire un autre sur l'autre rive du Mississippi, où il coule encore aujourd'hui des jours heureux...

ROCKIN WITH THE SABRES | 45 tours EP |
RCA Victor | 1957 | USA

THE TEENAGERS featuring FRANKIE LYMON | Design Les Myles Assoc |
Photo Jack Zwillinger | 33 tours 30 cm | GEE | 1956 | USA

THE ROOTS OF SOUL | The Five Royales | Illustration Dave Gibson at Nozbig |
33 tours 30 cm | Charly Records | 1985 | GB

THE BEST OF THE SOLITAIRES | 33 tours 30 cm |
Old Town | USA

WE ARE THE IMPERIALS featuring LITLLE ANTHONY | 33 tours 30 cm | End | 1959 | USA

ALL THE HITS BY THE ORLONS |
33 tours 30 cm | Cameo | 1962 | USA

"DISCOTHEQUE WITH THE DOWELLS" |
33 tours 30 cm | Wyncote | 1965 | USA

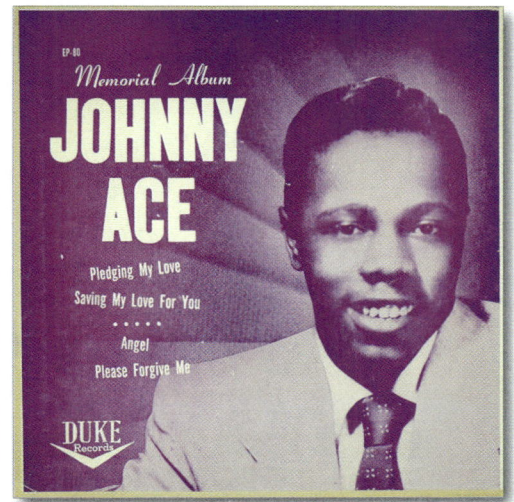

FIVE COOL CATS | The Clovers |
33 tours 30 cm | Edsel | GB

MEMORIAL ALBUM | Johnny Ace |
45 tours EP | Duke | 1955 | USA

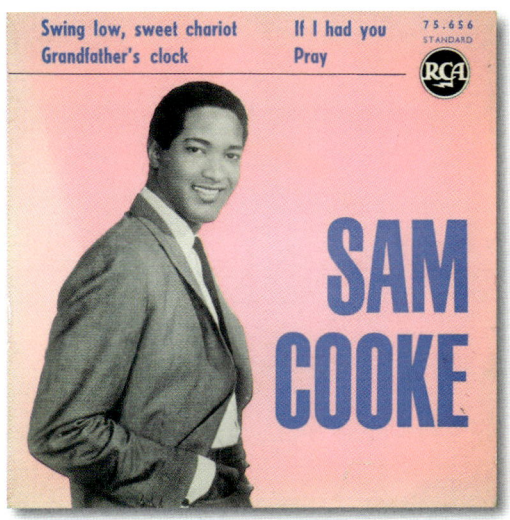

SAM COOKE |
45 tours EP | RCA | 1961 | France

HERE STANDS FATS DOMINO |
45 tours EP | Imperial | 1957 | USA

WHOLE LOTTA LOVIN' | Fats Domino | 45 tours EP | London | 1960 | France

LADY MADONNA | Fats Domino | 45 tours simple | Reprise | France

BLUES FOR LOVE | Fats Domino | 45 tours EP | London | 1956 | GB

BE MY GUEST | Fats Domino | 45 tours EP | London | 1960 | GB

THE VERY BEST OF
FATS DOMINO

Play it Again,

PLAY IT AGAIN | THE VERY BEST OF FATS DOMINO | Design John Kosh | 33 tours 30 cm | United Artists | France

Little Richard était beaucoup plus svelte que Domino. Beaucoup plus expansif aussi. Et également plus bruyant, plus violent, plus scandaleux ! De son vrai nom Richard Penniman, il représentait en fait une version noire fort convaincante de Jerry Lee Lewis. Même jeu de piano outré, même chant rageur, même façon d'amener le public à l'hystérie, même vie privée scandaleuse.

Lorsqu'il se produisit à Lubbock (Texas) et que le jeune Buddy Holly, qui ouvrait le spectacle pour lui avec son groupe, voulut l'inviter à dîner chez lui, à la table familiale, les Holley se dressèrent comme un seul homme pour signifier au rejeton qu'il était hors de question qu'un individu comme Richard franchisse le seuil de leur maison. Par "individu comme Richard" ils n'entendaient pas tant chanteur de rock –somme toute, c'est ce que faisait leur fils ! – que nègre et pédé ! Ce jour-là, quoiqu'étant un bon fils, Buddy claqua la porte, il avait trop honte de ses parents.

Né non pas en 1935 comme il le prétend, mais en 1932 –monsieur est coquet ! – dans la ville de Macon en Géorgie, Richard Wayne Penniman est le dernier d'une famille de 14 enfants. Les parents galèrent pour gagner trois sous. Aussi, dès qu'elle tient debout, la marmaille est lâchée dans les rues à la recherche de la moindre piécette. Il fait tous les petits boulots qu'un gamin peut faire : cirer les chaussures, la plonge dans les restaurants... Mais il s'est découvert très tôt une passion pour la musique et tout particulièrement pour le piano, dont il apprend les rudiments...

Au début des années cinquante, il est remarqué lors d'un radio-crochet et enregistre deux disques 78 tours pour la firme RCA, puis deux autres pour les disques Peacock. Il s'agit alors de morceaux soul, devant encore beaucoup au gospel, tout particulièrement à son idole la chanteuse Mahalia Jackson.
En 1955, son contrat est racheté 600 dollars par les disques Speciality. On est loin des 40 000 reversés par RCA à Sam Phillips pour récupérer Presley ! Le directeur artistique, Bumps Blackwell, qui cosignera de nombreux titres avec Richard, a dans l'idée d'en faire le concurrent direct de Ray Charles qui cartonne alors avec *I got a Woman*. Lors de la première séance d'enregistrement, un titre leur manque. Richard propose une chanson qu'il a écrite alors qu'il faisait la plonge dans un hôtel. Elle a pour titre *Tutti Frutti* et sera son premier disque d'or.

"Dieu lui en a bien sûr donné les moyens, mais c'est l'homme qui a inventé le rock'n'roll." Little Richard

Dès lors, les succès et les disques d'or s'enchaînent les uns les autres sans discontinuer : *Long Tall Sally* (mars 1956), *Rip It Up* (juin 1956), *Lucille* (février 1957), *Jenny, Jenny* (juin 1957), *Keep a Knockin'* (août 1957), *Good Folly Miss Molly* (février 1958).
Il tourne dans le film *The Girl Can't Help It (La Blonde et Moi)* de Frank Tashlin, aux côtés de Jane Mansfield, Julie London, Eddie Cochran, Gene Vincent et les Platters, sorti au printemps 1956. Sa prestation crève l'écran. Il est filmé dans un club, entouré de son orchestre et se déchaîne sur *Ready Teddy* et la chanson phare du film, *The Girl Can't Help it*, surexcité, hystérique, crinière au vent, le pied sur le clavier du piano !

Mais il se donne sans doute trop à fond dans ses prestations scéniques et les tournées l'épuisent et le dépriment.
En 1958, lors d'une tournée en Australie, l'avion qu'il a pris subit une avarie et un début d'incendie se déclare à bord. Richard veut voir là le signe que Dieu cherche à le punir de pratiquer une musique diabolique et une vie dissolue. Il se jure, s'il survit à cette traversée, de renoncer au rock'n'roll et au diable. Il survit, et pour bien signifier cette résolution et marquer le départ d'une nouvelle vie, jette à la mer les bijoux qu'il porte sur lui. Pour plus de 8 000 livres, confiera-t-il ultérieurement. Rien n'est moins sûr !
Puis il part étudier la bible et les textes anciens dans une église adventiste du 7e Jour.

LITTLE RICHARD AND HIS BAND | 45 tours EP | London | 1960 | France

LITTLE RICHARD AND HIS BAND | 45 tours EP | London | 1960 | France

LITTLE RICHARD AND HIS BAND | 45 tours EP | London | 1960 | France

LITTLE RICHARD AND HIS BAND | 45 tours EP | London | 1960 | France

CAE 416   A "New Orthophonic" High Fidelity Recording

RCA Camden
A PRODUCT OF RADIO CORPORATION OF AMERICA
EXTENDED PLAY 45 RPM

Little Richard

Ain't Nothin' Happenin'
Why Did You Leave Me
Every Hour
I Brought It All on Myself

© RCA Printed in U. S. A.

LITTLE RICHARD | 45 tours EP | RCA Camden | 1955 | USA

[*"Il n'y a que la musique religieuse
qui m'intéresse. D'ailleurs, la Bible
est le seul livre que j'ai jamais lu."* Little Richard]

Cette nouvelle vie durera 5 ans. Cinq ans pendant lesquels il ne donne plus ni concerts, ni interviews. Little Richard a disparu et Richard W. Penniman, prédicateur et pianiste dans une église, oublie le chemin des studios.
Mais sous la braise, le feu couve toujours ! Little "Hyde" Richard dort toujours sous la façade adventiste du Docteur Jekyll Penniman. Un jour de 1960, n'y tenant plus, il enregistre à nouveau. Dans un premier temps, des gospels. Puis à nouveau du rock'n'roll. Hyde rejette la défroque du pasteur, bondit à nouveau sur la scène et empoigne le micro.

Autre titre de gloire (future), la présence à ses côtés dans l'orchestre, d'un jeune noir, surdoué de la guitare, un certain Jimi Hendrix. Mais Richard sera amené à rapidement s'en séparer : le gamin en fait trop, s'habille de façon encore plus délirante que lui, et lui vole la vedette lors d'incroyables et spectaculaires solos.

"J'ai dû me séparer de Jimi Hendrix parce qu'il ne peut pas y avoir deux stars sur scène en même temps.
Little Richard

Le journaliste anglais Nik Cohn qui a vu le "Petit Richard" en 1963 lors de sa tournée anglaise aux côtés des Rolling Stones, de Bo Diddley et des Everly Brothers, raconte : *"Il les a tous pulvérisés. On aurait dit un détraqué. Il hurlait, les yeux exorbités, les veines saillant de son crâne. À un moment donné, il s'avança sur le bord de la scène et entreprit de se déshabiller : sa veste, sa cravate, ses boutons de manchette, sa chemise dorée, son énorme montre en or, jusqu'à se*

retrouver torse nu. Il enfila ensuite un peignoir de soie et continua à rugir. Le public était fou..."

Dans les années soixante-dix, comme la plupart des rock'n'rollers des années cinquante, il subit une baisse de popularité et ses ventes d'albums déclinent. Il participe toutefois régulièrement à des concerts et des tournées de "vétérans", avec ses amis Chuck Berry ou Jerry Lee Lewis.
Idole de tous les groupes rock des années 1960 et 1970, Little Richard posait toutefois un grave problème à ceux-là : comment reprendre un de ses titres sans se rendre ridicule ? Car, hormis peut-être Paul McCartney, personne n'a jamais pu chanter Lucille ou Tutti Frutti à sa manière, sans aussitôt se démolir la voix...

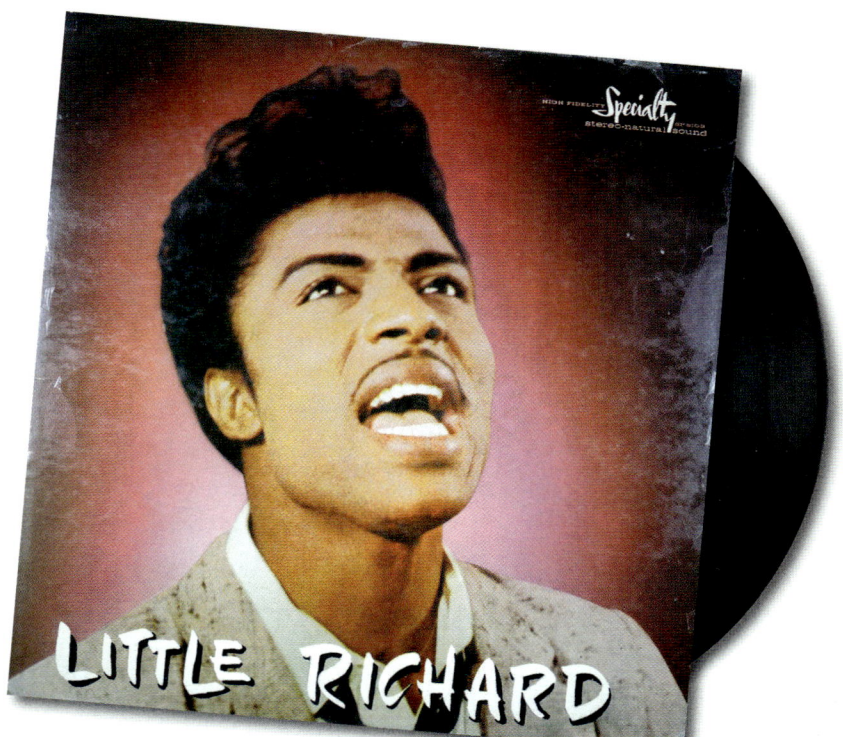

LITTLE RICHARD | Photo Rosen Seymour |
33 tours 30 cm | Speciality | 1958 | USA

SOUL TRAIN | Little Richard |
45 tours single | Coral | 1968 | France

ROCK STORY : LITTLE RICHARD |
33 tours 30 cm | Fontana | France

A WHOLE LOTTA SHAKIN'GOIN'ON | Little Richard |
45 tours EP | Fontana | 1964 | France

LITTLE RICHARD'S BIG ROCK'N'ROLL SINGLE |
Little Richard, | 45 tours EP | Epic | 1966 | France

KING OF ROCK' N'ROLL | Little Richard | Design Ed.
Thrasher | Photo Don Peterson & Dave Willerdson |
33 tours 30 cm | Reprise | 1971 | Allemagne

HIGH FIDELITY *Specialty* SP 2100

HERE'S LITTLE RICHARD

HERE'S LITTLE RICHARD | Design Thadd Roark & Paul Hartley | Photo Globe | 33 tours 30 cm | Speciality | 1957 | USA

Le versant Blues #8

En juin 1964, les Rolling Stones, nouvelles stars de la scène rock anglaise, effectuent leur première tournée aux USA. De passage à Chicago, ils tiennent à visiter les studios Chess, l'un des berceaux du blues moderne, auquel ils rendent hommage sur leur nouvel album "12 x 5", en leur dédiant l'instrumental baptisé *2120 South Michigan* (l'adresse des studios). Quand ils débarquent, Muddy Waters, l'auteur de *Rollin'Stone Blues*, est en salopette, tout en haut d'une échelle, occupé à repeindre le plafond des locaux. Plus tard, il les aidera à transporter leurs instruments en leur expliquant qu'ici, aux studios Chess, chacun doit se rendre utile. C'est la philosophie des deux frères, Phil et Leonard Chess, propriétaires des lieux, deux juifs polonais arrivés avec leur famille aux USA en 1928. Ils ont tâté d'un peu tout, magasin de spiritueux, boîtes de nuit, avant de devenir actionnaires du petit label Aristocrat, et de pouvoir enregistrer entre autres les gars qui se produisent dans leurs clubs. Plus tard ils rachètent l'ensemble des parts de la société et lui donnent leur nom. Plus tard encore, ils recrutent Willie Dixon, bassiste de blues et compositeur de génie, qui épaulera tous leurs enregistrements. Leur premier véritable succès, gravé en 1951, est un blues électrique et nerveux de Muddy Waters, *I Can't Be Satisfied* que les Stones reprendront ultérieurement sur leur premier album.

Mais c'est avec le *Rocket 88* de Jackie Brenston avec Ike Turner que leur cède Sam Phillips, qu'ils accèdent à leur premier n°1. Ils signent Eddie Boyd, Memphis Slim, Howlin'Wolf, Elmore James, Little Water, Sonny Boy Williamson (Rice Miller), Otis Rush et Buddy Guy. Excusez

BO DIDDLEY (EDDY MITCHELL PRÉSENTE LES ROIS DU ROCK) | 33 tours 30 cm | Barclay | France

BO DIDDLEY RIDES AGAIN | Bo Diddley | 33 tours 30 cm | Pye | 1961 | GB

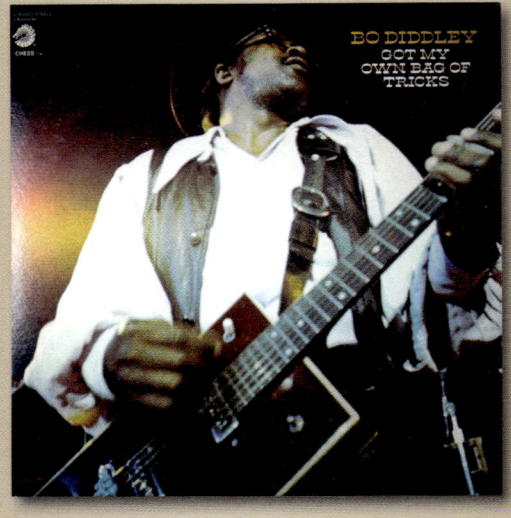

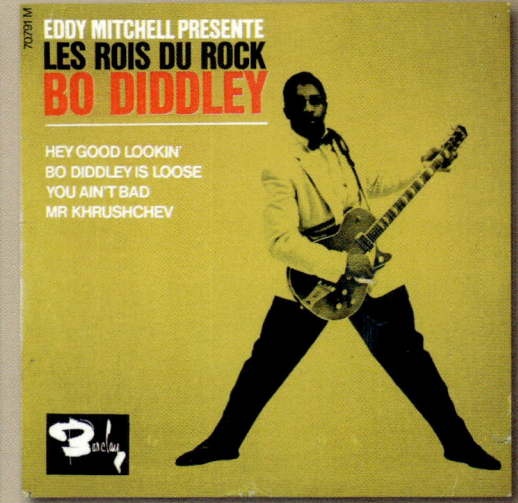

GOWN MY OWN BAG OF TRICKS | Bo Diddley |
Photo Jim Marshall | 33 tours 30 cm |
Album double | Chess | 1972 | USA

BO DIDDLEY
(EDDY MITCHELL PRÉSENTE LES ROIS DU ROCK) |
45 tours EP | Barclay | 1965 | France

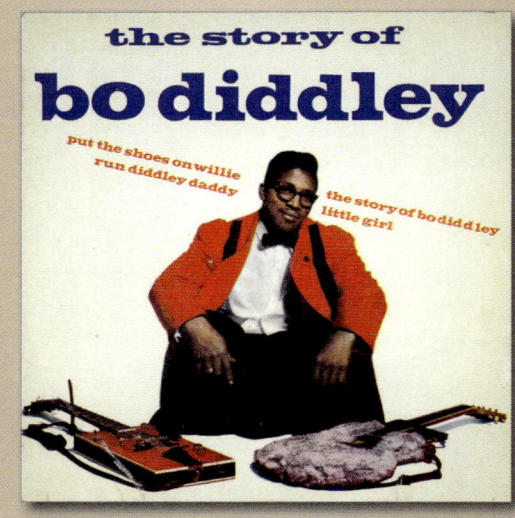

THE STORY OF BO DIDDLEY | Bo Diddley |
45 tours EP | Pye | 1964 | GB

HEY ! BO DIDDLEY | Bo Diddley |
45 tours EP | Pye | 1963 | GB

POLLUTION | Bo Diddley | Photo Alain Marquani |
45 tours simple | Chess | France

BO DIDDLEY |
45 tours EP | Old Gold | GB

"Ce qu'ils appellent du rock'n'roll, c'est du blues. Toujours la même histoire entre un homme et une femme ! Il y a cinquante ou cent ans, la musique était brute, les gens jouaient sur de vieilles guitares déglinguées. Aujourd'hui on a fait le ménage : la musique est plus propre, mais c'est toujours la même vieille histoire..." John Lee Hooker

du peu ! Sans oublier des artistes plus marqués rhythm'n'blues ou rock'n'roll comme Bo Diddley ou Chuck Berry.

Bo Diddley naît dans une famille pauvre du Mississippi à la fin des années vingt. Sa mère n'a que 16 ans et son père disparaît l'année suivante. Ellas McDaniel –de son vrai nom– est recueilli par une cousine qui l'emmène à Chicago. Il va y apprendre la lutherie et le combat de rue. Et encore le violon puis la guitare. Tout cela lui sera par la suite bien utile : le combat de rue, car il commencera une carrière de boxeur, la guitare pour devenir le musicien que l'on sait, le violon pour détourner l'accordage classique de la six cordes, enfin la lutherie pour customiser ses instruments à sa façon, dont la célèbre Gretsch revue format rectangulaire !
Il aime bien aussi bricoler les amplis pour faire surgir des effets de distorsion, d'écho ou de vibrato, effets qu'il contrôle directement à partir de la guitare.
Il crée également un tempo spécifique, "jungle rhythm" ou "Diddley Beat", évoquant d'ancestrales danses tribales, qui lui vaudra son premier succès, chez les frères Chess, en 1955 : *Hey Bo Diddley*.
D'autres suivront comme *Road Runner, Crack'in Up, Mona* ou *Pretty Thing,* dont le groupe anglais mené par Phil May tirera son nom.

"J'ai ouvert la porte du rock'n'roll, tout le monde s'est précipité à l'intérieur et je suis resté tout seul avec la poignée !" Bo Diddley

Le 20 novembre 1955, il est convié par Ed Sullivan à participer à son célèbre show. Sullivan qui ne veut ni rock'n'roll, ni rhythm'n'blues ni autre musique de sauvage, s'arrange avec lui hors micro et hors caméra pour que Bo interprète le vieux classique country *Sixteen Toons* qu' Ernie Ford a repris récemment. Bo acquiesce, mais dès que les caméras sont sur lui, il attaque en force son *Hey Bo Diddley*. Sullivan écume de rage. Il s'estime trahi et insulte Diddley. Celui-ci qui sent son passé de boxeur remonter en lui manque de l'aligner. On les sépare. Alors que ses copains l'emmènent, Sullivan lui hurle qu'il ne repassera jamais à son émission, ni sur une quelconque télévision nationale, qu'il est foutu, que sa carrière est brisée, etc.

Il n'en sera bien sûr rien, Bo reprenant avec toujours le même succès, le chemin des charts et des tournées. Parmi les attractions que son groupe propose, il y a la guitariste, Peggy Jones, future Lady Bo, première guitariste de rock'n'roll. Lorsque celle-ci créera son propre groupe, *Lady Bo & The Family Jewel,* Diddley recrutera Norma-Jean Wofford qu'il surnommera La Duchesse et la présentera lors des interviews comme sa sœur ou sa demi-sœur.

En 1964, il participe à une grande tournée anglaise, aux côtés de Little Richard, des Everly Brothers et des Rolling Stones. Tous les guitaristes du Royaume-Uni observent son jeu de guitare, ses instruments, ses effets spéciaux, comme tous les chanteurs notent son jeu de scène. Il apprend à Keith Richards et Brian Jones à jouer en "open tuning" et à utiliser la distorsion. Les garçons s'en souviendront, quelques mois plus tard, lorsque sortira *Satisfaction*.

En ce milieu des années soixante, il n'est pas un groupe d'outre-Manche qui ne lui voue une admiration éperdue : Rolling Stones, Yardbirds, Pretty Things, Who, Kinks, Sorrows, Them, Moody Blues (avec Denny Laine), Spencer Davis, Animals. C'est une décennie entière de blues-rock que Monsieur Diddley marque profondément de son empreinte.

Autre figure marquante des fifties dont l'influence est déterminante sur la décennie suivante : Chuck Berry, celui-là même dont le Rolling Stones Keith Richards dira : *"Je lui ai tout piqué !"*

> *"Si le rock'n'roll ne s'appelait pas rock'n'roll, on l'aurait appelé le Chuck Berry."* John Lennon

Chuck (Charles) Berry est né un 8 octobre 1926, à Saint-Louis, dans le Missouri. Avec ses six frères et sœurs, il assiste régulièrement aux offices religieux et adore chanter les cantiques. À l'école primaire, comme à la High-School, il fait partie de la chorale et s'initie à la guitare et à la basse. Des études qui semblent bien se dérouler, si ce n'est qu'à 17 ans, il est surpris nuitamment en flagrant délit de cambriolage. Il écope de trois ans en maison de redressement .
À sa sortie, il travaille pour la firme General Motors, puis comme photographe et coiffeur, retrouvant chaque soir des copains avec qui il fait de la musique. Ses modèles du temps sont Louis Jordan, Nat Cole, et des bluesmen comme Muddy Waters, qu'il finit du reste par rencontrer et qui, après l'avoir écouté jouer, lui conseille de prendre rendez-vous de sa part avec Leonard Chess.

Son premier morceau pour le label, *Maybelline,* est une forme de relecture d'un classique de la country, acéré et marqué d'un beat moderne, avec des paroles rigolotes... Les frères Chess lui font une avance généreuse de... 400 dollars ! Deux mois plus tard, le titre, numéro 1 des ventes rhythm'n'blues s'est vendu à près d'un million de copies !
Vont suivre *Roll Over Beerhoven, School Days, Rock and Roll Music, Sweet Little Sixteen, Johnny B. Goode* et *Carol.* Que des numéros 1 ! Plus gros vendeur de disques, avec Presley, il est, sur les années qui suivent, l'incarnation directe du rock'n'roll, via ses mélodies enlevées et mémorables, son jeu de guitare nerveux et inventif, et les textes de chansons les plus travaillés et les plus drôles que le rock ait jusque-là produit. Il faut encore parler de son fameux "pas du canard", qui fait le

bonheur de tout spectateur venu applaudir sa prestation. Prenant son solo, Chuck soudain s'accroupit sur ses talons, la Gibson solidement calée contre le ventre, et traverse la scène de part en part, genoux fléchis, haut comme un schtroumpf, jetant par-dessus son épaule des regards faussement ahuris et des œillades appuyées aux spectatrices des premiers rangs...

Chuck aime les femmes, et pas seulement la sienne. Ses histoires et démêlés avec celles-ci sont nombreux. Certains se terminent mal, très mal. Accusé d'avoir séduit (et prostitué ?) une mineure de 14 ans, il écope de 5 ans de prison ferme, qu'il passera au pénitencier de Terre Haute (Indiana), il n'en ressort qu'en 1963, alors que l'âge d'or du rock'n'roll est depuis longtemps révolu !
Mais, heureusement pour lui, voilà qu'en Angleterre, des petits jeunes qui s'appellent les Beatles ou les Rolling Stones ne jurent que par Berry et Diddley et font des reprises triomphales de leurs titres ! Invité à les rejoindre sur place, il ne fait ni une, ni deux, boucle la Gibson rouge dans l'étui, révise une dernière fois son "duck walk" et s'embarque pour Londres. Il y sera reçu en héros et fera des triomphes à chacune de ses prestations.

Pourtant, si le musicien et le compositeur provoquent l'admiration de tous, il en va différemment de l'homme. Berry se manifeste en effet comme un grigou de première. Il passe son temps le nez dans les journaux financiers à observer les fluctuations de la livre et du dollar pour savoir à quel moment réclamer son dû ; lors des rappels, il repart en coulisse négocier des allonges pour revenir ; il se produit de plus en plus souvent avec des musiciens recrutés sur place et qu'il sous-paye.

L'homme a un également un ego surdimensionné. Il ne tolère pas que quiconque se produise après lui (même les Beatles ou les Stones). Lors d'un concert au Hollywood Paladium, alors que Keith Richards le rejoint sur scène pour lui rendre hommage, Berry le fait purement et simplement virer par son service d'ordre ! Explications : un, il jouait trop fort, deux il ne l'avait pas reconnu !

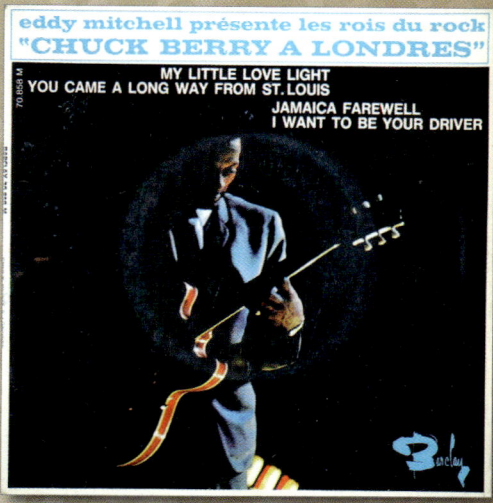

CHUCK & BO | Chuck Berry & Bo Diddley |
45 tours EP | Pye | 1963 | GB

CHUCK & BO | Chuck Berry & Bo Diddley |
45 tours EP | Pye | 1964 | GB

EDDY MITCHELL PRÉSENTE LES ROIS DU ROCK |
Chuck Berry | 45 tours EP | Barclay | 1965 | France

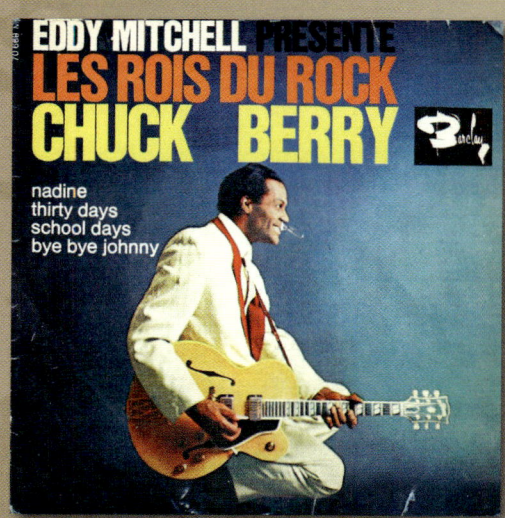

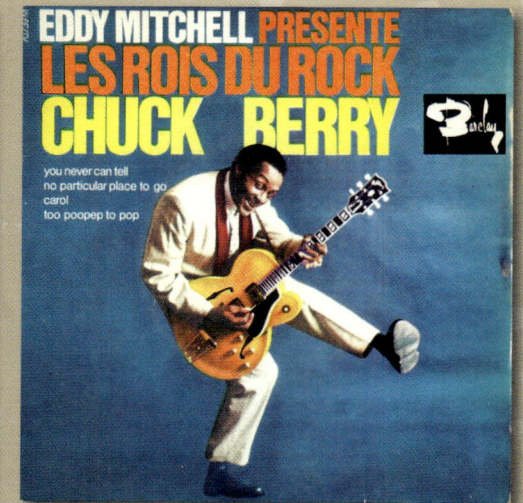

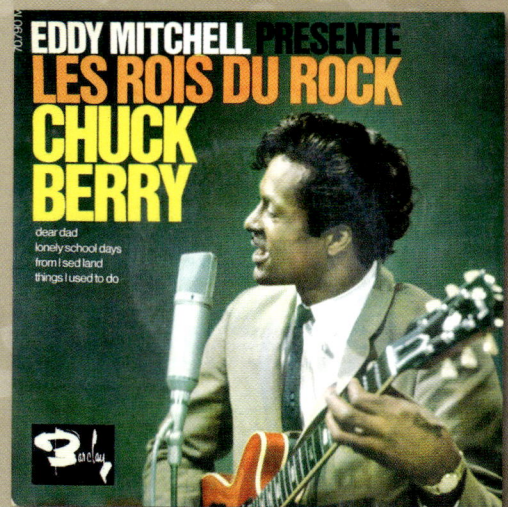

EDDY MITCHELL PRÉSENTE LES ROIS DU ROCK |
Chuck Berry | 45 tours EP | Barclay | 1964 | France

EDDY MITCHELL PRÉSENTE LES ROIS DU ROCK |
Chuck Berry | 45 tours EP | Barclay | 1965 | France

EDDY MITCHELL PRÉSENTE LES ROIS DU ROCK |
Chuck Berry | 45 tours EP | Barclay | 1965 | France

CHUCK... BERRY IS ON TOP | Chuck Berry | 33 tours 30 cm | Chess | 1959 | USA

Pas rancunier, Richard lui consacrera néanmoins un film documentaire, quelques années plus tard, *Hail ! Hail ! Rock'n'Roll*, dans lequel on voit Berry faire la leçon à Keith, selon quoi il ne joue pas correctement l'intro de *Carol*.

Dans les années soixante-dix, Chuck Berry investit dans l'immobilier. Il crée un parc de loisir et ouvre plusieurs restaurants. Mais il semble qu'il oublie d'en déclarer une part des bénéfices. Le fisc lui tombe dessus en 1973 , puis une seconde fois en 1979 où il écope cette fois, outre d'une énorme amende, de sept mois de prison ferme !
Nouveau scandale, plus crapoteux, celui-là, quelques années plus tard lorsqu'on découvre que les toilettes pour dames d'un de ses établissements sont munies d'un système d'enregistrement vidéo. Plus tard encore, de vilaines histoires de voyeurisme viendront une fois de plus ternir l'image de notre héros...
Mais quoi que l'on pense de l'homme, reste l'œuvre, et celle-ci est énorme. Pas de Rolling Stones sans la Gibson rouge et les riffs de Berry expliquait Keith Richards.
"Sans les formidables petites histoires que racontent ses chansons et qui brossent le portrait tout autant d'une époque que d'un âge (l'adolescence), qu'est-ce que des gens comme Dylan ou moi aurions bien pu raconter ?" s'interrogeait John Lennon.
Bref, qu'eut été le rock'n'roll sans Chuck Berry ?

"Je ne suis pas le roi du rock'n'roll, juste son premier ministre !" Chuck Berry

ONE DOZEN BERRYS | Chuck Berry | 33 tours 30 cm | Chess | 1958 | USA
Chuck fait des jeux de mots avec son nom (Berry = Fraise) et baptise ainsi ses albums. Trop sérieux s'abstenir.

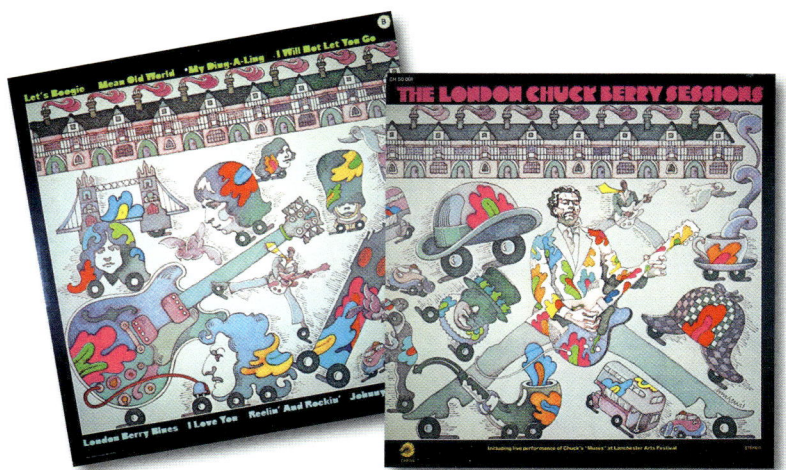

THE LONDON CHUCK BERRY SESSIONS | Couverture Tim Lewis |
33 tours 30 cm | Chess | 1972 | France

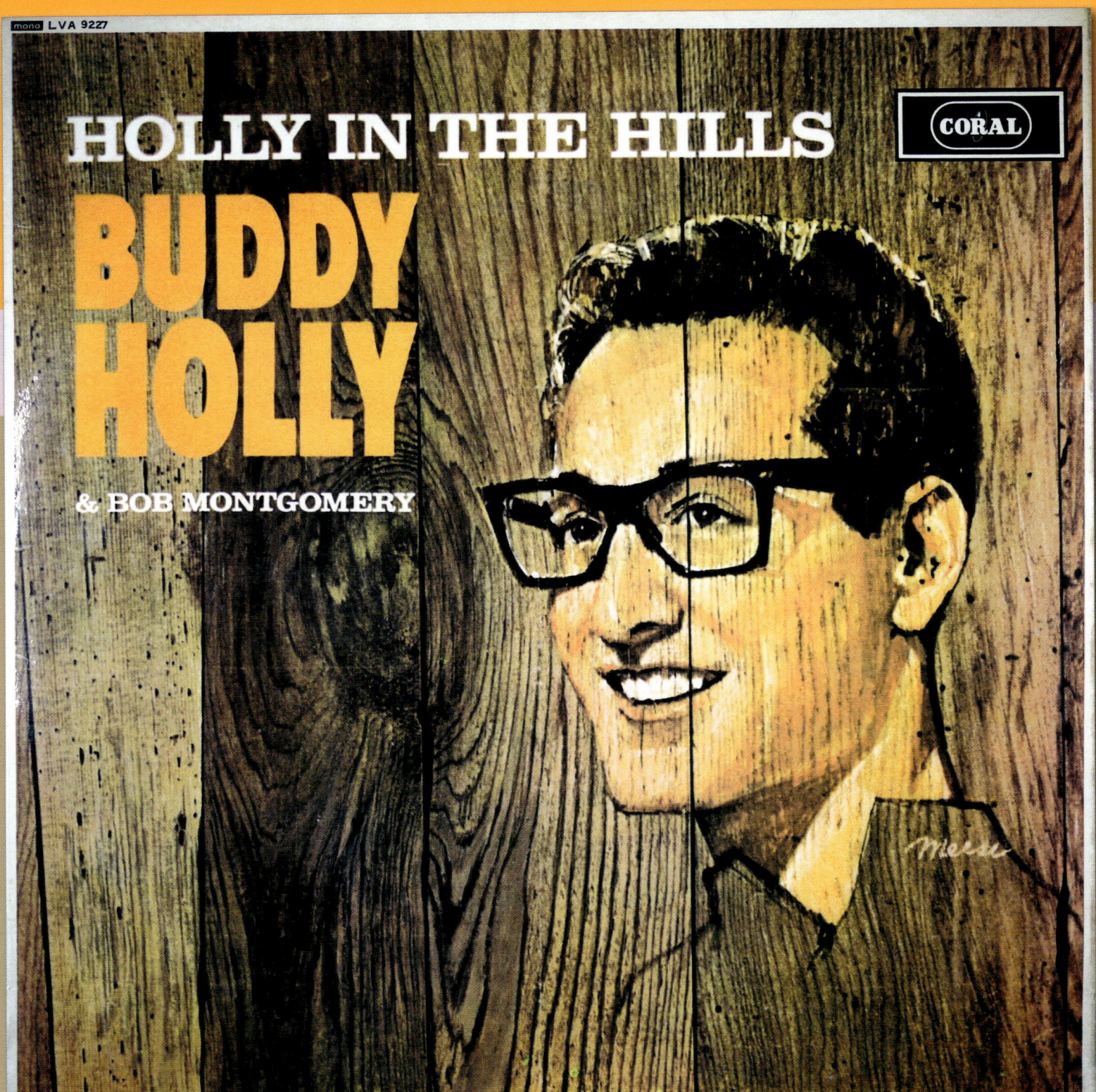

Le génie de Lubbock

Lubbock, Texas. Une ville à l'écart des grandes routes, même si dans les années cinquante, elle compte déjà près de 150 000 habitants. Elle est sensiblement à mi-chemin entre Albuquerque et Dallas, et la frontière avec le Mexique est à 250 miles au Sud. Autour de Lubbock, rien : des routes qui filent droit jusqu'à l'horizon, des prairies désertiques écrasées d'un soleil omniprésent, un ciel immense traversé de rares nuages effilochés...
Question : que faire en 1955 à Lubbock quand on a 17 ans ?

Buddy Holly (son prénom, c'est Charles, mais tout le monde l'appelle Buddy) est le cadet d'une famille rigoriste issue de la (toute) petite bourgeoisie de Lubbock, mais qui aime les arts, lit, et écoute de la musique. Ses parents offrent au garçon des cours de solfège, de violon et de piano. Lorsqu'il demande à jouer de la guitare, on lui en achète une. Dès lors, il ne cesse d'en jouer. C'est un enfant simple, serviable, sociable, pas du tout le teenager rebelle. Il sait néanmoins ce qu'il veut. Et même si ses résultats scolaires sont bons, son objectif n'est nullement de devenir comptable ou ingénieur, mais bien musicien ! Ce n'est pas un vœu pieu, c'est une vocation claire que double une volonté irréductible : il le veut et le sait, aucune place au doute, il sera musicien !

Avec son ami Bob Montgomery, ils créent un duo "Buddy and Bob" et sur leur carte de visite précisent "Western and Bop". Ils ont leur propre émission et se produisent régulièrement à Lubbock et dans

LISTEN TO ME | Buddy Holly | 45 tours EP | Coral | 1958 | USA | Le premier 45 tours EP de Buddy Holly publié aux USA. On note que l'éditeur a baptisé le disque Listen to Me et non Peggy Sue qui figure pourtant sur celui-ci, et que Buddy, encore à la recherche de son image, a laissé ses lunettes au vestiaire.

HOLLY IN THE HILLS | Buddy Holly & Bob Montgomery | 33 tours 30 cm | Coral | 1965 | GB | Les tout premiers enregistrements de Buddy Holly, en tant que duo "western & country" aux côtés de son ami Bob Montgomery, ne furent publiés qu'en 1965. On y trouve non seulement de la country, mais encore deux excellents titres de pur rockabilly, I Wanna play House with you et Down the Line.

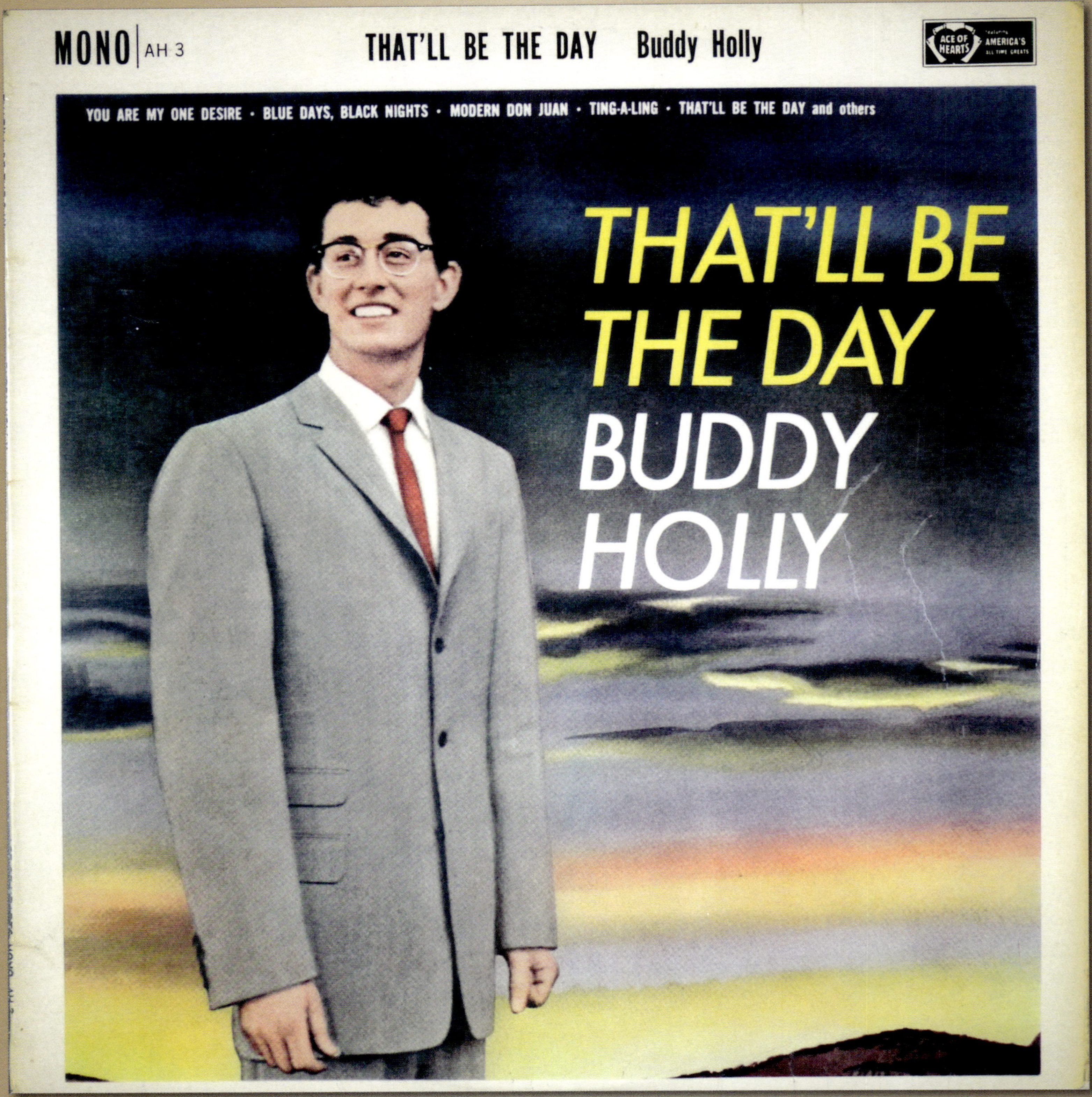
MONO
AH 3
THAT'LL BE THE DAY
Buddy Holly
ACE OF HEARTS
AMERICA'S
ALL TIME GREATS
YOU ARE MY ONE DESIRE · BLUE DAYS, BLACK NIGHTS · MODERN DON JUAN · TING-A-LING · THAT'LL BE THE DAY and others
THAT'LL BE
THE DAY
BUDDY
HOLLY

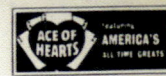

THAT'LL BE THE DAY | Buddy Holly | 33 tours 30cm | Ace of Heart | 1961 | GB | Édités tardivement en album, les premiers enregistrements rock'n'roll (et même rockabilly) de Buddy et ses amis, réalisés en 1956, incluant notamment une première version de That'll Be the Day.

les alentours, faisant notamment les premières parties quand des tournées passent par la ville. Ainsi ouvrent-ils pour Bill Haley, Elvis ou Little Richard. Plus à l'aise dans le pur rock'n'roll que dans la country, Buddy abandonne rapidement Bob et crée son propre groupe, les Crickets, dont les membres réguliers seront Jerry Ivan Allison (son pote inséparable !) à la batterie, Joe B. Mauldin à a contrebasse et Niki Sullivan, seconde guitare, qui quittera le groupe un peu plus tard, laissant les compères fonctionner en trio.

En 1956, Buddy enregistre pour Decca douze titres, sous la houlette d'Owen Bradley. Son vieux copain Sonny Curtis participe aux cessions, tenant la guitare rythmique ou solo. Il s'agit de morceaux de rockabilly au son très brut, aux arrangements sommaires, dotés d'une très forte réverb (écho) placée sur la voix. Parmi ceux-là, des chefs-d'œuvre du genre R*ock Around with Ollie Vee* (de Curtis), *Ting a Ling* (le morceau des Clovers accéléré en rock) et une toute première version (sans les chœurs) de son futur succès mondial *That'll Be the Day*.
Mais dans l'immédiat le succès n'est ni mondial, ni national, ni même local ! Remerciés par Decca, Buddy et ses malheureux potes remballent leurs instruments et regagnent Lubbock.

Seconde tentative, l'année suivante, dans les studios de Norman Petty à Clovis (Nouveau Mexique). Petty est à l'époque célèbre pour son *Norman Petty Trio* incluant sa femme Vi et le guitariste Jack Vaughn, et produisant une variété insipide marquée par l'orgue omniprésent de Vi. Quoi qu'on en pense, leurs disques se vendent toutefois par centaines de milliers de copies !

THE SOUND OF THE CRICKETS | 45 tours EP | Coral | 1958 | GB

[
"Pour Buddy, chanter était sa joie de vivre, cette joie de vivre qu'il apportait aux autres grâce à ses chansons."
Maria Elena, épouse de Buddy Holly
]

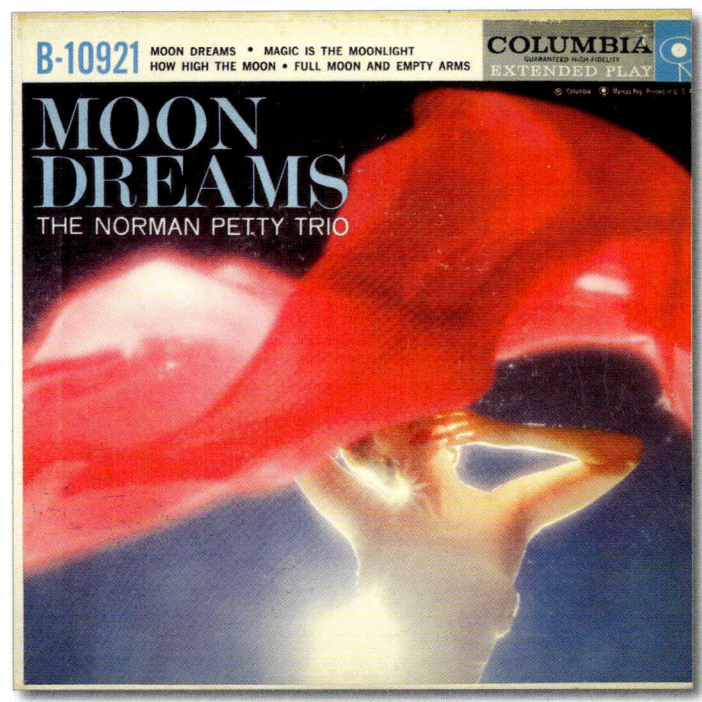

MOON DREAMS | THE NORMAN PETTY TRIO | 45 tours EP | Columbia | 1958 | USA | Un disque fort recherché des collectionneurs : sur l'une des prises du titre Moondreams (repris ultérieurement par l'intéressé !) Buddy tient la guitare rythmique. À charge de revanche, Vi Petty, la femme de Norman, accompagne parfois les Crickets au clavier ou au céleste (Everyday), un instrument sonnant comme un ensemble de carillons.

Mais Petty, indépendamment de ce succès, reste attaché à son travail dans le studio, enregistrant, orchestrant, à l'occasion produisant et manageant ses poulains, outre Les Crickets, Buddy Knox et Roy Orbison.

En 1957, ils reprennent *That'll Be the Day* dans une version plus maîtrisée et moins marquée rockabilly. Proposé à la marque Brunswick, le titre sort en mai de la même année et monte aussitôt dans les charts : seconde place aux USA, première au Royaume-Uni ! Les succès dès lors s'enchaînent et les enregistrements paraissent sous le nom de Buddy seul ou des Crickets : *Peggy Sue* (du nom de la fiancée du batteur Jerry Allison), *Rave On, Oh Boy, Listen to Me, It's So Easy*.

Les chansons de Buddy, rock'n'roll comme ballades, sont toujours très simples : quatre ou cinq accords maximum, mais déclinés, repris et interchangés avec brio. Elles ne jouent pas l'esbroufe mais sonnent parfois au contraire comme des comptines enfantines, des petites mélodies qui vous trottent dans la tête et ne vous lâchent plus ! Le grand modèle de Buddy en la matière était *Love is Strange*, du guitariste Mickey Baker (paternité contestée par Bo Diddley) et il fit en sorte de retrouver dans ses propres compositions sa fluidité, son aspect à la fois évident et hypnotique : entre la naïveté de l'enfant et l'épure du sage...

"Si quelqu'un vous demande quel genre de musique vous jouez, répondez 'pop'. Si vous dites 'rock'n'roll', personne ne vous laissera rentrer dans son hôtel." Buddy Holly

72

Les tournées, mal nécessaire du temps, mais outil de promotion indispensable, s'enchaînent les unes aux autres, à travers l'Amérique mais encore l'Australie (avec Jerry Lee Lewis et Paul Anka) ou l'Angleterre, du 1er au 25 mars, à raison de deux shows par jour !
Nombre de futures rock-stars des sixties (Lennon, McCartney, Keith Richards, Eric Clapton, Elton John) assisteront à l'un de ces shows et confieront ultérieurement avoir pris là une des grandes claques de leur vie !

Mais ces tournées non-stop épuisent les garçons. Accès de mauvaise humeur, rivalités, abus d'alcool, histoires de filles, il y a de l'eau dans le gaz entre Buddy et ses musiciens. Et puis l'omniprésence de Norman Petty et de Vi pourrit l'atmosphère. Petty, il faut dire, est un drôle de lascar : s'il ouvrait début 1957 son studio aux garçons alors désargentés et sans éditeur, il exigeait en contrepartie de cosigner les créations du groupe ! Ainsi est-il crédité, aux côtés de Buddy, sur des titres comme *Peggy Sue* ou *That'll Be the Day,* titres qui lui rapportèrent des fortunes et pour lesquels il n'avait cependant jamais collaboré !

En 1958, le torchon brûle entre Buddy et les Crickets, et surtout entre les garçons et leur mentor. Holly qui a entre-temps épousé une jeune et jolie réceptionniste d'origine hispanique, Maria-Elena Santiago, a quitté Lubbock et Clovis pour New York, où il découvre une vie culturelle autrement intense !
Il rencontre nombre de musiciens et d'artistes, s'initie au jazz, crée son propre label, avec Phil Everly, produit les premiers disques de Lou Giordano ou Waylon Jennings.
Sur ses propres sessions, il utilise l'overdubbing (re-recording), il double sa voix et les instruments. Il fait appel à des musiciens de soul comme King Curtis (le saxophone sur *Reminiscing*) ou à des orchestres à cordes comme celui de Dick Jacobs. Sa carrière à l'évidence est en train de changer d'orientation, quittant le rock'n'roll pour un répertoire plus pop à la façon de Roy Orbison.
True Love Ways et *Moondreams,* merveilleuses ballades romantiques en représentent les prémices...

MY GREATEST SONGS | Buddy Holly | 33 tours 30 cm | Coral | 1963 | Allemagne

BUDDY HOLLY | 33 tours 30 cm | Coral | 1964 | France

RAVE ON | Buddy Holly | 45 tours EP | Coral | 1958 | GB

BUDDY HOLLY | 45 tours EP | Coral | 1958 | GB

HEARTBEAT | Buddy Holly | 45 tours EP | Coral | 1959 | GB

LISTEN TO ME | Buddy Holly | 45 tours EP | Coral | 1959 | GB
La même photo (non créditée) déclinée sous 4 couleurs différentes :
un des grands classiques du temps...

BEACH PARTY | KING CURTIS PLAYS | photo Capitol | 45 tours EP |
Capitol | 1962 | France | C'est King Curtis, invité et rétribué directement
par Buddy qui tient le saxophone dans Reminiscing.

THE CRICKETS | 45 tours EP | Liberty | 1963 | France
Après la disparition de leur leader, chanteur et compositeur, Buddy Holly,
les Crickets travaillèrent régulièrement avec Sonny Curtis, le vieux copain de Buddy.
Ils enregistrèrent également avec Bobby Vee et Waylon Jennings.

> *"Je suis certain que Buddy serait encore
> aujourd'hui un artiste de tout premier
> plan. Par contre, j'ignore complètement
> ce qu'il pourrait chanter.
> Il était tellement surprenant
> que je n'aurais même pas voulu parier
> sur ce qu'il aurait joué huit jours
> après sa mort !"* Norman Petty

En cette fin d'année 1958, Holly regorge de projets (dont un album avec Ray Charles). Mais voilà : rendu furieux de la défection de Buddy, Norman Petty bloque le versement de ses droits (tout en essayant de relancer les Crickets avec un autre Buddy Holly !). Résultat, Buddy (le vrai) et sa femme, totalement désargentés, vivent dans l'immédiat aux crochets de la famille de Maria Elena. Autre conséquence de ce manque d'argent : à contre cœur, il accepte d'être la vedette de la *Winter Dance Party* qui doit sillonner le Nord du pays entre le 23 janvier et le 15 février. Avec lui sont programmés le Big Bopper (J.P. Richardson), Ritchie Valens et Dion et ses Belmonts. La tournée s'avère calamiteuse. Le chauffage de l'autocar tombe en panne, puis l'autocar lui-même, et le batteur de Buddy, Carl Bunch, est hospitalisé les deux pieds gelés. Le soir du 2 février, Holly n'en peut plus d'attendre leur monstrueux autocar et de s'y peler de froid. Il décide de louer un avion, un petit Beechcraft Bonanza, pour les emmener à l'étape suivante. Ritchie Valens (qu'il a décidé de produire après la tournée) et Waylon Jennings (dont il a réalisé le premier disque et qui l'accompagne en tant que bassiste) seront ses deux copassagers. In extremis, c'est Le Bopper, gravement enrhumé, qui prendra la place de Jennings. L'avion s'écrase quelques minutes plus tard dans un champ enneigé, au nord de Clear Lake.

REMINISCING · BUDDY HOLLY

CORAL

97 025

REMINISCING | Buddy Holly | 33 tours 30 cm | Coral | Allemagne

REMEMBER BUDDY HOLLY | 33 tours 30 cm | Coral | Allemagne
Le dernier album officiel proposant un ensemble d'inédits de haute qualité,
en l'occurrence le fruit de ses dernières sessions new-yorkaises, proposant
des versions pop presque symphoniques de superbes ballades comme
Moondreams ou *True Love Ways*.

*"J'ai conduit ma Chevrolet jusqu'au lac,
mais le lac était à sec, et eux,
les bons garçons, buvaient du whisky
et du rye en chantant* that'll be the day,
that'll be the day when I die."
Don McLean, *American Pie*

Les circonstances du drame ne seront jamais vraiment élucidées : défaillance de l'appareil, incompétence du pilote, violente tempête de neige ? On a même parlé de meurtre lorsque fut découvert quelques mois plus tard près de l'emplacement de l'appareil, caché jusqu'alors par la neige, le colt de Buddy auquel deux balles manquaient dans le barillet. D'autres ont été jusqu'à évoquer un complot fomenté par les services de Hoover, grand maître de la CIA et ardent pourfendeur de communistes et de rock'n'roll stars !

Quoi qu'il en soit, au terme d'une destinée aussi intense, fulgurante que brève (trois années !), Buddy Holly marqua de son génie, non seulement son temps, mais les décennies à venir. Musicien, compositeur, arrangeur, producteur, il préfigurait les musiciens d'aujourd'hui susceptibles de gérer véritablement leur art et leur carrière ! Les Beatles choisirent leur nom en hommage à ses Crickets, les Stones obtinrent leur premier hit en reprenant son vieux *Not Fade Away*, les Hollies de Manchester clamèrent leur admiration de façon on ne saurait plus explicite !
Du reste que Paul McCartney ait racheté les droits de ses chansons, puis que Michael Jackson ait racheté ceux des Beatles, trace de Buddy Holly, à travers notre temps, une filiation évidente...

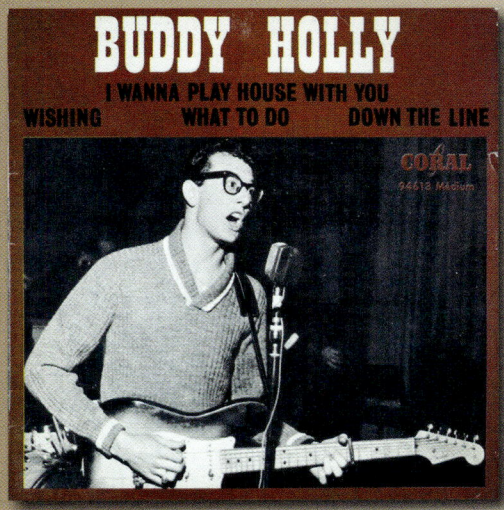

BUDDY HOLLY | 45 tours EP |
Coral | 1965 | France

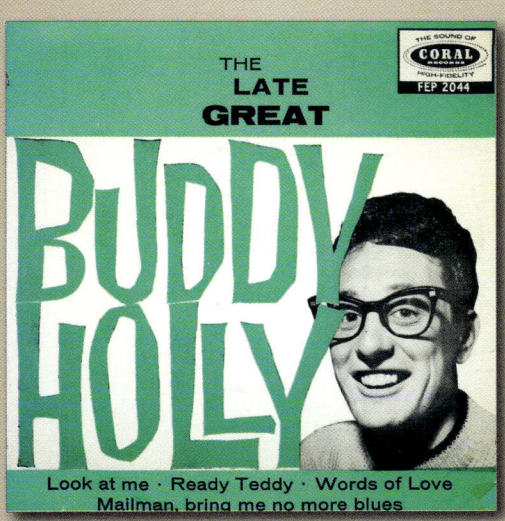

THE LATE GREAT BUDDY HOLLY | Buddy Holly |
45 tours EP | Coral | 1960 | GB

SIGNED BUDDY HOLLY (ARTISTRY ON GUITAR) |
Buddy Holly + Artistes divers | 33 tours 30 cm | Nor Va Jak

Édition tardive d'un choix de titres figurant Buddy Holly
comme guitariste, arrangeur ou producteur d'un certain
nombre d'amis comme Waylon Jennings, Lou Giordano ou Ivan
(pseudonyme de Jerry "Ivan" Allison, batteur des Crickets).

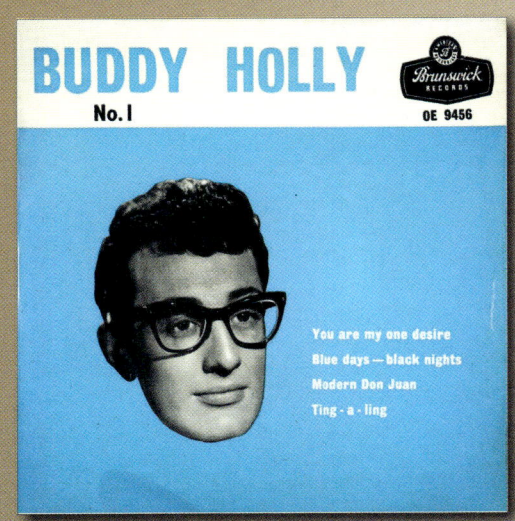

BUDDY HOLLY Nº 1 | 45 tours EP | Brunswick | 1959 | GB

BUDDY HOLLY Nº 2 | 45 tours EP | Brunswick | 1959 | GB

Le Blues de l'été #10

Le parcours d'Eddie Cochran présente plusieurs analogies avec celui de Buddy Holly. Excellents guitaristes l'un comme l'autre, compositeurs de génie, ils font leurs premières armes, de façon quasi simultanée, dans des duos de country et disparaissent en pleine jeunesse, en pleine ascension, en pleine gloire, dans de tragiques accidents de transport...

Eddie Cochran (Edward Ray Cochrane) naît le 3 octobre 1938 à Albert Lea dans le Minnesota. Après un bref séjour à Oklahoma City, la famille émigre en Californie et s'installe à Bells Garden, près de Los Angeles. Le garçon suit un parcours scolaire classique aux résultats moyens. Lorsqu'il a dix ans, son frère aîné Kay l'initie à la guitare. Il se prend au jeu.
Plus tard, il se lie avec un garçon de sa classe, Connie Smith (surnommé "Guybo") qui deviendra son meilleur ami et plus tard son bassiste. À l'âge de 15 ans, alors qu'il vient d'abandonner l'école, il fait la connaissance d'un homonyme, Hank Cochran –comme lui guitariste et chanteur – qui veut monter un duo hillbilly. Eddie serait-il intéressé ?

Eddie est intéressé. Comme ils se ressemblent physiquement, surgissent les Cochran Brothers qui se produisent localement, animent les fêtes et les soirées et finissent même au début de l'année 1955 par enregistrer quelques singles de country pour un petit label : *Mister Fiddle, Guilty Conscience*.

REMEMBER ME... | Eddie Cochran | Photo Liberty | 33 tours 30 cm | Liberty | France
C'MON EVERYBODY | Eddie Cochran | 45 tours EP | London | 1959 | GB

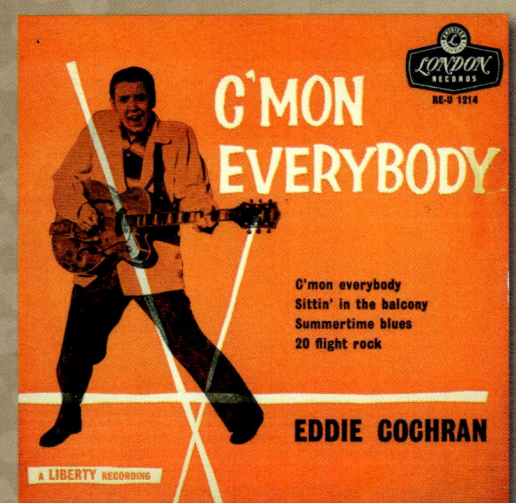

SINGIN' TO MY BABY | Eddie Cochran | 33 tours 30 cm |
Liberty | 1958 | GB

"SOMETHIN 'ELSE" | EDDIE COCHRAN | 45 tours EP |
London | 1960 | GB

EDDIE COCHRAN | Photo Liberty | 45 tours EP |
Liberty | 1963 | France

BLUE SUEDE SHOES | Eddie Cochran | Photo Liberty |
45 tours EP | Liberty | 1964 | France

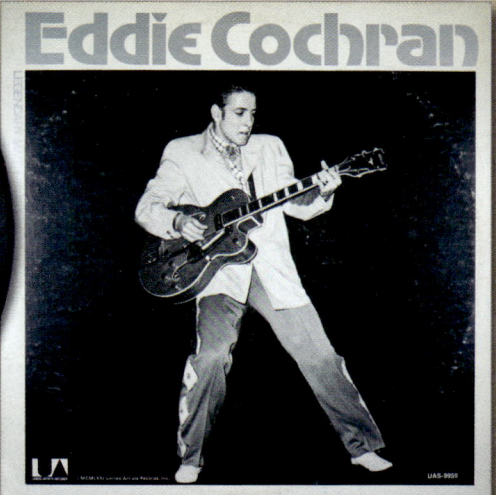

EDDIE COCHRAN | Design Bob Cato |
Double 33 tours 30 cm | United Artists | 1972 | USA

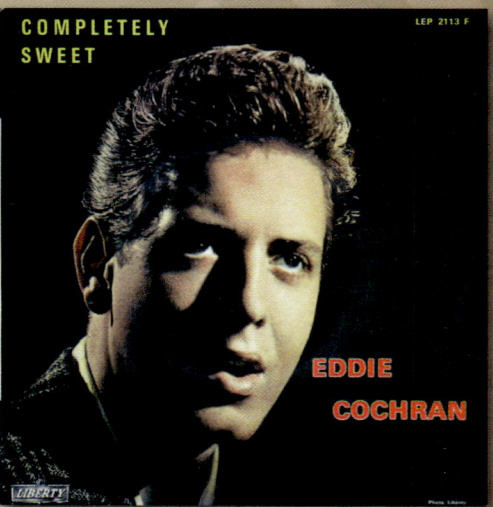

COMPLETELY SWEET | Eddie Cochran |
Photo Liberty | 45 tours EP | Liberty | 1963 | France

L'année suivante, Eddie fait une rencontre capitale, celle du tout jeune compositeur Jerry Capehart qui se prend d'amitié pour lui et va l'aider à se faire un nom. Nous sommes en 1956 et les premiers morceaux de rock'n'roll explosent sur les ondes. Eddie, Jerry et Guybo les écoutent avec enthousiasme. C'est là, instinctivement, ce vers quoi ils tendaient. Hank Cochran, lui, reste fidèle à la country. Le duo splite. Mais qu'à cela ne tienne ! Les compères ont d'autres idées en tête. Entre deux sessions comme guitariste auprès d'autres artistes, Eddie se construit un répertoire et avec Jerry, et Guybo, réalise des maquettes.

1957 sera pour lui l'année déterminante, celle où l'adolescent surdoué et touche-à-tout, accède au statut de vedette. Il est d'abord sollicité par le cinéma (*The Girl Can't Help it, Untamed Youth, Cotton Picker*) en raison de son physique avantageux, précisément très rock star, ensuite (ou plutôt parallèlement) il signe avec une major, la compagnie Liberty et son premier titre, *Sittin in the Balcony* monte dans les charts. Pour promouvoir le titre, Eddie s'embarque pour une tournée australienne, aux côtés de Little Richard et de Gene Vincent, qui deviendra l'un de ses grands amis. Il termine l'année en beauté, participant à l'émission de Noël d'Alan Freed.

1958, l'ascension continue : *Summertime Blues* qui raconte les vacances urbaines et désœuvrées d'un ado, grimpe à la 8e place des charts et se place également dans les hit-parades anglais. Vont suivre *C'mon Everybody, Somethin' Else, My Way et Week End,* des morceaux construits sur trois accords, marqués par la voix rugissante d'Eddie et les riffs mordants de sa guitare Gretsch.

Sur les années 1958 et 1959, Eddie ne quitte plus la route. Il sillonne les États-Unis de part en part, et partout rencontre un triomphe. À la fin de l'année 1959, il s'embarque en compagnie de Gene Vincent pour une tournée anglaise tout aussi triomphale. Il passe du bon temps à jammer avec le guitariste virtuose anglais Joe Brown, il termine ses prestations par des duos avec Gene, ils compensent la fatigue de la tournée par des fiestas dont les rock stars ont le secret.

SOMETHIN'ELSE | Eddie Cochran |
Photo Liberty | 45 tours EP | Liberty | 1963 | France

"Cochran était un type merveilleux, plein de vie. Un de ces gars dont on se demande s'il lui arrive parfois d'avoir mal aux dents ou à la tête, tellement il paraît toujours en forme..."

Earl Palmer

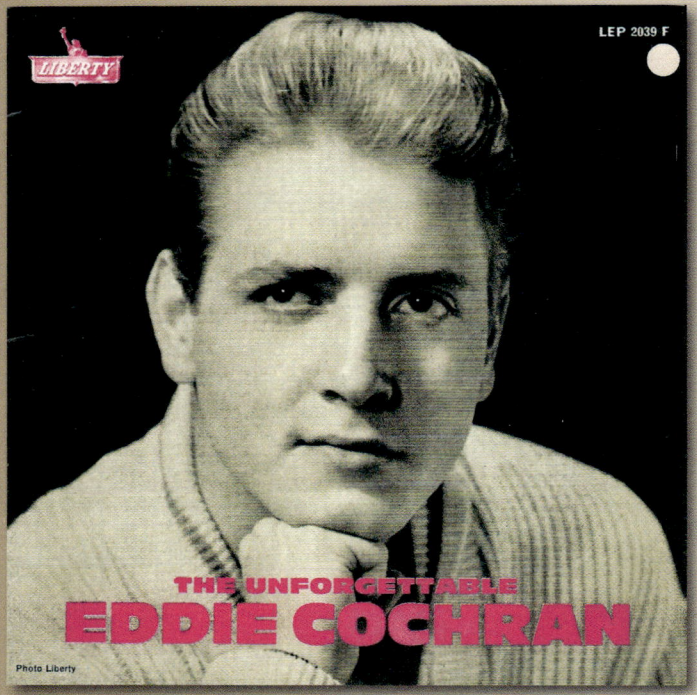

THE UNFORGETTABLE EDDIE COCHRAN |
Photo Liberty | 45 tours EP | Liberty | 1962 | France

THE EDDIE COCHRAN MEMORIAL ALBUM | Eddie Cochran | 33 tours 30 cm |
Liberty | 1963 | GB

EDDIE COCHRAN : MY WAY | Eddie Cochran |
33 tours 30 cm | Liberty | 1964 | GB

EDDIE COCHRAN : INEDITS | Eddie Cochran | Photo Philip Gotlop |
33 tours 30 cm | Liberty | France

> *"Eddie nous surprenait tous :*
> *il était soûl dès le lever du jour.*
> *C'est comme cela qu'il est mort.*
> *C'est comme cela qu'il voulait mourir."*
>
> Gene Vincent

Interrompue fin décembre, pour permettre aux vedettes de passer Noël chez eux, la tournée repart début janvier, puis devant les raz-de-marée provoqués, est reprise fin mars. Gene Vincent et Eddie Cochran sont alors en Angleterre des stars incontournables, leurs photos s'affichent en couverture des magazines, ils sont de tous les shows, de toutes les grandes émissions de radio et de télévision. Sur scène, Eddie et Gene, vêtus de cuir, se donnent à fond provoquant des scènes d'hystérie. En ces jours de mars et d'avril 1960, nul doute qu'ils ne représentent aux yeux des teenagers britanniques ébahis, de véritables dieux du rock'n'roll !

Le soir du 16 avril, suite à un concert donné dans l'Hippodrome de Bristol, la voiture de location qu'ils ont prise pour regagner Londres roule trop vite, rate la bifurcation pour Londres. Le chauffeur pile, la voiture dérape sur du gravillon et termine sa course contre un poteau électrique. Gene Vincent et Sharon Sheeley, la fiancée d'Eddie qui venait de le rejoindre, sont blessés. Cochran lui ne reprendra jamais connaissance...
Ironie du sort, son dernier titre, enregistré avec les Crickets du malheureux Buddy, monte brusquement dans les charts. Son titre : *Three Steps to Heaven* (Trois pas vers le Paradis).

EDDIE COCHRAN LAST RECORDINGS | Eddie Cochran |
Photo Eddie Cochran Fan Club France | 33 tours 30 cm | Liberty | France

> *"Un taxi aux portes de Londres, dérapant sur la chaussée mouillée, m'a fait perdre Eddie à tout jamais..."*
>
> Eddy Mitchell, *J'avais deux amis*

A TRIBUTE TO GENE & EDDIE | Junior Shank | Jimmie Maddin |
Photo Steve Aynsley | 45 tours simple | Thunder | France |
Ce single qui propose deux reprises des titres de Gene et Eddie (Be Bop a Lula,
Jeannie, Jeannie, Jeannie) par des artistes peu connus, offre également en
couverture une photo rare figurant les deux amis marchant ensemble, peut-être
bien lors de leur tragique tournée commune...

À quoi tient la vie ? Peu de choses, en vérité ! Dans la nuit du 16 au 17 avril 1960, Eddie Cochran, Sharon Sheeley et son vieux copain Gene Vincent sont à l'arrière de la voiture de location, une Ford Consul qui les ramène de Bristol à Londres. Sans doute doivent-ils bavarder de tout et de rien : le concert, le public, leurs musiciens, ce qu'ils feront dans les jours à venir. Ou bien, ils sont épuisés par leur prestation – la dernière d'une longue liste ! – et ils somnolent, portés par le bruit du moteur. Ce n'est là somme toute qu'un instant infime de leur vie, une miette d'existence devant prendre sa place dans le long défilement des jours et des ans... Et puis voilà Chippenham, et ce maudit panneau indiquant Londres qui surgit trop tard dans les phares de la Ford. Et la voiture qui veut piler et dérape, et le cri des freins...

Plus tard, lorsque les trois passagers sont extraits de la voiture et allongés sur l'herbe du bas-côté, puis emmenés à l'hôpital St-Martin, les jeux sont déjà faits : pour Vincent et la jeune femme, des contusions, des côtes cassées, un lit d'hôpital pour quelques jours, quelques semaines, pour Cochran tout est fini, game over, le point final...

Bien sûr, Gene Vincent, dans l'affaire fait figure de chanceux. Pourtant, en regard du traumatisme subit puis de la terrible descente aux enfers que représentent les onze années qui lui restent à vivre, on peut s'interroger pour savoir si en final le sort tragique réservé à son ami n'avait pas été plus clément ?

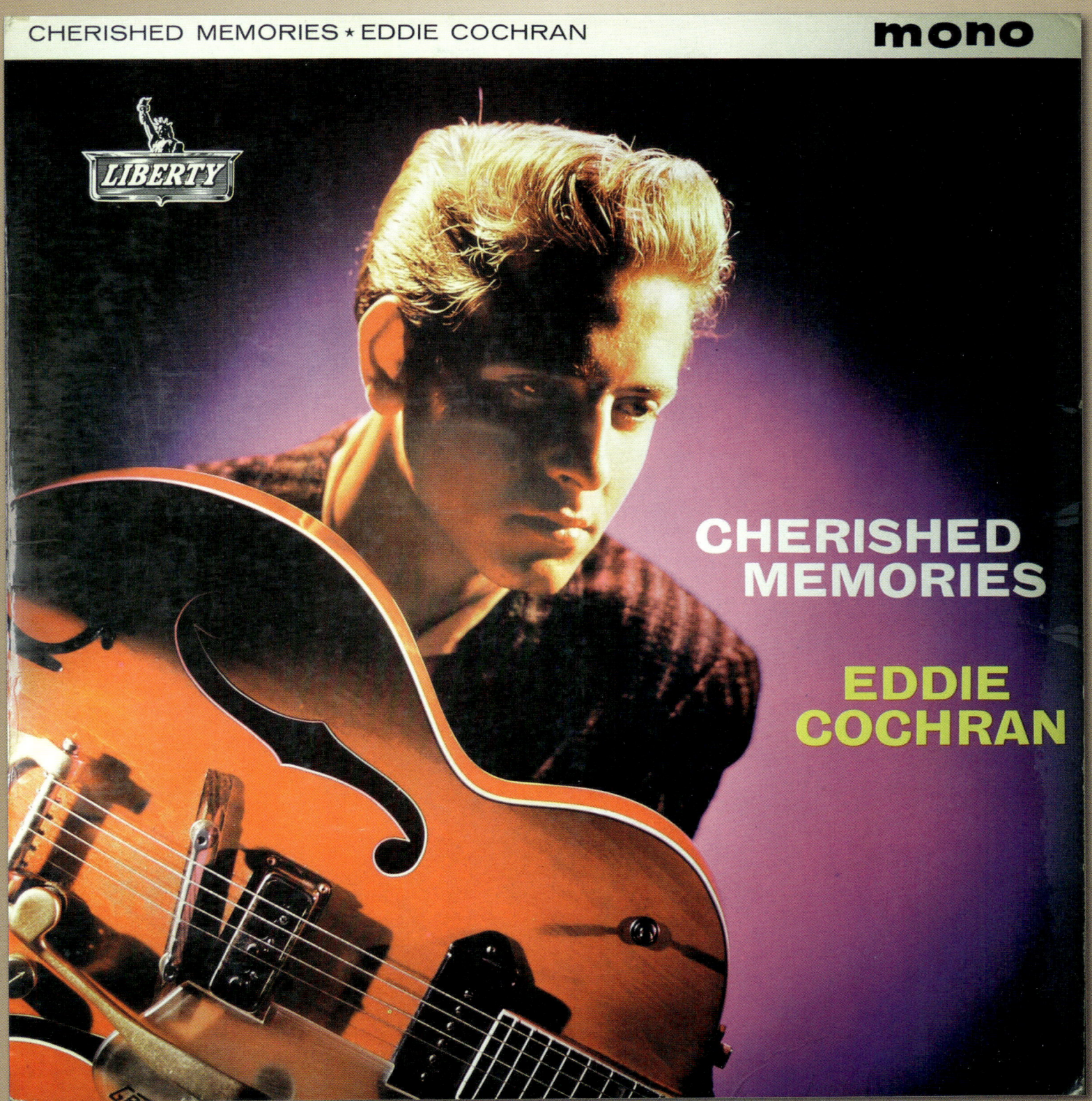

CHERISHED MEMORIES ★ EDDIE COCHRAN

mono

LIBERTY

CHERISHED
MEMORIES

EDDIE
COCHRAN

CHERISHED MEMORIES | Eddie Cochran | 33 tours 30 cm | Liberty | 1962 | GB

GENE VINCENT AND THE BLUE CAPS | 33 tours 30 cm | Capitol | 1957 | GB

Vincent Eugène Craddock naît en Virginie, dans le port militaire de Norfolk, en 1935, d'une famille de la middle-class. Ses parents, gérants d'une petite épicerie, lui offrent sa première guitare pour ses 12 ans. Le soir, dans la rue, il écoute les noirs chanter le blues et ces chants l'émeuvent fortement. À la radio, c'est plutôt de la country qu'il entend, comme Hank Williams ou Hank Snow. Il aime également le gospel, tout particulièrement les enregistrements de Mahalia Jackson.

Ce qu'il aime le moins, c'est l'école.

À 15 ans, il abandonne celle-ci et, trichant sur son âge, s'engage dans l'armée. En 1952, son unité de la US Navy se trouve envoyée en Corée. Néanmoins, il ne sera pas directement impliqué dans les combats . En 1955, lors d'une permission à Norfolk chez ses parents, il est victime d'un grave accident de la route. Sa moto, une Triumph Tiger est percutée par la Chrysler d'une chauffarde qui lui refuse la priorité et l'envoie valdinguer. C'est la jambe gauche qui dérouille. Gene manque de peu de se faire amputer. Néanmoins, toute sa vie sera marquée par les séquelles de cet accident et par cette jambe qui ne récupérera jamais sa totale motricité et restera douloureuse, nécessitant opérations, manipulations et drogues.
C'est au cours de ce premier long séjour à l'hôpital qu'il découvre à la radio les disques de Bill Haley et d'Elvis Presley. Il compose également. Notamment une chanson intitulée *Be Bop a Lula*. Le spectacle d'Elvis et de ses Blue Boys se produisant fin 1955 au Norfolk Municipal Auditorium le galvanise et le conforte dans son envie de chanter du rock.

Début 1956, il se présente à un radio-crochet où il interprète le tout nouveau succès de Presley sur disque RCA : *Heartbreak Hotel*. Il ne remporte pas le premier prix, mais est remarqué par un certain Bill Davis, surnommé Sheriff Tex, qui lui propose d'être son manageur et recrute des musiciens locaux dont un batteur de 15 ans, Dickie Harrel, et un guitariste virtuose, Cliff Gallup.

En avril 1956, Sheriff Tex leur fait enregistrer quatre titres à Nashville, sous la houlette du célèbre producteur Owen Bradley. *Be Bop a Lula*, prévu initialement pour être une face B, monte aussitôt dans les charts où il restera vingt semaines, culminant à la seconde position, juste derrière Elvis. Les Blue Caps (Casquettes bleues) – c'est le nom du groupe – sillonnent alors le pays pour promouvoir leur disque et porter la bonne parole du rock'n'roll jusque dans les campagnes les plus reculées. D'autres 45 tours suivent et marchent fort, comme *Bluejean Bop, Lotta Lovin'* ou *Dance to the Bop*. Mais ces tournées promotionnelles en non-stop ont raison des Blue Caps, qui, après d'innombrables changements de personnel, finissent par poser casquettes et instruments.

> *"Lorsque je suis sur scène, je suis dans un univers bien à moi. Je ne pense qu'à cela. C'est quand j'en redescends que les ennuis reprennent..."* Gene Vincent

L'année 1959 représente pour Gene Vincent un passage à vide. Heureusement, une tournée au Japon en compagnie du guitariste Jerry Merritt, tournée qui sera un triomphe, lui remet un peu de baume au cœur. Détail amusant : sur les dernières dates de la tournée, Gene ayant dû regagner précipitamment les States, Jerry, qui a sensiblement la même silhouette et une voix assez proche, se fait passer pour lui et obtient le même succès sans que personne ne remarque quoi que ce soit !

1960, c'est la fameuse tournée anglaise avec Cochran et la fin tragique que l'on sait. C'est durant celle-ci également, que sur les conseils de Jack Good, présentateur et producteur célèbre, Gene Vincent opte pour une tenue de scène mémorable : pantalon et blouson de cuir noir, chaîne et médaillon. Tout à la fois, cela diabolise son personnage (perçu par Good comme trop fade) et, associé à l'accident qu'il va vivre, symbolise et rappelle son deuil...

BLUEJEAN BOP | Gene Vincent And His Blue Caps |
33 tours 30 cm | Capitol | 1957 | GB

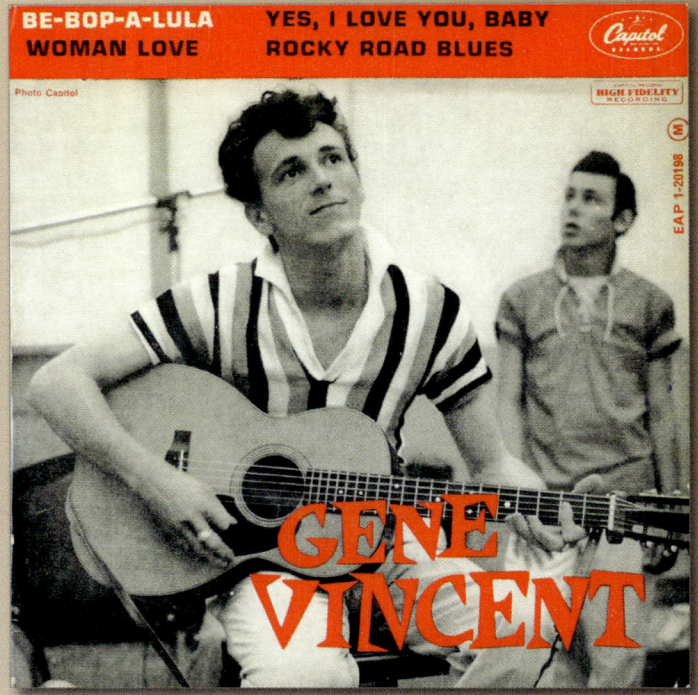

GENE VINCENT | Photo Capitol | 45 tours EP | Capitol | 1961 | France

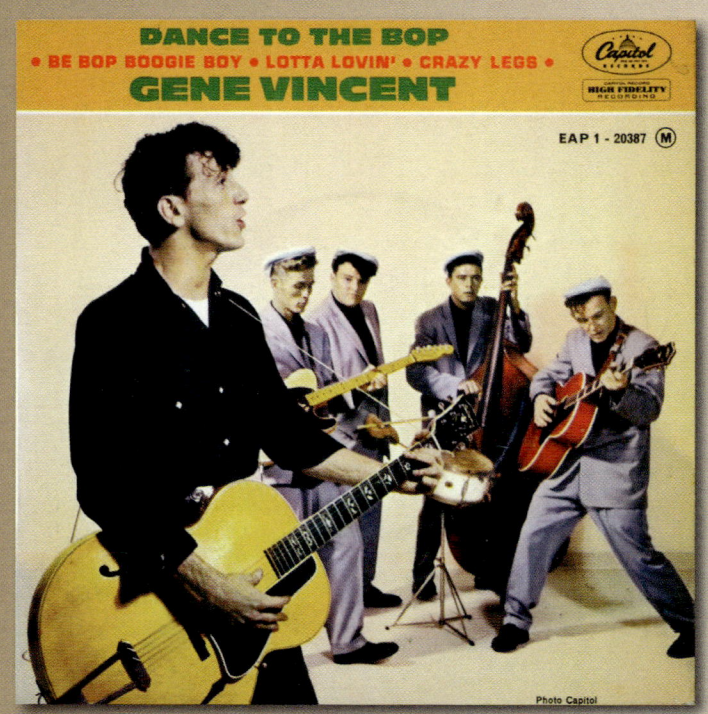

DANCE TO THE BOP | Gene Vincent | Photo Capitol |
45 tours EP | Capitol | 1962 | France

GENE VINCENT IN PARIS | Gene Vincent | Photo Flair |
45 tours EP | Capitol | 1962 | France

> *"Depuis la mort d'Eddie,*
> *rien n'est comme avant.*
> *Eddie était pour moi comme un frère..."*
>
> Gene Vincent

Les années soixante, qui voient le surgissement et l'envolée des groupes pop britanniques, représentent simultanément, selon le vieux principe des vases communicants, la désagrégation des stars précédentes, marquées par le rock'n'roll des fifties. Buddy Holly, Ritchie Valens, Cochran sont morts, Chuck Berry en prison, Little Richard en religion, Elvis dans les studios d'Hollywood à tourner des nanars, Gene Vincent, lui, va subir une lente et inéluctable érosion –plus qu'érosion : dégringolade !– dans les charts, puis dans le souvenir de ceux qui furent ses fans. Il enregistre toutefois des albums de qualité comme *The Crazy Beat of Gene Vincent, Hey, Hey, Hey* (avec les Shouts) et des titres mémorables tels *You Are my Sunshine* ou *Bird-Doggin*. Il reste encore une attraction scénique réputée. Lorsqu'il arrive sur scène tout de noir vêtu, lâchant ses béquilles pour s'emparer du micro, lorsqu'il fait passer sa jambe à 90° au-dessus de celui-ci, lorsqu'il s'effondre sur les planches de la scène ou qu'il s'arc-boute devant son soliste quand celui-ci prend son solo, un frisson passe dans la salle, comme un mélange électrique d'émotion, de bonheur et de peine. Et cette émotion est plus encore perceptible sur les morceaux lents, lorsque, accroché au pied du micro, le regard perdu vers les plafonds de la salle et le visage crispé d'un étrange et douloureux sourire, il en appelle à ses amours perdues et à sa jeunesse enfuie : *Over the Rainbow, Baby Blue, Wear My Ring, Darlene...*

BE BOP A LULA 62 | Gene Vincent | Photo Baumgartner |
45 tours EP | Capitol | 1963 | France

> *"On peut définir le rock'n'roll de telle ou telle façon.*
> *Mais pour moi, il s'appelle Gene Vincent."*
>
> Van Morrisson

LONG TALL SALLY | Gene Vincent | Photo Bob Lampard |
45 tours EP | Capitol | 1965 | France

Pourtant, rien n'y fait. Ses engagements se raréfient, ses enregistrements se vendent de plus en plus mal. Capitol dénonce son contrat. Puis EMI et London. Il ne grave plus dès lors que pour de petits labels, sans grands moyens, et sans véritable promotion, des énièmes versions de ses classiques ou des titres de seconde zone. Les petites tournées – en France, en Angleterre, en Allemagne – les lieux où se retrouvent les derniers irréductibles, ne rassemblent plus que quelques centaines de fans. La fin, pourtant prévisible, est néanmoins pitoyable. Alcoolique, colérique, douloureux, tragique, il vogue de galère en galère, de divorce en séparation, de pension alimentaire en saisie, sans la moindre visibilité sur son avenir. Normal : il n'en a pas.

En octobre 1971, à l'extrême bout du rouleau, Gégène – comme le surnomment affectueusement ses fans français – rentre au pays. Il n'a que 36 ans, mais il ressemble à un vieillard. Sa mémoire comme son corps ne sont plus que souffrance. *"Ne le secouez pas – dit le poète – car il est plein de larmes."*

Il meurt d'un ulcère à l'hôpital de Newhall le 12 octobre 1971.

[
*"Il est mort de désespoir
avec hémorragie."* Rocky Gonzales
]

SOUNDS LIKE GENE VINCENT | 33 tours 30 cm | Capitol | 1959 | USA

TWIST CRAZY TIMES ! | Gene Vincent | 33 tours 30 cm | Capitol | 1961 | France

GENE VINCENT WITH THE BLUE CAPS | Photo J. Mainbourg |
45 tours EP | Capitol | 1962 | France

TRUE TO YOU | Gene Vincent | 45 tours EP | Capitol | 1963 | GB

TUSLA | Jerry Merritt And The Crowns | Photo & Design Seaside Artist Service-Lautrey | Merritt
| 45 tours EP | Lautrey Prod | 1989 | France | Après le split des Blue Caps, c'est Jerry Merritt
qui prit en charge la guitare aux cotés de Gene Vincent, sur l'album *Crazy Times* et son nouveau
succès (européen) *She, She Little Sheila.* Également chanteur, on dit qu'il remplaça discrètement
Gene sur les dernières dates de sa tournée au Japon. Iςi, avec son groupe, les Crowns.

THE CRAZY BEAT OF GENE VINCENT | Gene Vincent | Photo Baumgartner |
33 tours 30 cm | Capitol | 1963 | GB

GENE VINCENT | 33 tours 30 cm | Columbia EMI | France

GENE VINCENT | 33 tours 30 cm | London | Belgique

GENE VINCENT ROCKS! AND THE BLUE CAPS ROLL | Gene Vincent | 33 tours 30 cm | Capitol | 1958 | GB

Les maîtres de l'harmonie

Le saviez-vous ? Au contraire des CD, les disques vinyle avaient deux faces. Le rock'n'roll aussi ! Souvent du reste, les deux allaient de pair : Sur la face A du single, un rock bien saignant, sur la B une ballade sentimentale ou un slow torride !

Sur scène, cette alternance du violent et de la bluette, permettait aux chanteurs de se reposer la voix et à leurs musiciens les doigts. Quant au public, même les amateurs de rock'n'roll les plus trépidants, propices au jump et aux passes acrobatiques, ne dédaignaient pas reprendre leur souffle à l'occasion d'un petit slow, coquin ou câlin, le nez dans la nuque parfumée de quelque jolie petite...

Grands pourvoyeurs de ces ballades tendres, mais encore de quelques rocks formidables : les Everly Brothers surgissent brusquement en haut des charts le 1er mars 1957, avec *Bye Bye Love*, un morceau signé du couple de compositeurs Felice et Boudleaux Bryant.

Nés en 1937 pour Don (Donald) et 1939 pour Phil (Phillip), les deux frangins viennent d'une famille de musiciens, leurs parents, Ike et Margaret, étant des professionnels reconnus et appréciés des circuits country. Après un premier essai sans suite (deux simples chez Columbia), leur père les présente au célèbre guitariste Chet Atkins, qui lui-même leur fait rencontrer l'éditeur musical Wesley Rose. Séduit par leur démonstration, celui-ci leur obtient rapidement un contrat chez Cadence et leur fait graver des compositions originales des Bryant.

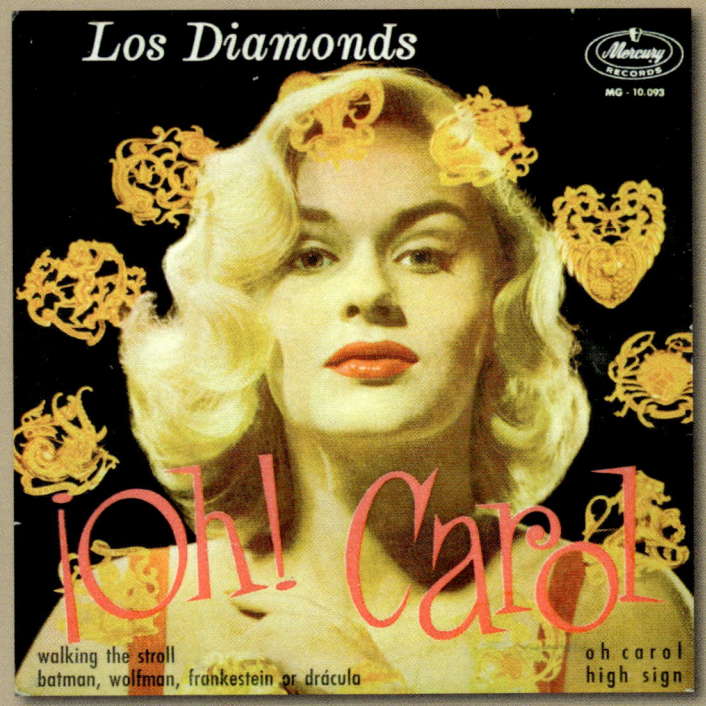

OH ! CAROL | Los Diamonds | 45 tours EP | Mercury | 1959 | Espagne

BLUEBERRY HILL | Steve Gibson And The Red Caps | Dessin R. Bonfils | 45 tours EP | Mercury | 1952 | USA

SIDE BY SIDE | Pat & Shirley Boone |
45 tours EP | London | 1959 | Australie
Plus que tout autre, le mielleux Pat Boone (descendant
du pionnier Daniel Boone) excellait à enregistrer des
bluettes, comme sur ces deux disques, en duo avec la
chanteuse Shirley Jones, fiancée puis épouse de Pat.

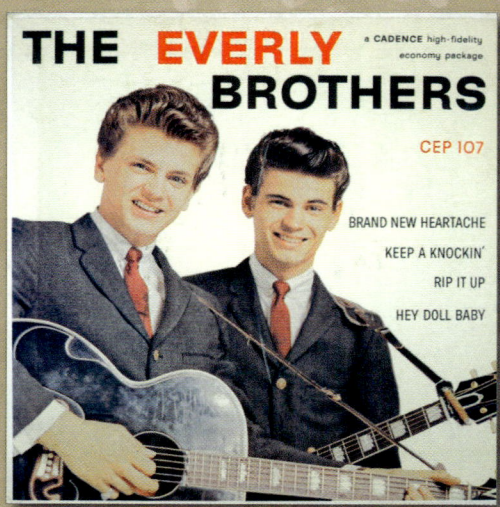

THE EVERLY BROTHERS | 45 tours EP | Cadence |
1957 | USA

THE EVERLY BROTHERS SING GREAT COUNTRY HITS |
Photo Michael Levin | 33 tours 30 cm | Midi | France

THE SOPHOMORES | Photo Paramount |
45 tours EP | Vogue | 1957 | France

JIMMY CLANTON | The Fleetwoods | Photo Orgler |
45 tours EP | Top Rank | 1959 | France

APRIL LOVE | Pat Boone & Shirley Jones | 45 tours EP |
Versailles | 1957 | France

Après le triomphe de Bye Bye Love, les Everly enchaînent hit sur hit, signés pour la plupart des mêmes compositeurs : *Wake Up Little Suzy* (N° 2), *All I have to do is Dream* (N° 1 des deux côtés de l'Atlantique), *Cathy's Clown* (nouveau N° 1 dont cette fois ils sont les compositeurs !) ou le tragique et merveilleux *Crying in the Rain* de Greenfield et Carole King. Leur dernier titre placé en haut des charts sera *The Price of Love* en 1965.

Mais ils n'enregistrent pas que des ballades. Ils reprennent des titres de Little Richard, offrent des versions alternatives et très percutantes du *Be Bop a Lula* de Gene Vincent, ou du *That'll Be the Day* de Buddy Holly, enregistrant du reste ce titre en compagnie des Crickets.
À la scène comme à la ville, les deux garçons développent un charisme énorme. Ils sont grands, beaux, ils se ressemblent, parfois on les croit jumeaux , et les voir chanter les harmonies hautes sur le même micro, leurs lèvres se touchant presque, fait surgir un trouble chez nombre de spectateurs (trices). Leurs deux voix superposées, mélangées, se subliment en des harmonies merveilleuses, grandes pourvoyeuses de rêve chez les ados. Une magie qu'ultérieurement nombre de chanteurs et de groupes (à commencer par les Beatles) tenteront à leur manière de recréer !

*"Lorsqu'ils chantaient,
Elvis, Chuck Berry ou Little Richard
ouvraient les portes d'un merveilleux
enfer. Mais les Everly, eux,
c'étaient celles du paradis..."* Alan Freed

Très amis avec Buddy Holly (qui avait écrit pour eux *Love's Make a Fool of You* refusé par leur mentor Wesley Rose), ils s'intéressent à la production et envisagent de travailler ensemble à la création d'un label, d'un studio et d'une compagnie, où tout à la fois ils s'auto produiraient, s'occuperaient de confrères et découvriraient de nouveaux talents. Hélas, Buddy Holly trouve la mort dans le crash de son avion en février 1959 et les projets communs sont abandonnés...

En 1962, les deux frères effectuent simultanément leur service militaire dans l'US Navy. Quand ils reviennent à la vie civile, les choses ont bien changé. C'en est fini du rock'n'roll, aux États-Unis a surgi toute une génération de jeunes chanteurs aussi séduisants que fades, adeptes d'une variété de bon ton, vaguement rythmée, recevable simultanément par toutes les générations confondues : Bobby Rydell, Frankie Avalon, Fabian, Johnny Tillotson, Bobby Vinton, Tommy Sands, etc.
Plus dangereux pour eux, débarquent d'Angleterre des hordes chevelues qui, quoique ne manquant jamais une occasion de leur rendre un vibrant hommage, n'en représentent pas moins une concurrence terrible !

La route des charts leur devenant difficile, ils se tournent vers la télévision, produisant et animant leur propre show jusque dans les années soixante-dix.
Ils continuent néanmoins à enregistrer (chez RCA) et à se produire sur scène. Tout au moins jusqu'à ce concert historique près de Los Angeles, le 13 juillet 1973, lorsque Phil, excédé, interrompt brusquement un morceau, casse sa guitare sur la scène et quitte celle-ci sans dire un mot. Don alors de murmurer tristement dans le micro : *"De toute façon, cela faisait dix ans que les Everly Brothers étaient morts."* Puis de terminer seul le concert.

Dès lors, les deux frères enregistrent chacun de leur côté des albums de qualité certes, mais qui ont perdu la magie initiale. Le temps de l'innocence n'est plus...

Le duo se reforme néanmoins pour un événement exceptionnel : un double concert, les 22 et 23 septembre 1983, au Royal Albert Hall, à Londres, devant un parterre regroupant toutes les célébrités de la scène britannique. Idoles des idoles, les Everly, curieusement méconnus en France, ont néanmoins vendu plus de disques que Little Richard, Chuck Berry ou Jerry Lee Lewis. Leur impact sur la jeunesse du temps a été considérable : très souvent copiés mais jamais égalés, ils furent les modèles de nombre de duos, comme Jan & Dean, les Kalin Twins, les Brook Brothers, Simon & Garfunkel, les Twin-Tones, plus tard Peter and Gordon ou Stuart and Jeremy, mais encore de groupes pop sensibles aux harmonies vocales : Beatles, Byrds, Beach Boys, Mama's & Papa's, Searchers, Hollies...

Chuck Berry avait un jour confié à des journalistes : *"Je n'ai jamais cru qu'Elvis Presley était meilleur que les Everly Brothers. Même les Beatles n'ont jamais réussi à les égaler."*

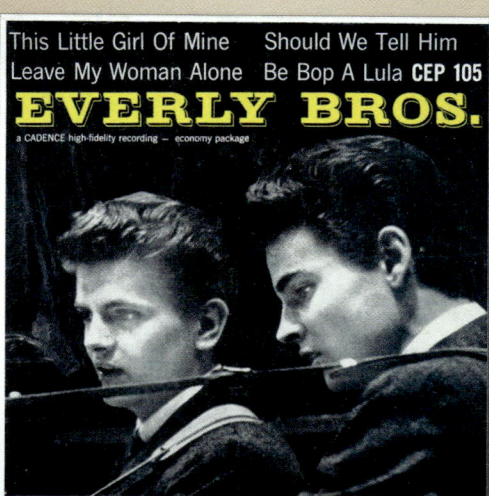

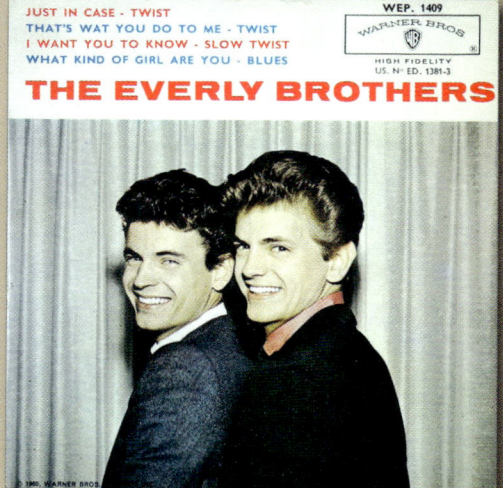

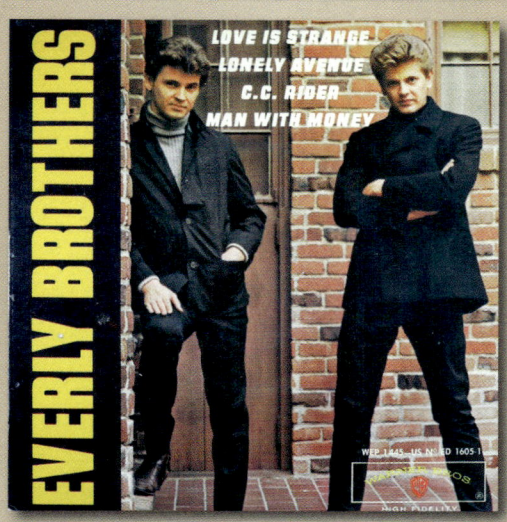

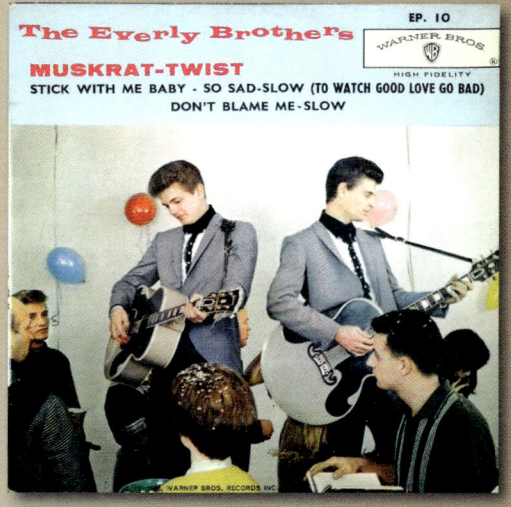

THE NEW ALBUM | THE EVERLY BROTHERS | 33 tours 30 cm | Warner Bros | 1977 | Hollande

Tout comme Don et Phil Everly, Ricky Nelson est tombé tout jeune dans la marmite de potion magique ! Une potion qui ne rend pas fort, mais célèbre ! Ses parents à lui ne sont pas musiciens comme la famille Everly, mais producteurs, animateurs et acteurs dans une série télé dont toute l'Amérique des années cinquante ne manque un épisode ! Son titre : *Les Aventures d'Ozzie et Harriet,* son sujet : les aventures quotidiennes de la famille Nelson, d'Ozzie et Harriet, les parents, mais encore de leurs enfants, David et Rick. Un scénario mêle habilement fiction et réalité, de façon à enrichir le quotidien réel des Nelson, présentés comme la famille d'Américains moyens auxquels les téléspectateurs peuvent facilement s'identifier…

C'est dans cette ambiance singulière, un peu à la *Truman Show* que le jeune Rick – surnommé Ricky – passe son enfance et son adolescence. Né en 1940, il a 12 ans lorsque les aventures de la famille Nelson quittent la radio pour passer à la télévision, et son visage est aussitôt connu de millions de téléspectateurs.

Naviguant ainsi entre vie réelle et séquences jouées, le quotidien du jeune adolescent trouve aussitôt son reflet dans le scénario du feuilleton. Ainsi, lorsqu'une amie de Ricky lui dit aimer Elvis Presley, l'élément est aussitôt incorporé dans la série, et le thème développé. Voilà ce que le scénario alors prévoit : pour plaire à cette amie (sa petite amie dans le feuilleton) Ricky va montrer qu'il peut faire aussi bien qu'Elvis. Il contacte donc une compagnie de disques, passe une audition et enregistre. Pour rendre la chose crédible, l'acteur Ricky est donc amené à enregistrer pour de bon un disque de rock. Grâce aux contacts du père, ça se passe chez Imperial et le titre choisi est *I'm Walking,* dont Fats Domino est en train de faire un succès.

Dans l'épisode du 10 avril 1957, intitulé *Ricky the Drummer,* les téléspectateurs découvrent donc le fiston de la série en tant qu'apprenti chanteur. Et comme il se débrouille plus que bien et qu'il est mignon comme tout, à peine le poste éteint, tous les spectateurs (trices) de moins de 20 ans, se précipitent chez leur disquaire.

RICKY NELSON | Maquette G. Jourdan | 45 tours EP | Barclay | 1957 | France

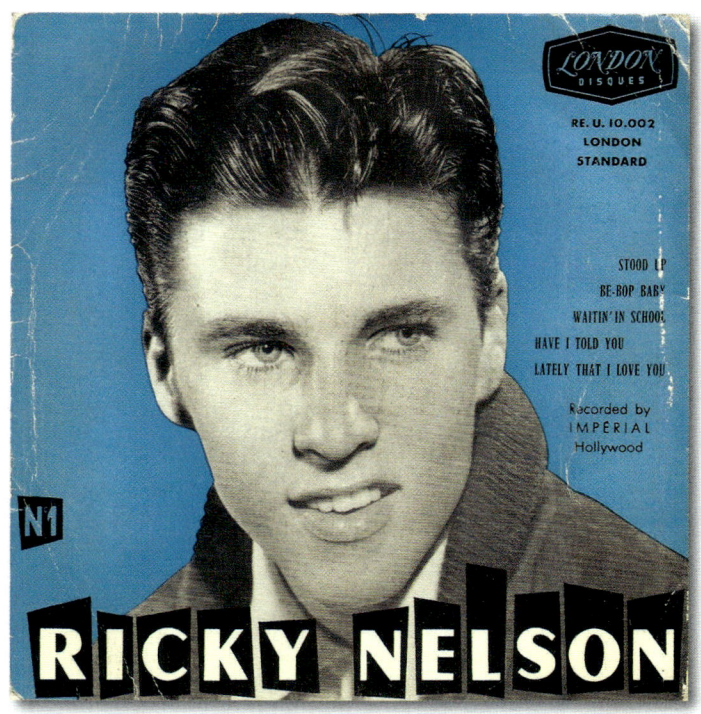

RICKY NELSON N° 1 | 45 tours EP | London | 1958 | France

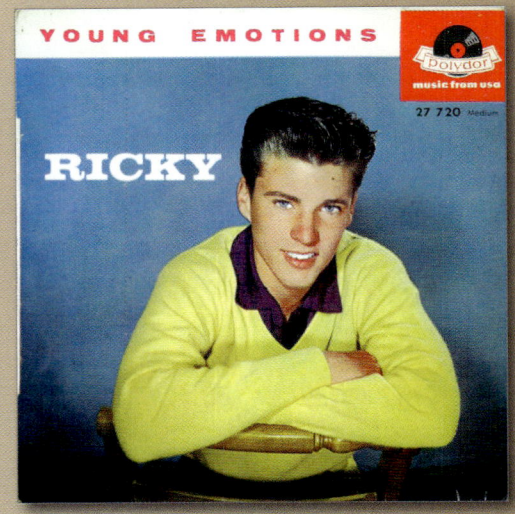

RICKY NELSON |
45 tours EP | Polydor | 1961 | France

YOUNG EMOTIONS | Ricky Nelson |
45 tours EP | Polydor | 1960 | France

L'INOUBLIABLE INTERPRÈTE DE RIO BRAVO |
Ricky Nelson | Photo Warner Bros. |
45 tours EP | Polydor | 1960 | France

RICKY SINGS SPIRITUALS |
45 tours EP | London | 1960 | GB
Un exercice incontournable pour tous les rock'n'rollers
Américains des années cinquante : réaliser un disque (au
moins) de cantiques et de chants de Noël !

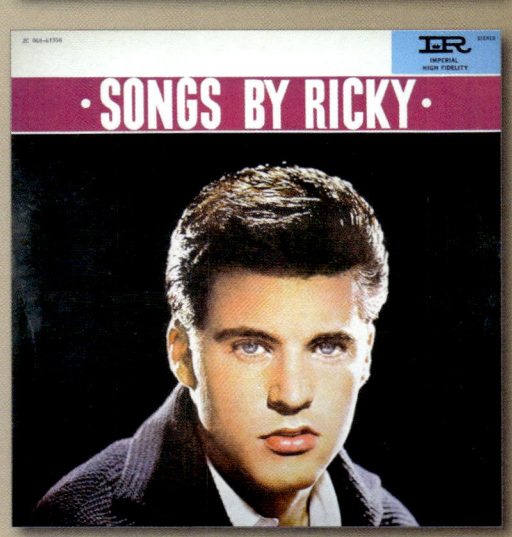

SUMMERTIME | Ricky Nelson |
45 tours EP | Polydor | 1962 | France

SONGS BY RICKY | Ricky Nelson |
33 tours 30 cm | Imperia | France

I'm Walking soudainement cartonne en haut des charts, rattrapant puis dépassant le score de Domino ! Presque involontairement, la carrière de Ricky chanteur est lancée !

Bien sûr, le garçon, tout comme ses parents avisés, et encore sa compagnie de disques, ne vont pas en rester là ! Entre 1957 et 1963, Ricky obtiendra douze disques d'or !

> "Elvis m'a demandé comment allaient mon père, ma mère, mon frère et les autres vedettes de la série. Je lui ai dit que j'aimerais lui arriver à la cheville et que ça me plairait qu'il me donne quelques conseils pour ma prochaine tournée."
> Ricky Nelson

Soutenu par un excellent groupe rock, comprenant entre autres le guitariste James Burton, (l'un des 3 meilleurs du temps avec Scotty Moore et Cliff Gallup), il grave non seulement des ballades comme *Teenage Idol*, mais d'excellents rock'n'roll, d'un niveau tout à fait comparable à ceux qu'enregistrent Presley, Holly ou Cochran ! L'aventure aurait pu être brève et ne représenter qu'une carrière en trompe l'œil ! Mais non : Ricky (qui va bientôt abandonner son "y"), sait ce qu'il veut et ce qu'il veut c'est enregistrer de vrais rock'n'roll avec un groupe de qualité, et non produire un sirop à la Pat Boone, sur fond de grands orchestres et de violons !

Entre deux enregistrements, il est sollicité par le cinéma. Il donne notamment la réplique, en 1958, à John Wayne et à Dean Martin dans le fameux *Rio Bravo*.

RICK IS 21 | Rick Nelson | 33 tours 30 cm | Imperial | France | Pour fêter ses 21 bougies, Ricky Nelson abandonne le "Y" de son diminutif. Il en profite également, au dos de l'album, pour résumer en neuf photos les principales étapes de sa déjà longue carrière...

GARDEN PARTY | Rick Nelson And The Stone Canyon Band | Design Kristin Nelson | Photo Martin S. Martin | 33 tours 30 cm | Decca | 1972 | USA

JIM and JONES | The Twin-Tones | 45 tours EP | RCA Victor | 1957 | USA

La seconde moitié des années soixante va représenter pour lui, comme pour beaucoup d'autres chanteurs de la même génération, une longue traversée du désert ! Mais le garçon ne désespère pas. Il croit en sa bonne étoile. Et sans doute aussi en ses bonnes relations. Et peut-être encore au confortable matelas que ses douze disques d'or ont dû constituer ! Quoi qu'il en soit, il ne raccroche nullement la guitare, se contentant de tourner dans de plus petites salles ou dans des clubs, et nombreux sont ceux qui se réjouissent de voir de près le créateur de *Lonesome Town, Poor Little Fool* ou *Teenage Idol*.

En 1969, prenant le taureau par les cornes, il abandonne une fois pour toute son image de jeune homme propret et de gendre idéal. Il met au rancart ses tubes des années cinquante, se laisse pousser les cheveux, recrute un groupe de country rock qu'il baptise *Stone Canyon Band*. Bien sûr, ils se font huer par les fans des *Aventures d'Ozzie et Harriet,* qui ne retrouvent plus là leur cher petit Ricky. Mais il n'en a cure. Avec ses musiciens, parmi lesquels Randy Meismer, ex-Poco et futur Eagles, il sillonne les États-Unis, délivrant un country rock mélodique et nerveux de bonne facture. En 1972, il obtient même une sixième place dans les charts avec le morceau *Garden Party,* satire grinçante des goûts figés d'un certain public refusant d'évoluer.

Le 31 décembre 1975, le vieux DC3 que Jerry Lee Lewis venait de lui vendre, et qui les transportait, lui, son groupe et sa fiancée Helen Blair, de Guntersville (Alabama) à Dallas, où ils allaient se produire, subit des avaries et heurte des fils à haute tension alors qu'il se posait en catastrophe. Le chanteur, son amie et ses musiciens périssent tous. La presse à scandale imputera l'accident aux effets néfastes de la cocaïne…

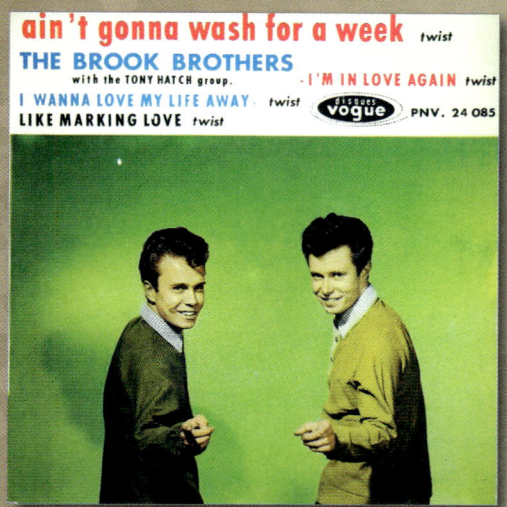

AIN'T GONNA WASH FOR A WEEK | The Brook Brothers |
Photo Pye | 45 Tours EP | Vogue | 1961 | France

CLICKETY CLAC | Les Kalin Twins | 45 tours EP |
Brunswick | 1959 | France

JAN AND DEAN | 45 tours EP | Decca | 1960 | France
Jumeaux ou frères, en duo ou en trio, l'heure est
visiblement au regroupement des fratries !

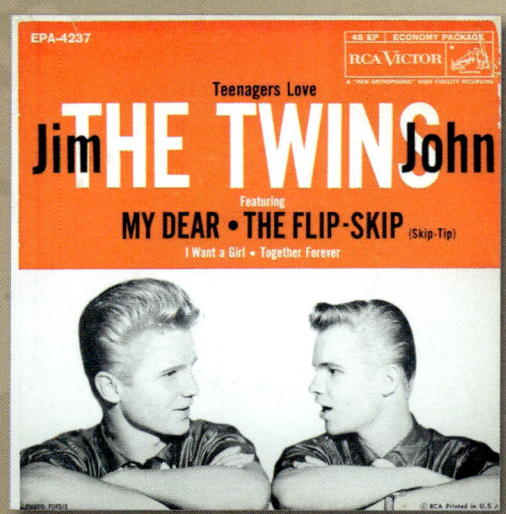

TEENAGERS LOVE | THE TWINS |
45 tours EP | RCA Victor | 1958 | USA

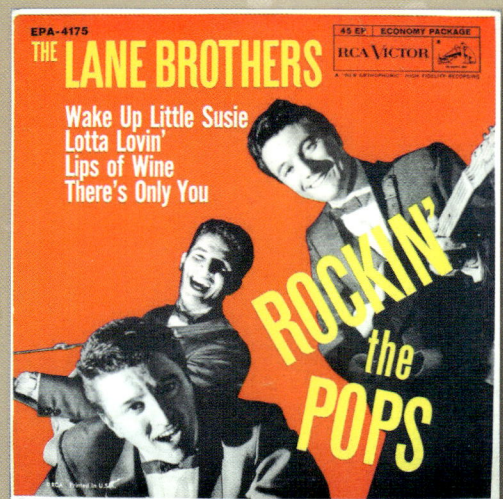

ROCKIN THE POPS | The Lane Brothers |
45 tours EP | RCA Victor | 1957 | USA

LAZY SUMMER NIGHT | The Four Preps |
45 tours EP | Capitol | 1959 | GB

Grands anciens #12

Le 1er août 1964, en Californie, un pêcheur à la ligne maladroit fait chavirer sa barque sur le Clear Lake, tombe à l'eau et se noie. Accident stupide mais fréquent, décès tragique – tous les décès ne le sont-ils pas ? – mais dénué du moindre panache ! Pourtant la victime n'en manquait guère !

Ancien boxeur, puis leader d'un trio de rockabilly et enfin vedette internationale avec des succès comme *You're Sixteen* ou *Dreamin'*, Johnny Burnette n'était certes pas n'importe qui ! Et on pouvait imaginer d'un type doté d'une aussi belle voix et d'un physique de play-boy costaud, une autre fin que la sienne !

Johnny est né en 1934, à Memphis, à l'hôpital de la charité. Il a un frère de deux ans son aîné, Dorsey. La famille Presley qui habite à quelques centaines de mètres, est pauvre, la famille Burnette, elle, est franchement misérable. Pendant un temps ils doivent, faute d'un toit, dormir sous une tente... À la sortie de l'école, les jeunes Burnette croisent Elvis. Un peu plus tard, ils joueront ensemble de la guitare et chanteront quelques ballades country...

Les frères Burnette ont une autre passion à laquelle ils s'adonnent très jeunes : la boxe. Mais après quelques matchs particulièrement éprouvants, Johnny et Dorsey, qui n'ont pas envie d'avoir des têtes de gargouilles, raccrochent les gants et dès lors se consacrent plein pot à la guitare et au chant. En compagnie d'un copain fin guitariste, Paul Burlison, ils montent un trio de pur rock'n'roll, semblable à celui que forment Elvis, Scotty et Bill avec lesquels il leur arrive de jammer.

ROCK A BILLY TO NIGHT | Johnny Burnette Et Son Trio |
45 tours EP | Coral Dansons Gaiement | 1958 | France

ROCK'N'ROLL | Johnny Burnette Trio |
45 tours EP | Coral | 1958 | France

ROCK'N'ROLL WITH THE JOHNNY BURNETTE TRIO | 45 tours EP | Coral | Allemagne

DREAMIN' | Johnny Burnette | 45 tours EP | London | 1960 | GB

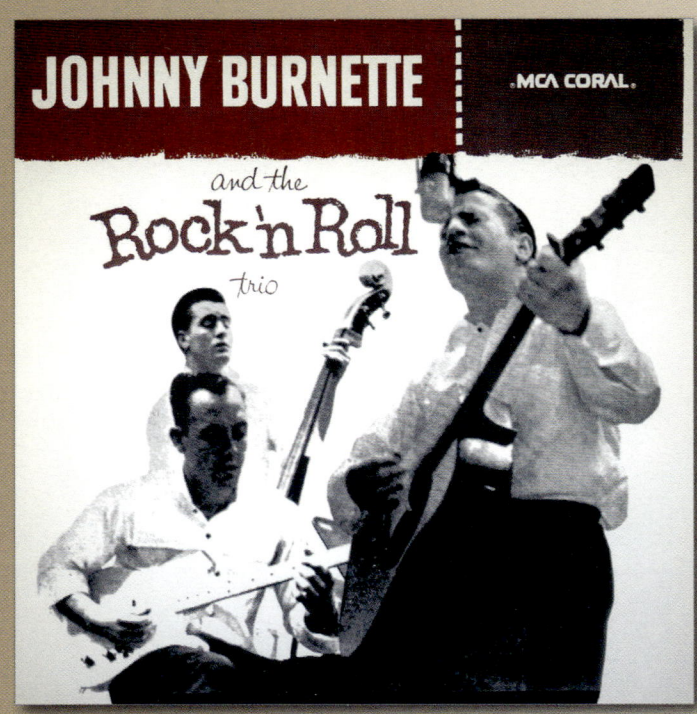

JOHNNY BURNETTE AND THE ROCK'N'ROLL TRIO | 33 tours 30 cm | MCA Coral | 1957 Réédition | Allemagne

JOHNNY BURNETTE SINGS | Johnny Burnette | 33 tours 30 cm | Liberty | Canada

Sur les conseils de Presley, ils auditionnent pour Sam Phillips, dans le studio Sun, à côté, au 706 Union Avenue. Pas de chance : Sam baille. Il se dit pas convaincu. Les gars reprennent donc leur matériel et filent la queue basse. Comme tout visionnaire, Sam Phillips est parfois fatigué ou distrait et rate des opportunités. Question ratage, le refus de signer les frangins Burnette à l'évidence en est un beau !

Faute donc d'appartenir au catalogue Sun, le trio auditionne chez Coral où cette fois ils sont pris. En cette époque où Presley provoque un raz-de-marée, il n'est pas une compagnie de disques qui ne rêve de se dégotter un nouvel Elvis. Or, le trio des Burnette, avec la slappin' basse de Dorsey et les solos mordants de Paul Burlison, crée une sonorité assez proche de celle d'Elvis et ses compères.

Entre 1956 et 1957, le Johnny Burnette Trio (complété en studio d'un batteur) enregistre une douzaine de titres, des rockabilly au son brut, dénués d'effets, de chœurs et de tout instrument étranger. Ils enregistrent là, en des séances toujours très brèves et un nombre de prises limité, des titres qui resteront comme des classiques du rockabilly : *Tear It Up, Honey Hush, Drinkin'Wine Spo-Dee-O-Dee* ou *The Train Kept a Rollin'* repris une décennie plus tard par les Yardbirds sous l'appellation *Stroll On*.
Sur scène, les garçons créent des scènes d'émeutes, tout à fait comparables à celles provoquées par leur ami Elvis. Souvent la police doit intervenir pour interdire aux fans l'accès à la scène et aux coulisses et éviter que Johnny ne se fasse lacérer ses vêtements et arracher ses cheveux...

"Le rock'n'roll, c'est comme une érection ! Il faut que ce soit rapide, et quand c'est fini, c'est fini !"
John Cougar Mellencamp

Toutefois, hormis Honey Hush, les ventes de disques ne décollent pas. Coral dénonce leur contrat, le trio implose...

Ils ne quittent pas la musique pour autant. Les deux frères enregistrent, chacun de leur côté, Dorsey de la country, Johnny des ballades, ensemble ils composent, offrant des hits à Roy Brown ou Ricky Nelson comme *Believe What You say* ou *It's Late*.
En 1960, Johnny tire le jack-pot : *Dreamin* et quelques mois plus tard *You're Sixteen,* deux slows rocks mélodiques et bien balancés entrent tous deux dans le top ten et lui assurent une certaine célébrité et de confortables royalties pour les années qui suivent. Jusqu'à cette malheureuse partie de pêche...

Son frère Dorsey lui survivra une quinzaine d'années, balisant sa carrière lui aussi d'un certain nombre de succès comme *Tall Oak Tree.*
Motif de satisfaction –s'ils suivent la scène rock, de là-haut, par-delà les nuages, au paradis des rock'n'rollers (et des pêcheurs maladroits)– ils ne peuvent que se féliciter des carrières de leurs fils respectifs, Rocky et Billy, le premier dans une mouvance plutôt "revival", produit à l'occasion par Dave Edmunds et accompagné parfois de Paul Burlison, le survivant du Trio Burnette, Billy, quant à lui, intégrant le célèbre groupe Fleetwood Mac en 1985.

TALL OAK TREE | Dorsey Burnette | Design & Photo Garrett & Howard inc. |
33 tours 30 cm | ERA | 1960 | USA

*"Un jour, Presley est venu faire le bœuf
avec nous. Ce qui est drôle,
c'est qu'il ne connaissait
que deux accords à la guitare !"*

Paul Burlison

On prétend le bonheur sans histoires. Mais une vie sans histoires est-elle nécessairement heureuse ? Celle de Jack Scott est exempte en tout cas de tout crash d'avion comme de partie de pêche désastreuse ! Pas de drame saignant, ni la moindre mention de ce monsieur dans la rubrique faits divers. La vie de Jack Scott est simple, et se résume en quelques phrases, quelques mots...

Jack (né Giovanni Scafone) naît en janvier 1936, au Canada, à Windsor dans l'Ontario. Sa famille déménage quelques années plus tard, passe la frontière américaine et s'installe à Détroit dans le Michigan. À l'âge de 16 ans, il monte son premier groupe, les Southern Drifters, orientés country. Il compose le morceau *Leroy* pour soutenir un copain emprisonné suite à une rixe et *My True Love*, en hommage à sa petite amie.

Joe Carlton, producteur chez ABC qui monte sa propre boîte, prend Jack sous son aile. Les deux titres, couplés sur la même galette sortent en avril 1958 et offrent à la compagnie son premier disque d'or !

Plusieurs gros succès vont s'enchaîner, *Go Wild Little Sadie, Geraldine, The Way I walk,* etc.

En 1959, il quitte les disques Carlton pour Top Rank. Son répertoire évolue. Du rock'n'roll brut de ses débuts, il passe à des ballades rythmées et harmonieuses, comme *Burning Bridges* ou *What in the World Came Over You,* toutes deux également disques d'or.

Au milieu des années soixante, Jack subit lui aussi l'inévitable chute de popularité que provoque le surgissement de la vague pop. Néanmoins, il continue à tourner comme à enregistrer. Ses morceaux restent toujours bien identifiables, grâce notamment à cette façon qu'il a de doubler sa voix de parties de basses, un peu à la manière des ensembles "Doo-Wop".

En 1977, il fait un retour triomphal sur la scène britannique, au Rainbow Theatre de Londres, obtenant une standing ovation de plusieurs milliers de spectateurs en délire.

Il n'a, à ce jour, pas raccroché la guitare et continue à se produire occasionnellement, faisant revivre de sa voix au timbre bien particulier et aux vertigineuses descentes dans les basses, l'âge d'or du rock'n'roll et de sa propre jeunesse...

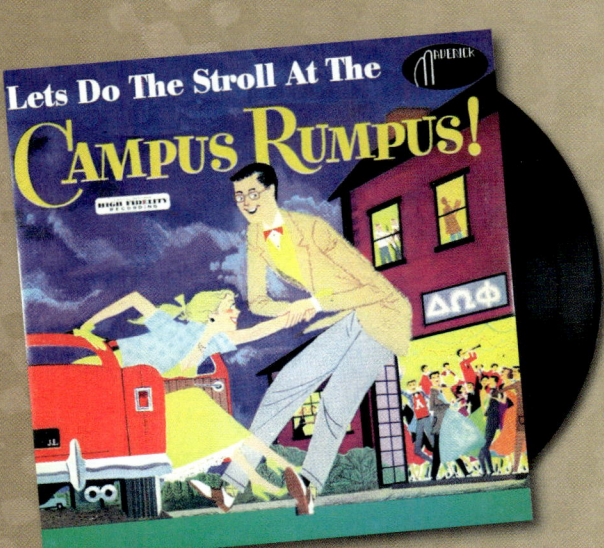

LETS DO THE STROLL AT THE CAMPUS RUMPUS | Jack
Scottt + Artistes divers | 45 tours EP | Mauderic | USA

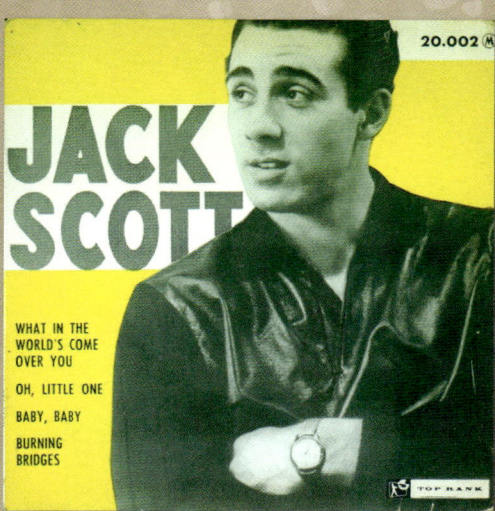

JACK SCOTT | Couverture Th. Leroy |
45 tours EP France | Top Rank | 1960 | France

STRANGE DESIRE | Jack Scott | Photo Capitol |
45 tours EP | Capitol | 1962 | France

PRESENTING JACK SCOTT | Jack Scott | 45 tours EP |
Carlton | 1959 | USA

JACK SCOTT | 33 tours 30 cm |
Carlton | 1959 | USA

THE SPIRIT MOVES ME | Jack Scott With The Fabulous
Chantones | 33 tours 30 cm | Top Rank | 1961 | USA

SM 10003

THE DAY THE MUSIC DIED

The Big Bopper

CHANTILLY LACE

Buddy Holly

PEGGY SUE

Richie Valens

DONNA

3 février 1959

Le jour où la musique est morte

#13

Il y a ceux qui ont une vie sans histoires. Il y a encore ceux qui ont des histoires sans vie. Mourir à 17 ans, est-ce une vie ? Le parcours de Ritchie Valens est si bref qu'il ne peut qu'être pauvre. À peine sorti de l'enfance et déjà rebalancé dans le néant, ce "grand trou noir dont on ne revient jamais !", selon Alfred Jarry. Du coup, sa disparition spectaculaire, la nuit du 2 au 3 février 1959, dans le petit Beechcraft Bonanza, dans les champs recouverts de neige de l'Iowa, aux côtés du Big Bopper et de Buddy Holly, occulte inévitablement les quelques mois qu'ont représenté sa vie d'adolescent indépendant et sa carrière de star ! C'est en tout cas ce que l'histoire retient de lui.

D'origine mexicaine, Richard Valenzuela est né en mai 1941, dans un faubourg hispano de Los Angeles. Marqué lui aussi par le rock'n'roll que passent les radios, il forme avec des copains son propre groupe, les Silhouettes. Il compose également. Largué par sa petite amie, une certaine Donna Ludwig, dont le père voit d'un mauvais œil ses sorties avec un chicanos, il écrit *Donna*, le slow typique d'un temps et qui fera le tour du monde.

Peu de temps après, il rencontre Bob Keene, le producteur et créateur du label Del-Fi qui trouve sa voix et ses compositions intéressantes, et le fait enregistrer dans son studio de Los Angeles. Deux "simples" sortent rapidement. Le premier contient *Come On Let's Go* et *Framed*, le second *Donna* couplé à *La Bamba*, reprise rock d'un traditionnel mexicain.

RITCHIE | Ritchie Valens | Couverture Ed. Almond | 33 tours 30 cm | Del-Fi | 1959 | USA

THE DAY THE MUSIC DIED | Artistes divers | Design & illustration T. Allison & R.C. Wiley | 33 tours 30 cm | Silhouette | 1980 | USA
Hommage sympathique mais fort approximatif rendu aux trois stars disparues ! Sur la pochette "Ritchie"est devenu "Richie" !

RITCHIE VALENS |
33 tours 30 cm | Del-Fi | 1959 | USA

RITCHIE VALENS IN CONCERT AT PACOIMA JR. HIGH | 33
tours 30 cm | Del-Fi | 1960 | USA

MORE RITCHIE VALENS | F. Carbonnel |
45 tours EP | Polydor | 1961 | France

DONNA | Ritchie Valens |
45 tours EP | Polydor | 1961 | France

MEMORIAL ALBUM VOL. 1 | Ritchie Valens |
45 tours EP | Sonet | 1962 | Suède

JOHNNY PRESTON |
33 tours 30 cm | Mercury | 1960 | USA

Devant le succès rencontré, Ritchie accède d'un coup au statut de vedette. Les demandes de participation à des émissions, des spectacles ou des tournées affluent. Il tourne dans le film *Go Johnny Go,* apparaît dans le show de fin d'année d'Alan Freed, enregistre pour Bob Keene le matériel de deux albums (auxquels s'ajoutera de manière posthume un épouvantable *Live at Pacoima Junior High*). Il tourne sans interruption à travers les États-Unis et même à Hawaï. Fin 1959, lorsque la *Winter Dance Party* le sollicite pour accompagner Holly, le Bopper et Dion, il accepte.
Que dire de plus ?

Selon ce qu'en ont raconté plus tard les survivants de la tournée – Dion et ses Belmonts, Waylon Jennings ou Frankie Sardo – il semblerait que durant les longues heures passées dans leur autocar glacé, Ritchie et Buddy Holly aient vraiment sympathisé. Ils jouaient de la guitare ensemble, Buddy lui aurait parlé de ses projets de production avec les frères Everly, Ritchie aurait trouvé formidable l'idée de travailler avec un type comme Buddy.
La suite, on ne la saura jamais. Le jeune garçon serait-il devenu une grande star comme Buddy lui-même ou comme Dion ? Serait-il au contraire, au terme de quelques hits, brusquement retombé comme tant d'autres dans l'oubli et l'anonymat ? Sa façon abrupte et rocailleuse de chanter et de jouer qui était sa "marque de fabrique" aurait-elle représenté un atout ou un handicap sur les années ultérieures ?
Personne ne peut y répondre, pas plus que pronostiquer ce qu'aurait pu être sa vie, s'il avait eu le temps de la vivre...

Le Big Bopper, 3ᵉ tragique mousquetaire de la *Winter Dance Party* n'était lui plus un gamin du tout !
Né le 24 octobre 1930 à Sabine Passage, dans le Texas, il avait donc 30 ans au moment du crash : 30 ans, une femme, un enfant, et derrière lui déjà une belle carrière d'animateur radio et de producteur.

WHITE LIGHTNIN' | George Jones | 33 tours 25 cm | ACE | GB

CHANTILLY LACE Starring THE BIG BOPPER | 33 tours 30 cm | Mercury | 1959 | USA

Rond, drôle, prompt à faire le pitre, quoiqu'ayant la tête bien sur les épaules, J.P. Richardson (surnommé Jape) s'était fait une réputation de disc-jockey et de présentateur louf sous le masque du Big Bopper. Lorsqu'il écrit des chansons et qu'il les chante, il reprend ses gimmicks d'homme de radio et endosse spontanément le costume du Bopper. Son grand tube du moment, *Chantilly Lace* relate les efforts désespérés d'un gros type, modérément sexy (lui), pour obtenir un rancard avec une fille. Lorsqu'il interprète le morceau sur scène, il s'empare d'un téléphone et mime la conversation. Pathétique, cocasse, hilarante, la saynète touche l'Amérique –des jeunes et des moins jeunes– et le morceau caracole dans les charts.

Chantilly Lace n'est pas son seul titre de gloire. Il a gravé une douzaine d'autres morceaux dont *Little Red Riding Hood, Big Booppper's Wedding* ou *White Lightnin'*, ce dernier repris sur scène en duo par Cochran et Vincent lors de leur tournée anglaise, et interprété avec succès par le chanteur country George Jones. Il laisse également derrière lui des titres comme *Running Bear* ou *Chief Heartbreak* qu'interprétera son condisciple et ami Johnny Preston, qui placera *Running Bear* en numéro 1 des charts britanniques, quelques mois après la disparition du Bopper.

Un succès à titre posthume pour celui qui initiait un rock'n'roll au second degré, rythmé mais déconneur, et qui surtout évitait de se prendre au sérieux…

"Jape (le Big Bopper) était drôle, inventif, blagueur, irrésistible et excellent musicien. Un type qu'on ne peut qu'adorer ! Pour moi, c'était un ami irremplaçable."

Johnny Preston

Dion et les Belmonts faisaient eux aussi partie de la *Winter Dance Party*. Mais faute de trouver place dans le minuscule appareil affrété par Buddy et de prélever chacun 36 dollars sur leurs médiocres appointements, ils se contentèrent de l'autocar poussif dont le chauffage tombait sans cesse en panne, mais qui néanmoins les amena sains et saufs à l'étape suivante.

Leur carrière avait démarré un an plus tôt avec les tubes *I Wonder Why* et *Teenage in Love*. Le nom de ce trio vocal –ou quatuor selon les moments– venait d'une rue du Bronx, leur quartier d'origine. C'étaient des gosses de la rue, un peu voyous, et qui tâtèrent jeunes des paradis artificiels décrits par Poe ou Baudelaire !

Au début des années soixante, Dion, leur leader (Dion Di Mucci, né en juillet 1939 à New York) quitte le groupe pour voler de ses propres ailes. Le succès arrive fin 1961 et se poursuit à travers une galerie de morceaux mémorables : *The Wanderer, Runaround Sue, Little Diane, Ruby Baby,* ballades rythmées et enlevées, aux harmonies riches, décrivant les drames et les bonheurs des adolescents du temps.

Vers 1965 Dion abandonne son image de chanteur pour teenagers. Il s'intéresse depuis longtemps au folk comme au blues, au jazz et au rhythm'n'blues. Il prend alors le temps d'enregistrer des albums aux fortunes diverses, mais qui tous témoignent d'une curiosité, d'un savoir-faire et d'une honnêteté foncière.

Ce qui ne l'empêche pas de placer sa chanson *Abraham, Martin and John,* en hommage à Lincoln, Luther King et Kennedy, dans le top ten durant l'été 1968.

Plusieurs réunions avec les Belmonts ont lieu, même si elles ne donnent plus lieu aux chefs-d'œuvre d'antan.
Dion poursuit néanmoins tranquillement une belle et sereine carrière musicale, marquée toutefois de séjours en milieu hospitalier, consécutifs à sa dépendance à certaines substances illicites.

DION AND THE BELMONTS | 33 tours 30 cm | Philips | GB

DION AND THE BELMONTS | 45 tours EP | Heliodor | France | 1960

LOVERS WHO WANDER | Dion | Design & Photo Miller, Bodden, Rich
& Rama | 33 tours 30 cm | Laurie | 1962 | USA

BORN TO CRY | Mr. HIT PARADE | Dion | Photo Laurie Records |
45 tours EP | Vogue | 1962 | France

Respecté de toutes les nouvelles générations, ce vieux briscard aux allures d'ado, son éternel grand béret vissé sur le sourcil, continue à produire des albums et aujourd'hui des CD, de qualité, nullement nostalgiques, à la croisée du rock, du jazz, de la soul et du folk.

Le 3 février 1959 représenta la fin pour Buddy Holly, Ritchie Valens et le Bopper. Pour Bobby Vee, ce jour-là fut au contraire le début. Le début de sa carrière...

Le 3 février au matin, la radio locale de Fargo (Nord Dakota), là où le jeune Bobby était né quinze ans plus tôt, annonça presque simultanément l'accident de la nuit qui avait coûté la vie aux trois stars et l'information selon laquelle les organisateurs de la tournée cherchaient des artistes locaux susceptibles de remplacer au pied levé les chanteurs disparus pendant la nuit.

Robert Velline –c'est encore son nom– n'a guère que 15 ans, mais il réunit le groupe de copains avec lesquels il répète, les Shadows (rien à voir avec le combo britannique accompagnant Cliff Richard). Émus, tant par le fait de passer leur première audition que par l'annonce de la mort de leur idole, ils se présentent et contre toute attente, sont retenus ! Au jeune Bobby échoit soudainement la monstrueuse responsabilité de remplacer ainsi Buddy devant des milliers de fans que les organisateurs ont préféré ne pas avoir à indemniser !

Dans un climat pour le moins insolite –musiciens survivants comme public bien sûr obsédés par la disparition des trois vedettes– la tournée se poursuit néanmoins, entre crises d'hystérie, cuites et sanglots. Les organisateurs importent au plus vite des stars de remplacement, Jimmy Clanton, Fabian et Frankie Avalon.

Néanmoins, pour le jeune Bobby, cet hiver-là, la gloire a frappé à sa porte, son futur s'est soudainement accéléré... Après sa courageuse prestation "de remplacement", il est remarqué par des talents scout, et signe peu de temps après chez Liberty.

JIMMY CLANTON | 45 tours EP | Top Rank | Suède

Entre 1959 et 1964, il placera 38 titres dans les charts dont dix dans le top ten : *Rubber Ball, Devil or angel, The Night Has a Thousand Eyes* ou encore *Take Care of My Baby*, numéro 1 pendant l'été 1961. Certes, on a souvent reproché à Bobby Vee d'avoir trahi le rock'n'roll au profit de ballades quelque peu sirupeuses. Il a reconnu les faits. Mais la fameuse phrase attribuée au maréchal McMahon, "se soumettre ou se démettre" ne s'applique-t-elle pas aussi bien au showbiz ?

"Au début, le rock'n'roll avait très mauvaise réputation. Ce qu'on fait aujourd'hui est mieux accepté par les adultes. Peut-être qu'ils se sont habitués, peut-être aussi qu'on a mis pas mal d'eau dans notre vin." **Bobby Vee**

Bobby s'est donc soumis. Non sans oublier de temps à autre de se faire plaisir, enregistrant au milieu des années soixante deux excellents albums en compagnie des Crickets, ou rendant hommage plus récemment à son maître Buddy Holly (qu'on lui a également reproché de vouloir imiter) via un florilège de 18 titres issus du répertoire du héros de Lubbock, revisités à sa manière et enregistrés aux côtés de ses trois fils, Jeff, Tommy et Robby, respectivement batteur, bassiste et guitariste de rock'n'roll, ce dernier jouant sur la même Gretsch qu'Eddie Cochran.

BOBBY VEE MEETS THE CRICKETS | 45 tours EP | Liberty | 1962 | GB
Accompagné ici par Jerry Allison et Joe B. Mauldin, Bobby Vee revisite les classiques de son maître Buddy Holly. Il se livrera à cet exercice durant toute sa carrière. Stratégie ou acte de dévotion ?

THE TIGER FABIAN | Fabian | 45 tours EP | President | 1959 | France

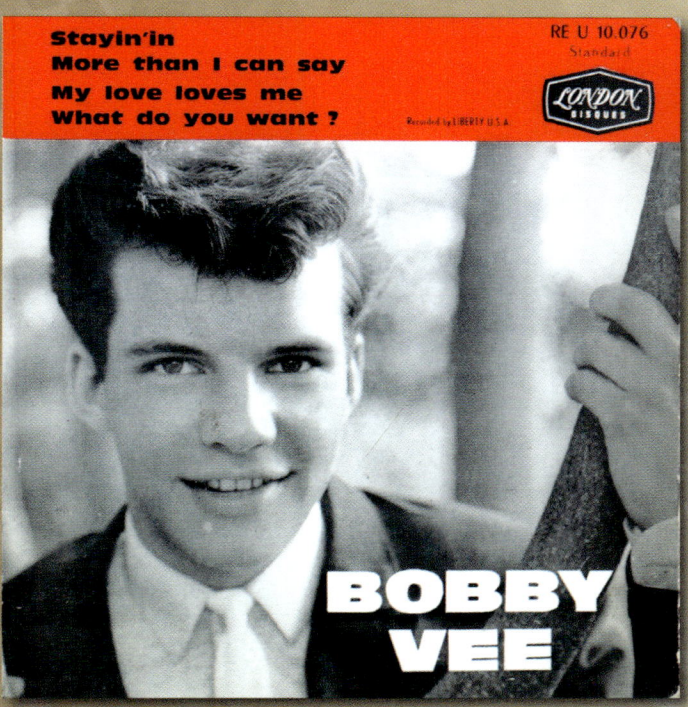

BOBBY VEE | 45 tours EP | London | 1961 | France

BOBBY VEE | 45 tours EP | London | 1961 | France

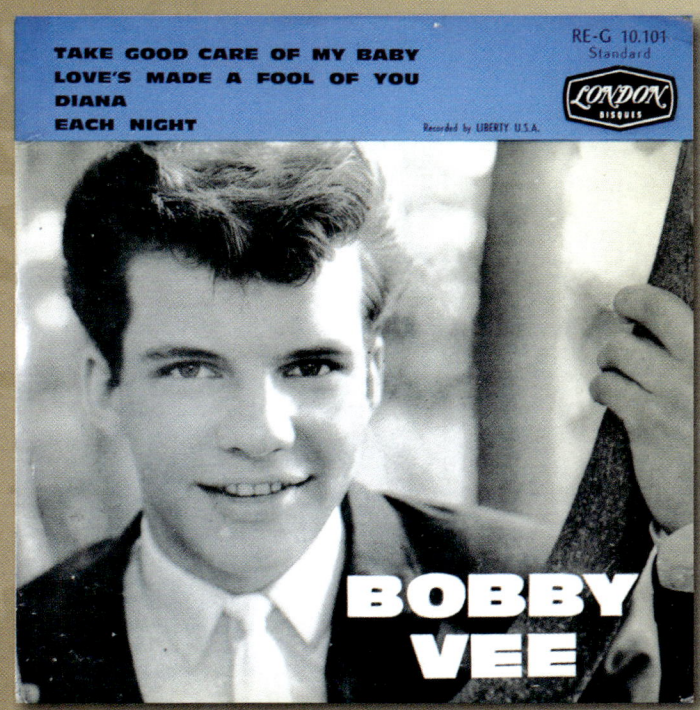

BOBBY VEE | 45 tours EP | London | 1961 | France

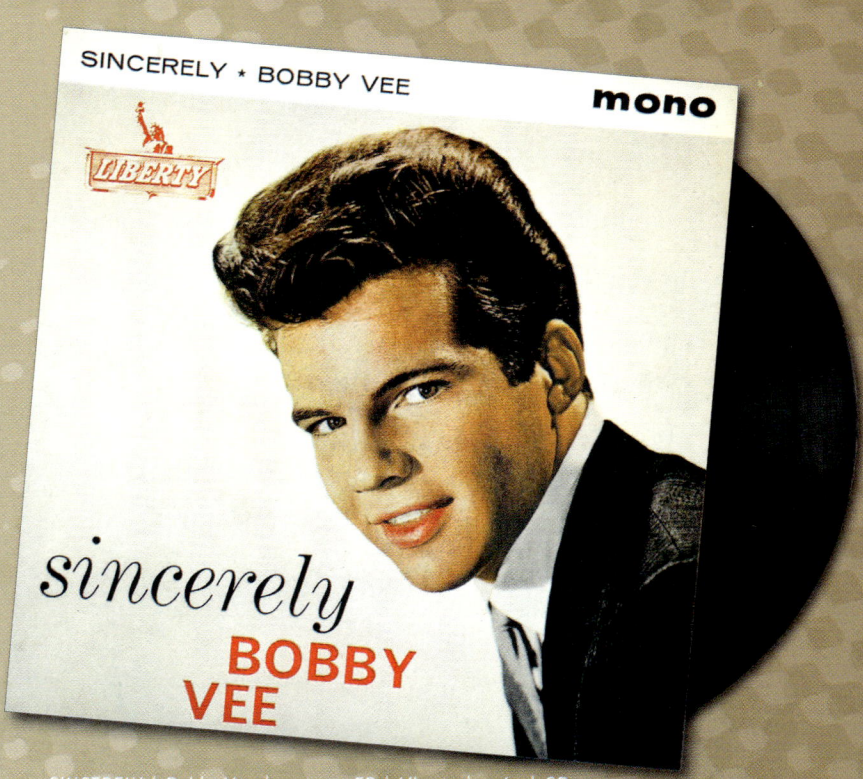

SINCERELY | Bobby Vee | 45 tours EP | Liberty | 1962 | GB

I'M STICKIN' WITH YOU   WARM UP TO ME BABY

RAGGEDY ANNE   EVER SINCE THAT NIGHT

E P R - 1-302

ROULETTE
DYNAMIC HIGH FIDELITY

JIMMY
BOWEN

Héros oubliés

14

Autres contemporains de Bobby Vee, dont les carrières subirent également un gros creux de vague dans les années 1960-1970, avant que la vogue "revival" ne vienne les hisser hors de leur purgatoire pour les remettre sur le devant de la scène, au moyen de concerts, festivals, jubilé et émissions "nostalgiques" : Ronnie Hawkins, Freddie Cannon, Buddy Knox, Jimmy Bowen ou Charlie Gracie.

Né en 1935 au Canada, Ronnie Hawkins, surnommé "The Hawk" (le faucon), fera de l'animal son emblème. Il lui donnera également le nom de son groupe, lequel ultérieurement accompagnera Bob Dylan, rebaptisé *The Band*.

Dans les années 1955-1960, l'homme aligne un nombre impressionnant de succès : *Suzie Q, Mary-Lou, Baby Jean, Who Do You Love, Hey Bo Diddley,* dont certains écrits par son cousin, Dale Hawkins, lui aussi chanteur de rock'n'roll. Il connaît un creux de vague vers 1965, mais est sauvé par un de ses vieux fans, un certain John Lennon qui, par ses marques publiques d'amitié et d'admiration, l'aidera à reprendre pied. Hawkins poursuivra au fil des décennies une carrière tranquille, dans les circuits rock comme dans ceux de la country.

L'histoire de Buddy Knox et de Jimmy Bowen est étonnante. Au départ les deux garçons, issus de la même bourgade texane, constituent un groupe, The Rhythm Orchids, Buddy tenant la guitare, Jimmy la contrebasse, un ami commun officiant aux fûts. Sur les conseils de

Mr. DYNAMO | Ronnie Hawkins And The Hawks | 45 tours EP | Ricordi | 1960 | France

JIMMY BOWEN | 45 tours EP | Roulette | USA

BUDDY KNOX | 33 tours 30 cm | Point | Canada

ROCK-A-BUDDY KNOX | Buddy Knox | 45 tours EP | Columbia | 1957 | GB

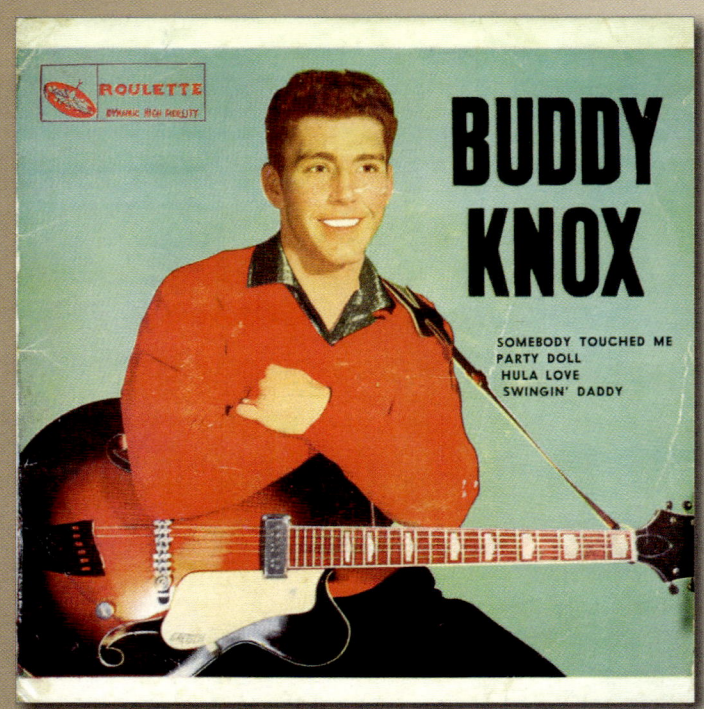

BUDDY KNOX | 45 tours EP | Roulette | 1959 | Australie

SLIPPIN'AND SLIDDIN' | Buddy Knox | Photo Liberty | 45 tours EP | Liberty | 1962 | France

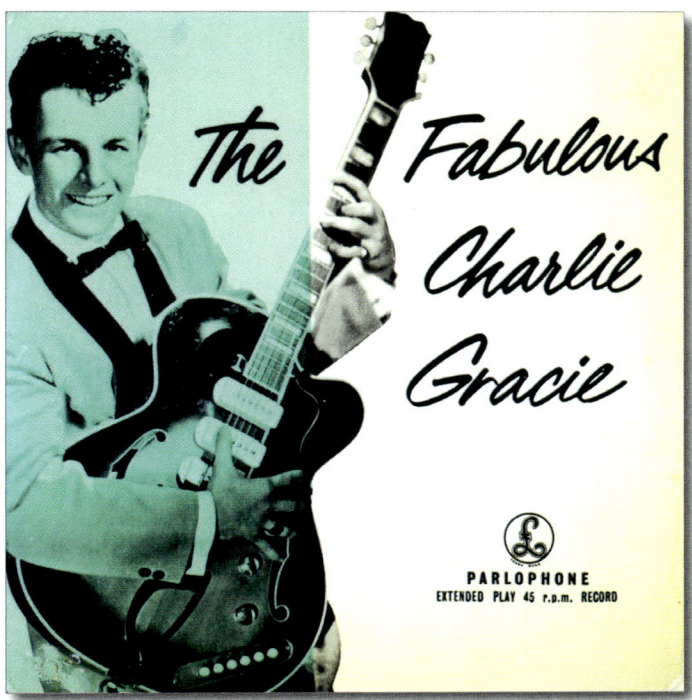

THE FABULOUS CHARLIE GRACIE | 45 tours EP | Parlophone | 1957 | GB

Buddy Holly, le trio rencontre le producteur indépendant Norman Petty à son studio de Clovis. Quatre titres sont gravés, dont *Party Doll*, chanté par Knox et *I'm Stickin'with you* par Bowen.

Crédités sur ce premier disque comme *Rhythm Orchids*, ils voient soudainement les choses changer lorsque l'enregistrement est racheté par une major, la compagnie Roulette, qui pense qu'elle tient là non seulement deux succès virtuels, mais encore deux chanteurs vedettes susceptibles l'un comme l'autre de générer d'intéressantes et lucratives carrières. Ainsi les *Orchids* passent-ils soudain au second rang, tandis que *Party Doll* devient, sous le nom du seul Buddy Knox, numéro 1 au top ten, et que de son côté, Jimmy Bowen vend plus d'un million de copies de *I'm Stickin With You*.

Charlie Gracie, pour sa part créateur d'un rock'n'roll primitif et percutant ne connut la gloire qu'avec des morceaux plus doux et harmonieux comme *Butterfly*, très éloigné de ses premiers enregistrements. Il fut l'un des héros, dans les années soixante-dix, des tournées anglaises de "revival".

TERRY NOLAND | 33 tours 30 cm | Brunswick | 1958 | USA
Condisciple de Buddy Holly, Noland enregistra lui aussi dans les studios de Norman Petty à Clovis. Du reste, Buddy Holly est derrière lui à la guitare sur plusieurs morceaux, ses solos étant parfaitement reconnaissables. Après s'être fâché avec Petty, Noland partit vers la côte Ouest où il se maria. Sa femme détestant les milieux musicaux, il raccrocha la guitare et se lança dans les affaires où semble-t-il, il réussit fort bien.

I DIG THAT GIRL THE MOST | Ronnie Pearson | 45 tours EP | Herald | GB
Obscur, quoique fort talentueux rock'n'roller de la fin des années cinquante,
Ronnie Pearson grava seulement trois singles sur de petits labels. Des fans
lui ont récemment rendu hommage via l'édition de ce EP, réactivant pour
l'événement un label mythique et disparu, spécialisé dans le Doo-Wop, *Herald*.

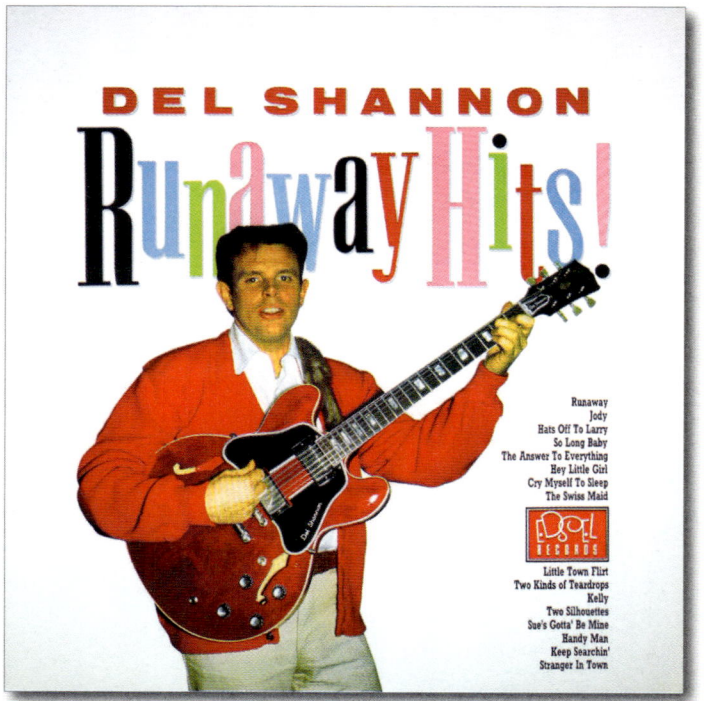

Après la disparition de Roy Orbison, en 1988, les *Traveling Wilburys*
de Bob Dylan, George Harrison, Tom Petty et Jeff Lynne, proposèrent à
l'Américain Del Shannon d'entrer dans leur rang.
Star adulée de la fin des années cinquante et du début des sixties,
via des hits comme *Runaway, Hats of Larry, Hey Little Girl, Little Town
Flirt, Handy Man* ou *Keep Searchin'*, Del est alors avec Orbison et
Dion, le champion d'un *middle rock* nerveux et harmonieux, dont
les mélodies facilement mémorables anticipent de la pop music des
années soixante.

> *"Un jour où le chanteur attitré d'un club
> n'a pas pu venir, on m'a demandé
> de le remplacer. Ce que j'ai fait.
> Si bien que c'est moi qui suis devenu
> le chanteur attitré de la boîte !"* Del Shannon

Les années soixante-dix sont pour Del Shannon des années noires.
Méventes, épuisement physique, problèmes familiaux, dépressions,
alcoolisme, Del Shannon plonge.
Il refait surface au début des années quatre-vingt, grâce à son
jeune collègue et admirateur Tom Petty qui produit *Sea of love*, lui
permettant de renouer avec le succès. À nouveau, il est demandé,
les tournées reprennent, son ami Tom accompagné de Jeff Lynne
(Electric Light Orchestra) travaillent avec lui sur un nouvel album. Ils
ont également en tête de l'incorporer à leur Wilburys.

Mais Del en a décidé autrement : le 8 février 1990 il fête ses 56 ans en
solitaire, en s'enfermant dans son garage avec son fusil à pompe.
L'excellent album *Rock On* sortira de façon posthume...

RUNAWAY HITS | Del Shannon | Design & photo Phil Smee & F- Beat | Archive |
33 tours 30 cm | Demon | 1983 | GB

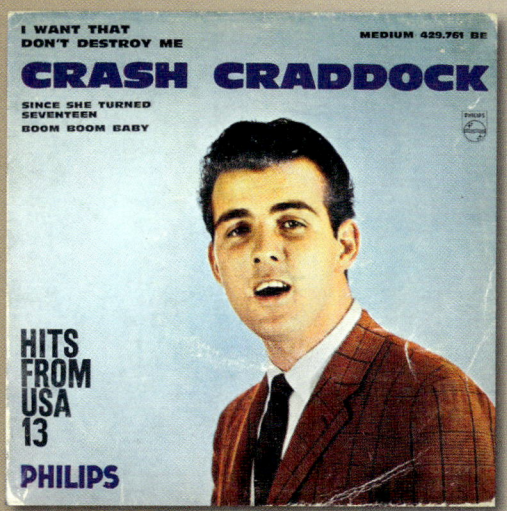

CRASH CRADDOCK | 45 tours EP | Philips | 1960 | France

Mr BASSMAN | Johnny Cymbal | 45 tours EP | Kapp | 1963 | France
Le créateur (et compositeur) du célèbre Mister Bassman (Mr Boum-Boum) arborait l'une des plus belle "banane" de l'époque...

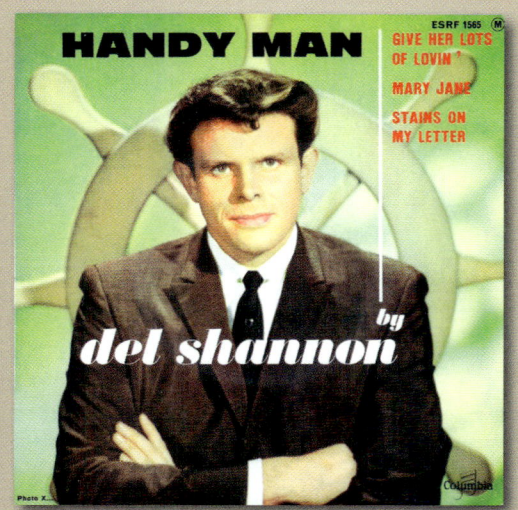

DEL SHANNON LIVE IN ENGLAND | Del Shannon | Design Mike Salisbury | Illustration Peter Palombi | 33 tours 30 cm | United Artists | 1973 | France

HANDY MAN | Del Shannon | 45 tours EP | Columbia | 1964 | France

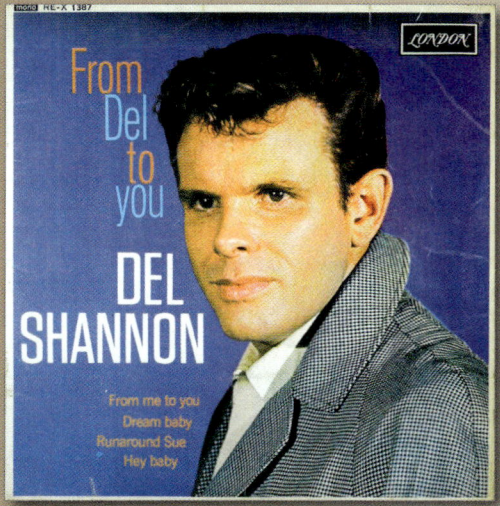

FROM DEL TO YOU | Del Shannon | 45 tours EP | London | 1962 | GB

DEL SHANNON HITS | Photo J. D. | 45 tours EP | Stateside & EMI | 1965 | GB

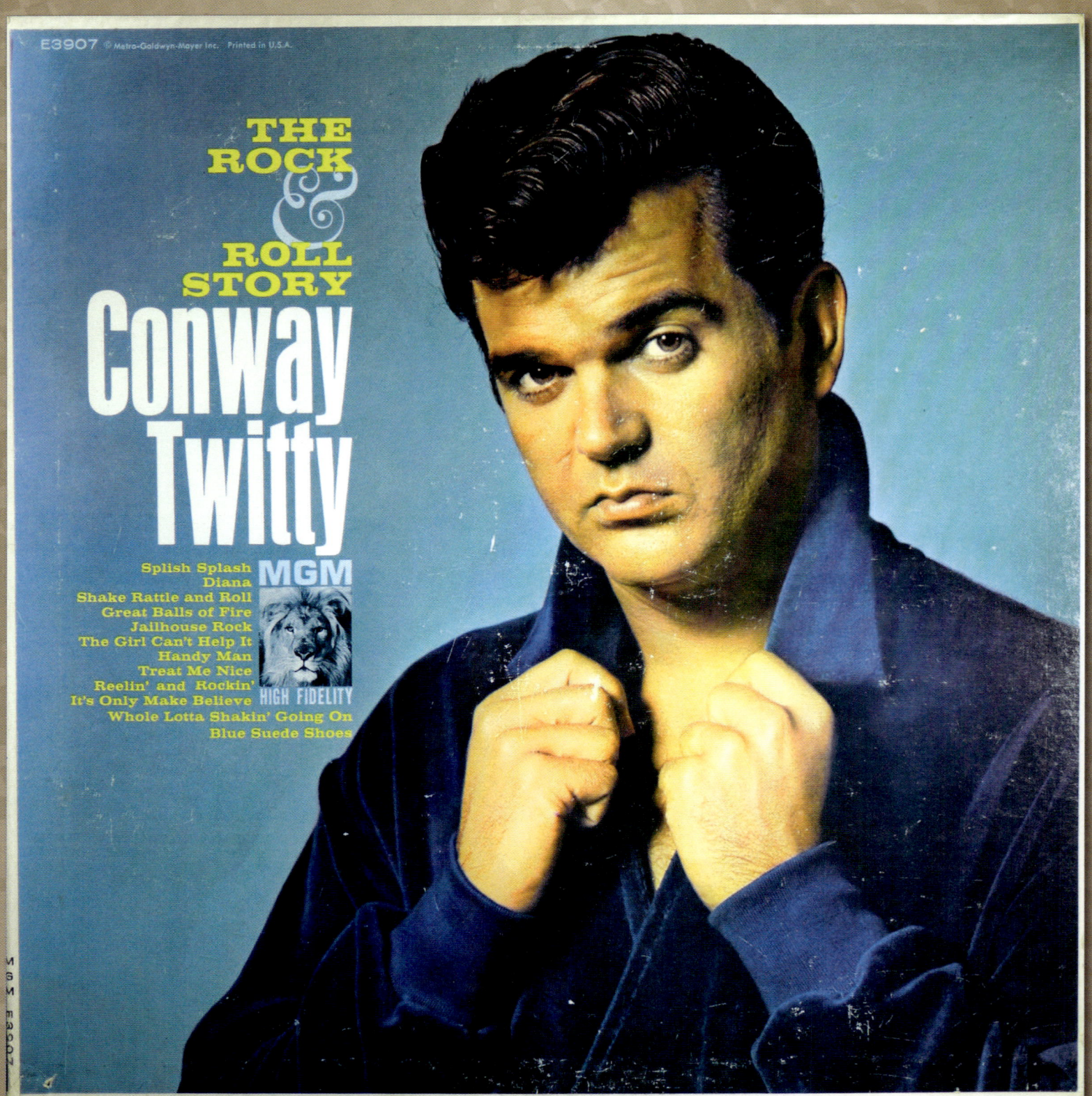

THE ROCK'N'ROLL STORY | Conway Twitty | 33 tours 30 cm | MGM | 1961 | USA

CONWAY TWITTY CHANTE MONA LISA | Conway Twitty |
Illustration Roger Anney | 45 tours EP | MGM | 1959 | France

C'EST SI BON | Conway Twitty | 45 tours EP | MGM | 1961 | France

Dans la période comprise entre 1955 et 1960, les rock'n'rollers étaient légion. Sans doute aujourd'hui, la plupart d'entre eux sont-ils retournés à l'anonymat, et leurs souvenirs ont-ils été happés dans la grande trappe de l'oubli. Mais restent toutefois les disques, leurs musiques et leurs pochettes, témoignages irréfutables d'une fugace notoriété. Celle-ci pour certains ne dura que le temps d'un été, pour d'autres deux ou trois années voire une petite décennie, pour nombre d'entre eux ces vestiges de gloire et de bonheurs s'effilochèrent sur le restant de leur vie, les amenant à vivre de galère en galère, enregistrant sur des labels confidentiels, jouant dans des salles minuscules, des discothèques ou des bars.

Certains autres, sentant tourner le vent du rock'n'roll, se reconvertirent musicalement. Conway Twitty (pseudo formé par l'assemblage de deux noms de villes) avait été, grâce à sa belle voix, à la tessiture proche de Presley, comme à ses capacités de showman, et encore à son physique de beau voyou, un des "grands" du temps. Son slow *It's Only Make Believe* avait été coup sur coup numéro 1 aux USA et en Grande-Bretagne. Il avait enregistré de nombreux et excellents rock'n'roll (*Mona Lisa, Whole Lotta Shakin'Goin'On*) comme des ballades (*Danny Boy, It's a Blue Bird Blue, C'est si Bon*). Toutefois, au milieu de l'année 1965, il se tourne vers la country. Le succès qui commençait à le délaisser en tant que rock'n'roller, revint au galop ! En solo comme en duo (avec Loretta Lynn), il place un nombre impressionnant de numéros 1 dans les charts country, dont il devient jusqu'à sa mort en juin 1993, l'une des plus grandes figures.

Il y a encore, aux côtés de Conway Twitty, nombre de grands noms de la country qui se sont essayés au rock'n'roll – avec plus ou moins de succès – avant de revenir à leurs amours premières : Waylon Jennings, découvert par Buddy Holly qui produisit son premier disque, Marty Robbins, star incontestée de la country, mais interprète de versions torrides des grands classiques du rock'n'roll. C'est lui que l'on voit dans le film de Clint Eastwood, *HonkyTonk Man*, poursuivant l'enregistrement qu'avait commencé Clint et que, mourant, il ne pouvait achever.

N'oublions pas non plus les "grands anciens" : Ernie Ford, monsieur *Sixteen Tons,* le maître du boogie, ancêtre direct du rock'n'roll (*Shot Gun Boogie*), les Delmore Brothers, eux aussi champions du boogie-woogie, les Carlisle, chantres d'un hillbilly joyeux et survitaminé, lui aussi proche parent du rock, Ernest Tubb, George Jones, Red Foley ou Moon Mullican, immortalisé derrière son piano, le stetson vissé sur l'arrière du crâne, grand pianiste, grand chanteur, grand buveur, maître absolu de Jerry Lee Lewis...

Parmi la nouvelle génération, citons Faron Young, Tommy Collins, Hank Thompson ou Carl Smith (*Let's Have a Little*). À noter leur look généralement beaux gosses et leur allure à la James Dean, ne déparant nullement dans le panthéon rock'n'roll.

D'autres chanteurs comme Bob Luman, Carl Dobkins Jr, Paul Evans, Sonny James, Billy "Crash" Craddock (cousin de Gene Vincent), Terry Noland ou Sanford Clark construisirent leur carrière au delta de la country et du rock'n'roll. Et même du blues pour Sanford Clark dont les Animals d'Eric Burdon reprirent tardivement son plus grand succès *The Fool,* dans une version chaloupée et imbibée fleurant bon le rhythm'n'blues de Newcastle (patrie du groupe).

Maître incontesté du country-rock'n'roll, le grand Don Gibson, pourtant trop souvent oublié, aura été non seulement un interprète fort doué mais un compositeur d'exception, popularisant un rock marqué country, ou une country marquée rock, quoi qu'il en soit une musique rythmée et entraînante, qui font que les doigts se mettent à claquer et les pieds à battre la mesure. Dans les années cinquante, il obtient plusieurs numéros 1, classés simultanément dans les charts country et pop : *Oh Lonesome Me, Blue, Blue Days, Sea of Heartbreak.* Il écrit également des ballades émouvantes et sombres qui le font surnommer "le Poète Triste". L'une d'entre elles, *I Can't Stop Loving You,* sera du reste reprise par Ray Charles et culminera dans les charts rhythm'n'blues avant de devenir un classique incontournable...

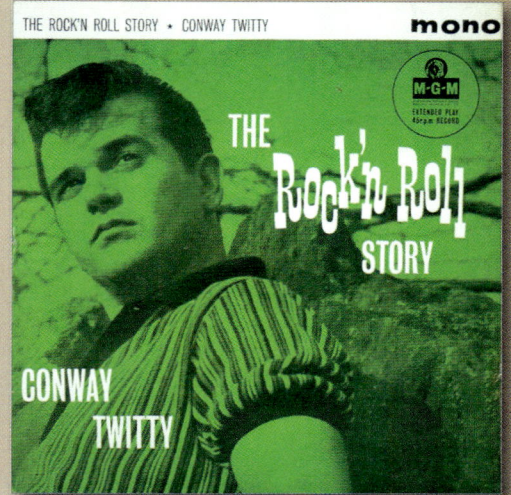

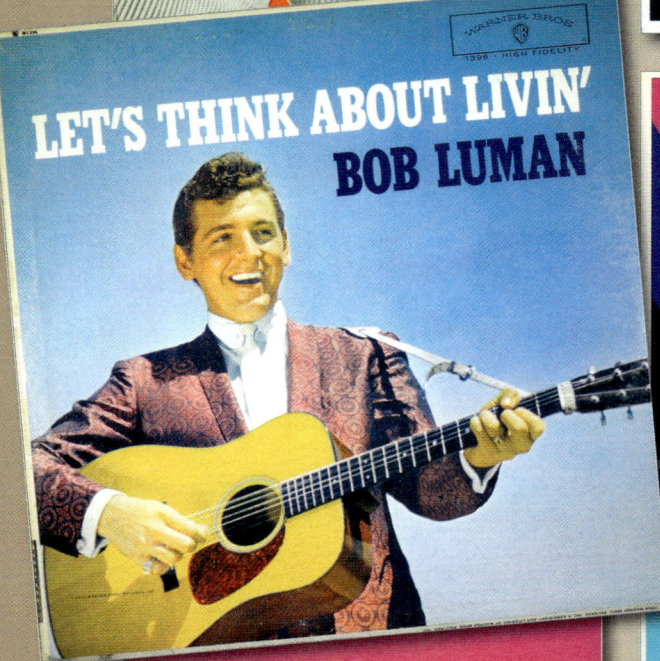

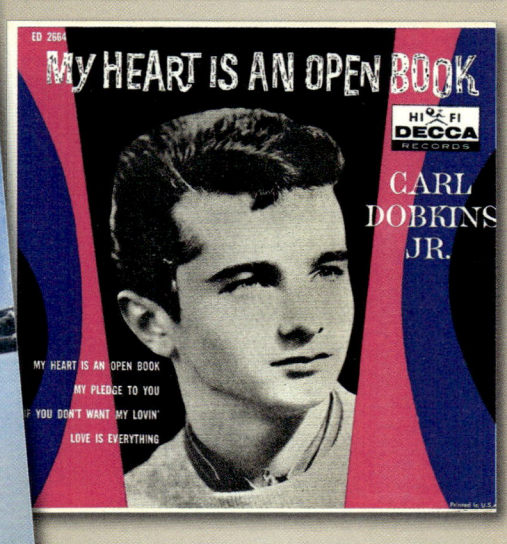

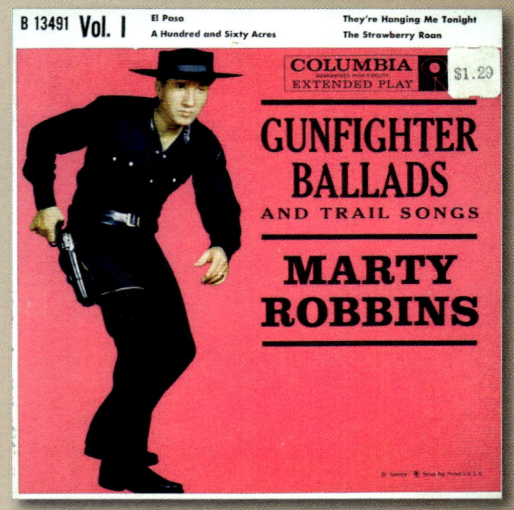

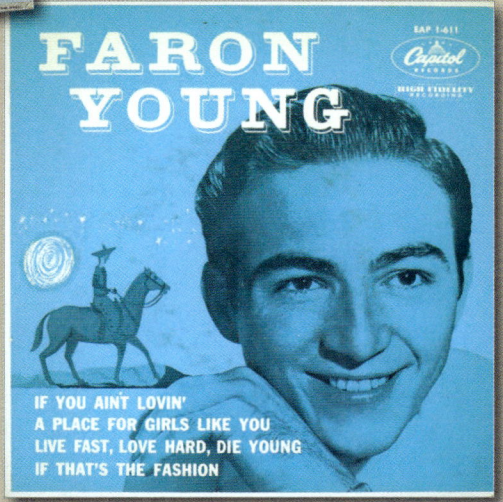

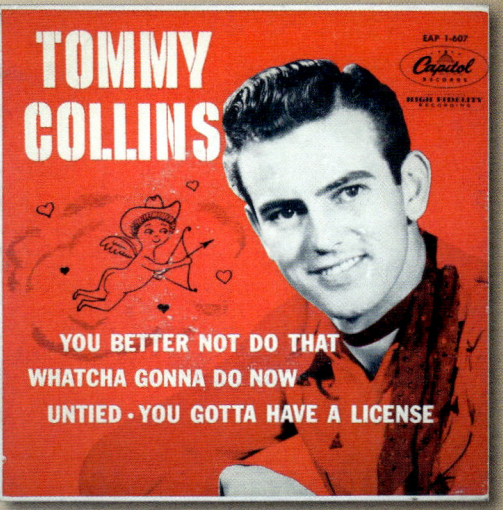

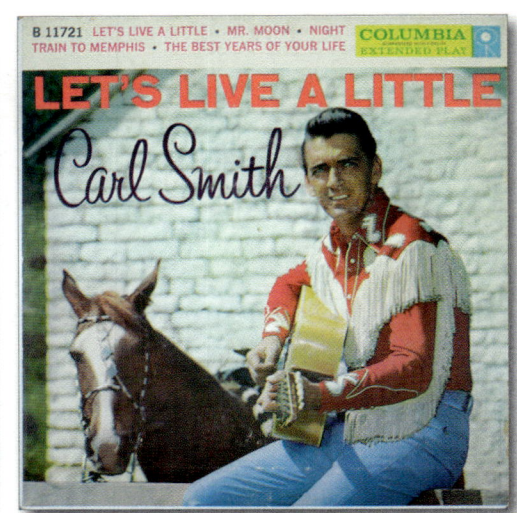

WINGS OF A DOVE | Ferlin Husky |
45 tours EP | Capitol | 1961 | USA

LET'S HAVE A LITTLE | Carl Smith |
45 tours EP | Columbia | 1958 | USA
Le cheval et la chemise à franges, mais déjà le look
rock'n'roll. À la croisée des genres...

BLUE BLUE DAY | Don Gibson |
45 tours EP | RCA Victor | USA

OH LONESOME ME | Don Gibson |
45 tours EP | RCA | Nouvelle-Zélande

DON GIBSON | 45 tours EP |
RCA | 1960 | France

GIRLS, GUITARS AND GIBSON | Don Gibson |
33 tours 30 cm | RCA Victor | 1961 | USA

SONGS OF THE BRAZOS VALLEY | Hank Thompson | 45 tours EP | Capitol | 1956 | GB

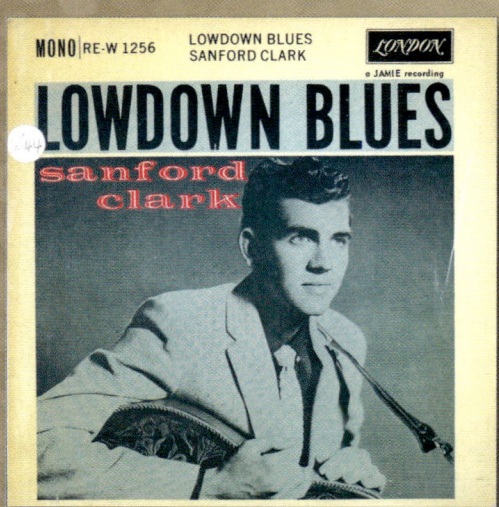

LOWDOWN BLUES | Sanford Clark | 45 tours EP |
London | 1960 | GB

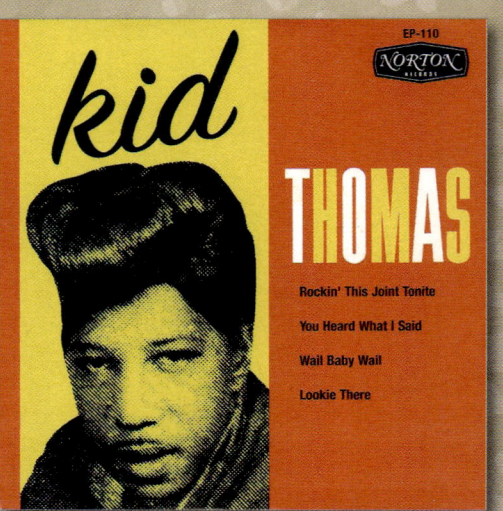

KID THOMAS | 45 tours EP | Norton | 2002 | USA
Un autre clone de Little Richard, passablement déjanté lui
aussi. Sa carrière prit fin de manière tragique au début des
années soixante-dix lorsqu'au volant de sa voiture il écrasa
un enfant de 10 ans venu se jeter sous ses roues. Le tribunal
l'acquitta, mais le père de la victime alla le trouver avec son
fusil et l'exécuta.

ESQUERITA | 45 tours EP | Capitol | 1959 | France

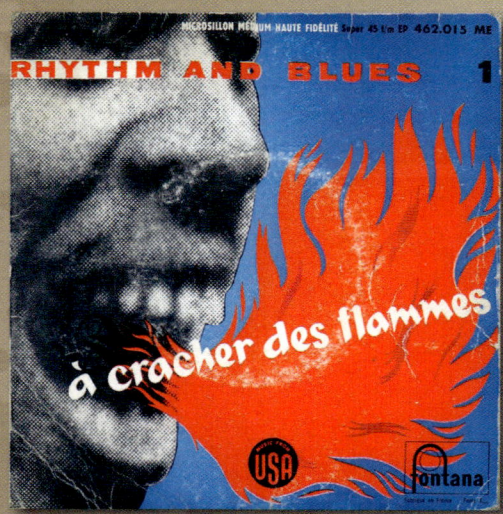

À CRACHER DES FLAMMES | Screamin' Jay Hawkins +
Doc Bagby | 45 tours EP | Fontana | 1957 | France

À CRACHER DES FLAMMES | Screamin' Jay Hawkins +
Doc Bagby | 45 tours EP | Fontana | 1957 | France

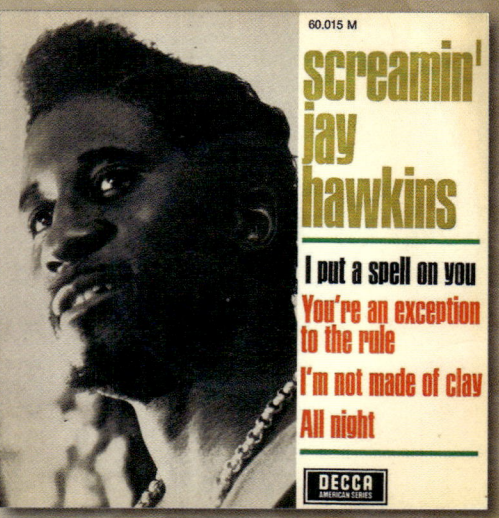

SCREAMIN' JAY HAWKINS | 45 tours EP | Decca |
1967 | France

"Il n'est pas nécessaire d'avoir une superbe voix pour réussir dans la chanson. Cependant il faut travailler et ne pas être timide. On doit donner toute son énergie, toute sa conviction. Dans mon cas, si ça ne marchait plus, je me dirais : Fabian, il te reste toujours les filles, le foot et les pizzas." Fabian

D'une façon large, les années soixante prennent du recul par rapport au rock'n'roll. Tout au moins celui dont les racines country sont les plus évidentes. La vogue du blues et du rhythm'n'blues portée par les Anglais Alexis Korner, John Mayall, Eric Clapton, Brian Jones ou Keith Richards offre une autre longévité aux rockers noirs marqués par le blues : Chuck Berry ou Bo Diddley, bien sûr, mais encore Screamin' Jay Hawkins, Johnny Otis, Lloyd Price, Jackie Wilson, Hank Ballard ou Esquerita. Et encore les groupes vocaux comme les Coasters, les Midnighters ou les Drifters.

À la limite du rock, du blues et de la soul, ces artistes sont à la limite de notre sujet. Un mot toutefois sur Esquerita, clone outrancier de Little Richard, coiffé façon "pompadour", et tentant tant bien que mal d'imiter son maître. Mais être noir, homosexuel et scandaleux, ne suffit pas pour faire un grand chanteur !

Screamin' Jay Hawkins (Jay le Hurlant) est d'un autre tonneau. Paranoïaque, exhibitionniste, délirant et dézingué total (ou le laissant croire) Hawkins devient dans les années cinquante, la bête noire des défenseurs des valeurs de l'Amérique profonde ! Mais, quoique banni des ondes, il réussit néanmoins à vendre des centaines de milliers de copies de son *I Put a Spell on You* (repris plus tard par le Alan Price Set) et autres titres comme le *Constipation Blues* (traduction inutile). Ses séances d'enregistrement représentent la plus grande foire possible. Il invite dans les studios des tonnes de potes, qui débarquent avec femmes et bouteilles. Et tout en enregistrant, ça boit, pète, éructe, glousse, Hawkins se faisant un plaisir d'en conserver le maximum de traces sonores sur l'enregistrement.

Sur scène, le spectacle est grandiose. Il arrive, porté dans un cercueil, dont il surgit brusquement brandissant un crâne (surnommé Henry) planté au bout d'une pique.

Ses prestations inspireront un certain nombre de délirants en herbe, comme les Anglais Lord Sutch ou Arthur Brown ou le Français Hector.

Si bon nombre de groupes noirs, comme les Platters ou les Coasters tirèrent leur épingle du jeu, tout au moins jusqu'au milieu des années soixante, la plupart des groupes blancs, vocaux comme instrumentaux, splitèrent. Sans doute restaient-ils trop marqués – tout au moins dans l'esprit du public – par le rock'n'roll des fifties.

Parmi ceux qui tentaient de se maintenir à flot, se trouvaient des ensembles comme Freddy Bell & Bellboys (*Giddy Up a Ding Dong*) ou les Treniers, dans des styles voisins de celui de Bill Haley et ses Comets, ou des groupes adolescents comme Danny et les Juniors (*At the Hop*), les Diamonds (*Little Darlin*), les Crewcuts ou les Four Preps.

Mêmes difficultés pour les groupes instrumentaux, comme Johnny and the Hurricanes, The String-a-Longs (produits par Norman Petty), les Ventures, les Astronautes ou des guitaristes virtuoses comme Duane Eddy (et son groupe Les Rebels) ou même Dick Dale, reconverti au surf...

Parmi les nombreux disparus soufflés par le "british beat", s'il en est que nous ne regretterons pas, ce sont bien les tenants de ce qu'on a appelé le "Highschool Style" : rock'n'roll abâtardi et affadi conçu pour la future élite (blanche) fréquentant les lycées. Les plus célèbres d'entre eux : Pat Boone, Frankie Avalon, Fabian, Jimmy Clanton, Johnny Tillotson, Bobby Rydell, Bobby Vinton et Tommy Sands. Une collection de gendres idéaux (pour la ménagère moyenne), au sourire conquérant, aux dents blanches, à la diction parfaite, à la voix claire et au répertoire totalement insipide !

Une mention à part pour Paul Anka (le souffre-douleur préféré de Jerry Lee Lewis !), Bobby Darin et Neil Sedaka, adeptes eux aussi du rock "bubble-gum", mais compositeurs infatigables et inventifs, que ce soit pour leur propre répertoire comme pour ceux des autres...

THE FOUR ACES | 45 tours EP | Brunswick | 1959 | GB

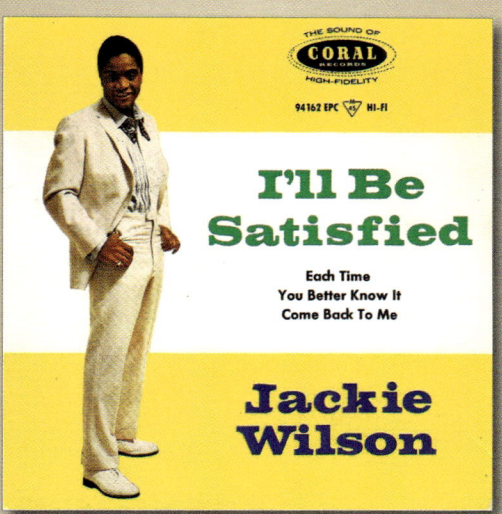

"MR. PERSONALITY'S" | Lloyd Price | Photo Peter Olivier |
33 tours 30 cm | ABC | 1960 | USA

I'LL BE SATISFIED | Jackie Wilson | 45 tours EP | Coral |
1961 | Allemagne

THE MIDNIGHTERS SING THEIR GREATEST HITS |
45 tours EP | Federal | 1955 | USA

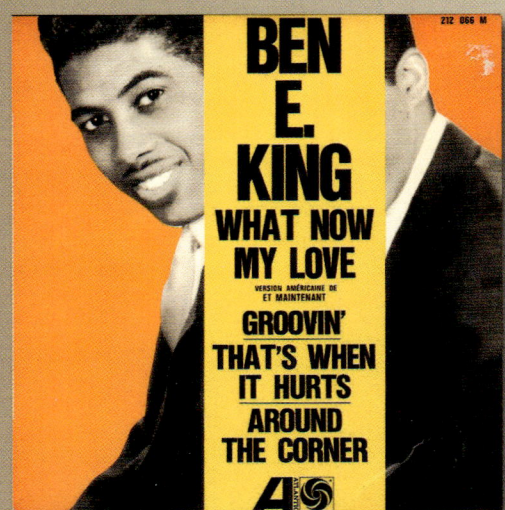

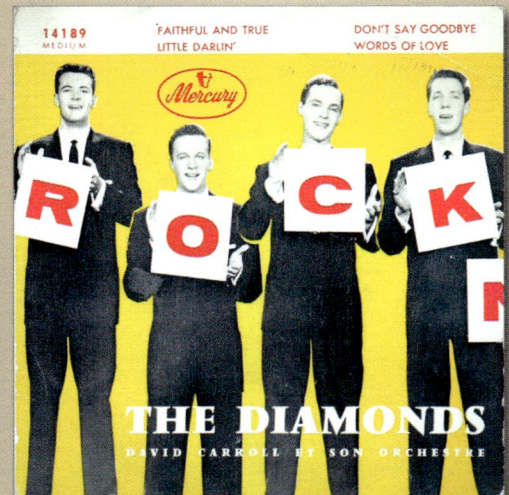

BEN E. KING | 45 tours EP | Atlantic | 1964 | France

ROCK | THE DIAMONDS | Maquette Gérard Jourdan |
45 tours EP | Mercury | 1957 | France

DANSONS GAIEMENT... AVEC THE TRENIERS |
45 tours EP | Coral | 1957 | France

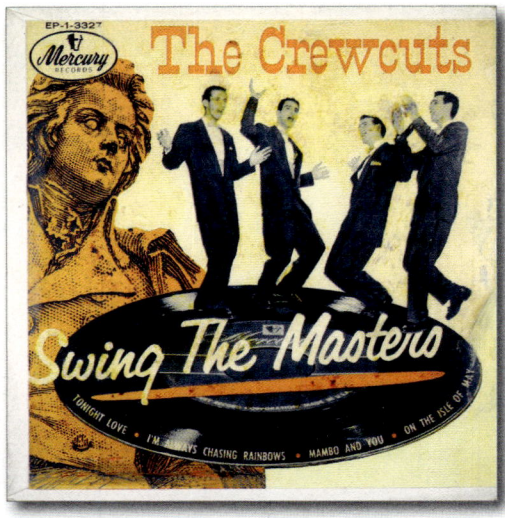

CRAZY' BOUT YA BABY | THE CREWCUTS | Design
Ed.Bedno | 45 tours EP | Mercury | 1954 | France

ROCK AND ROLL BASH | The Crewcuts |
33 tours 30 cm | Wing | 1961 | USA

THE CREWCUTS SWING THE MASTERS |
The Crewcuts | 45 tours EP | Mercury | 1954 | France

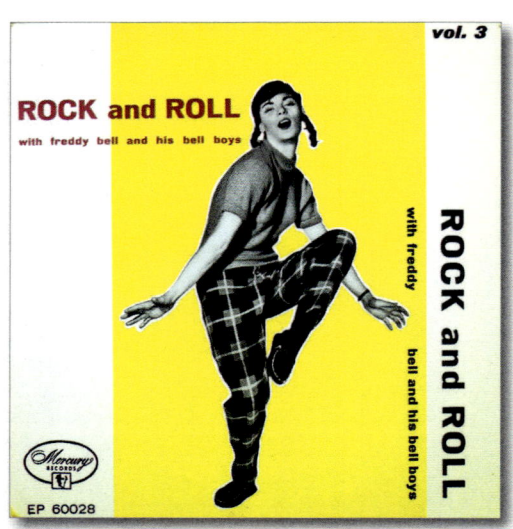

ROCK WITH THE BELL BOYS | 45 tours EP | Mercury |
1956 | GB

ROCK AND ROLL WITH FREDDY BELL AND HIS BELL BOYS |
Design & Photo Gian G. Greguoli |
45 tours EP | Mercury | Italie

ROCK & ROLL... ALL FLAVORS | Freddie Bell And The
Bellboys | 33 tours 30 cm | Wing | USA
Plus qu'aux États-Unis, c'est en Europe et tout
particulièrement en Angleterre que la renommée des
Bellboys s'étend. En 1957, leur morceau *Giddy Up a Ding
Dong* est un hit partout... sauf chez eux aux USA ! Leur
style, proche de celui de Bill Haley et ses Comets passant
progressivement de mode, ils poursuivent après 1965,
une carrière plus discrète dans le circuit des clubs et des
cabarets.

THE JOHNNY OTIS SHOW | Johnny Otis | 45 tours EP | Capitol | 1958 | USA

LES ASTRONAUTES | 45 tours EP | RCA Victor | 1963 | France

STRING-A-LONG WITH THE STRING-A-LONGS | 45 tours EP | London | 1963 |
GB | Enregistrés et produits par Norman Petty dans son studio de Clovis.

TEQUILA | Eddie Platt & The Royal Teens | Dessin D. Biane |
45 tours EP | ABC | Paramount | 1958 | France

NEIL SEDAKA : SON PLUS GROS SUCCÈS INTERNATIONAL |
45 tours EP | RCA | 1960 | France

TOMMY SANDS | 45 tours EP | Capitol | 1960 | France

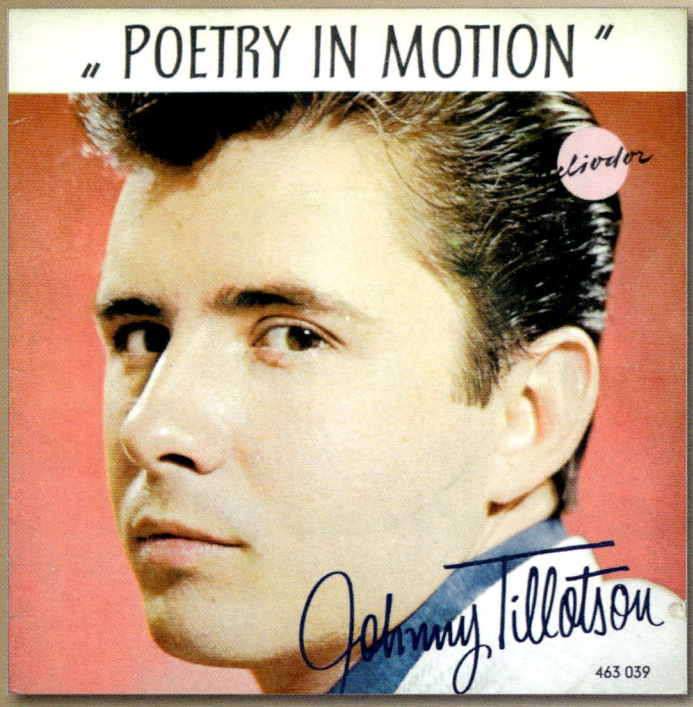

POETRY IN MOTION | Johnny Tillotson
45 tours EP | Heliodor | 1961 | Allemagne

TEENAGE ROCK | (The Teenagers Featuring) Frankie Lymon |
45 tours EP | Columbia | 1957 | GB

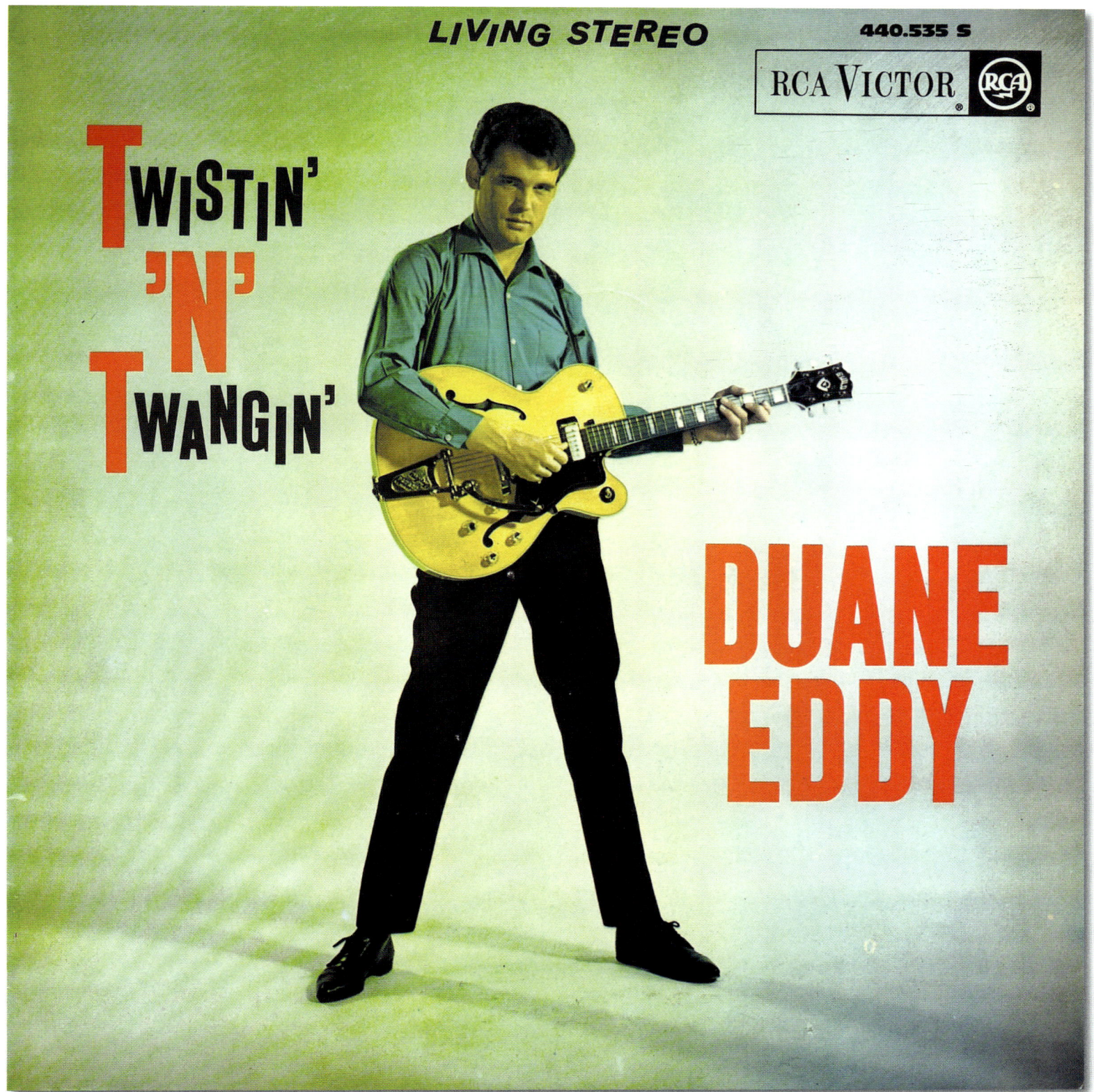

TWISTIN' N' TWANGIN' | Duane Eddy | 33 tours 30 cm/ RCA Victor | 1962 | France

THEME FROM "COME SEPTEMBER" | Bobby Darin | Photo Universal Pictures | 45 tours EP | Atlantic | 1961 | France

TEQUILA | The Champs | 45 tours EP | Challenge | 1958 | USA

JOHNNY AND THE HURRICANES | 45 tours EP | London | 1960 | France

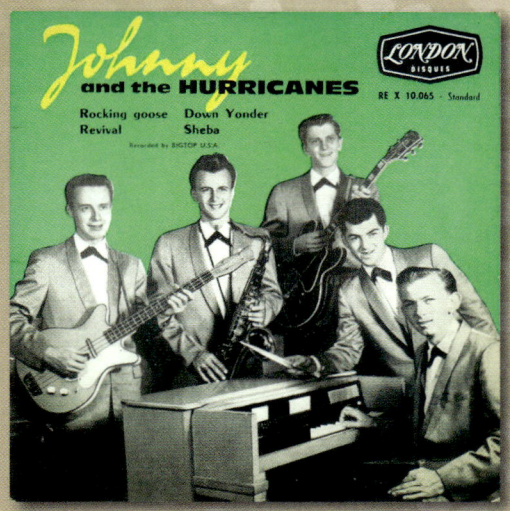

JOHNNY AND THE HURRICANES | 45 tours EP | London | 1960 | France

JOHNNY AND THE HURRICANES | 45 tours EP | London | 1961 | France

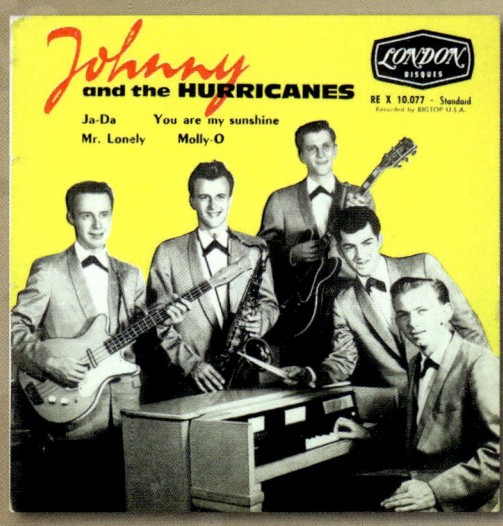

JOHNNY AND THE HURRICANES | 45 tours EP | London | 1961 | France

JOHNNY AND THE HURRICANES | 45 tours EP | London | 1962 | France

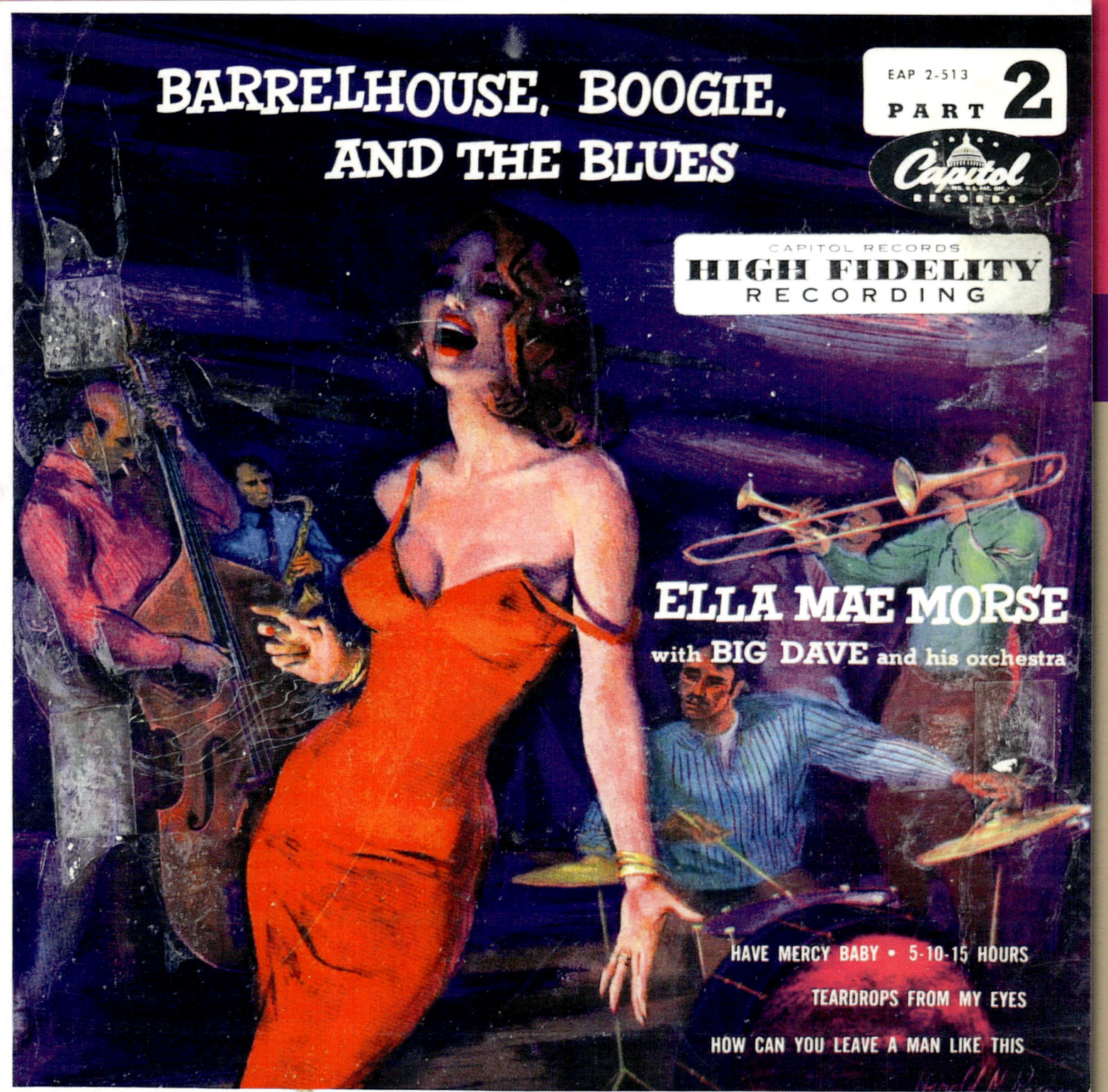

Rayon Dames #15

Les prémices du rock'n'roll –version féminine–, sont elles aussi à situer dans les années quarante : issues du blues, du jazz et des débuts de la soul, ces dames officient pour la plupart au sein de grands orchestres comme ceux de Basie, Ellington, Dorsey, plus tard Ray Conniff ou Ray Anthony.

Citons Ruth Brown, Georgia Gibbs, Ella Johnson, Lavern Baker ou l'insolite Ella "Mae" Morse, une jeune et jolie blanche à la silhouette de liane et à la voix mordante, adepte d'un swing-boogie annonçant directement le rock'n'roll à venir. Née en 1922, elle enregistre ses premiers titres pendant la guerre (1942) et connaît une carrière fluctuante le long de la décennie, alternant enregistrements et cinéma. Elle revient toutefois sous les feux de l'actualité au début des années cinquante, gravant en 1954 le passionnant *Barrelhouse* chez Capitol. L'album n'ayant remporté en final qu'un succès d'estime, elle prend alors de la distance avec le monde de la musique pour se marier et s'occuper de ses enfants.

Née une décennie plus tard, en 1932, Lillian Briggs fait ses premières armes en tant que conductrice de poids lourds puis de tromboniste dans un grand orchestre. C'est l'animateur producteur Alan Freed qui lui ouvre les portes du succès en la faisant participer à ses shows puis l'engageant à enregistrer. En 1955, elle grave *I Want You To be My Baby* qui se vend à plus d'un million d'exemplaires ! Elle poursuit l'année suivante avec *Follow the Leader* qui sera édité en France,

THE CHORDETTES | 45 tours EP | Heliodor | 1958 | Allemagne

BARRELHOUSE, BOOGIE, AND THE BLUES | Ella Mae Morse | 45 tours EP | Capitol | USA

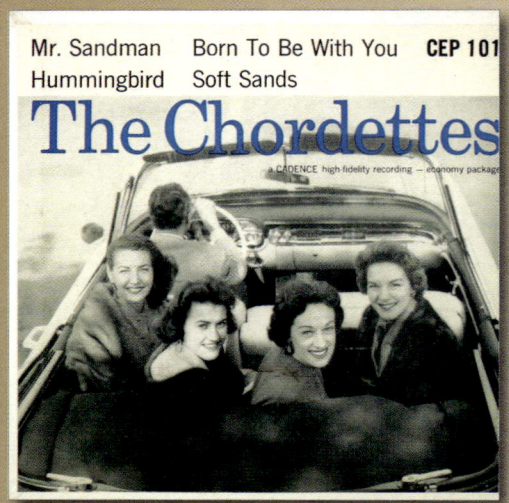

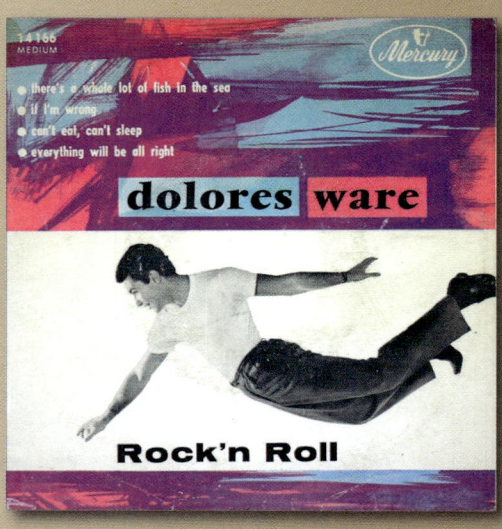

THE CHORDETTES |
45 tours EP | Cadence | 1957 | USA

LES PIXIES THREE |
45 tours EP | Mercury | 1963 | France

ROCK'N'ROLL | DOLORES WARE | Design G. Jourdan |
45 tours EP | Mercury | 1956 | France

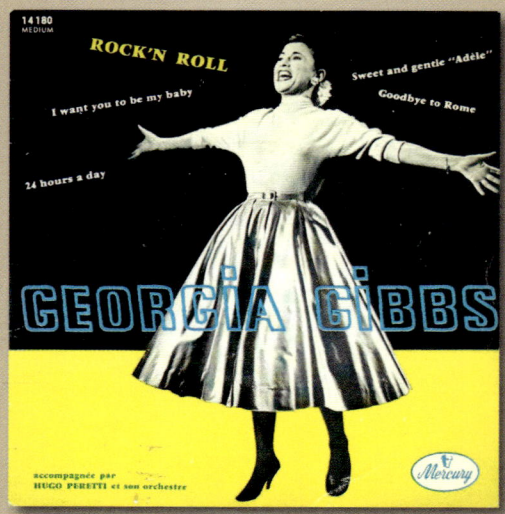

ROCKIN' WITH KAY | Kay Starr | 33 tours 30 cm |
RCA Victor | 1958 | USA

ROCK'N'ROLL | Georgia Gibbs | Design G. Jourdan |
45 tours EP | Mercury | 1957 | France

LILLIAN BRIGGS LA GRANDE PRÊTRESSE DU
ROCK'N'ROLL | 45 tours EP | Philips | 1956 | France

présenté par Boris Vian. Au dos de la pochette, le Grand Satrape (du Collège de Pataphysique) s'exclame : *"Concluons avec Pasteur : c'est la rage !"*

Parlant des fans de Lillian Briggs, il ajoute : *"Il ne tient qu'à vous de faire partie de cette grande famille d'initiés. Encore un disque que vous ne regretterez pas d'avoir chipé à votre disquaire habituel. Après quoi vous changerez de disquaire."*

Bien sûr l'affaire se passait en un temps où les disquaires existaient encore...

En 1953, la Paramount lance un jeu-concours qui demande au public de choisir la chanteuse américaine la plus populaire du moment pour lui confier un rôle à l'écran. La lauréate est Teresa Brewer.

Née en 1931, la minuscule Teresa (1,55 sous la toise) est devenue au début des années cinquante, un personnage public incontournable, l'amie idéale de tous les Américains, âges et sexes confondus. Elle sait tout faire, chanter, danser, mimer, faire des claquettes, jouer la comédie...

En 1949, elle fait un triomphe avec le titre phare d'une comédie musicale, *Music, Music* dont elle vend plus d'un million de copies. Désormais surnommée "Miss Music" elle enregistre une multitude de titres, allant d'adaptations d'Edith Piaf, à d'excellents rock'n'roll, sans oublier country, soul et pop, en tout plus de 600 chansons dont certaines firent le tour du monde. Espiègle, mutine, dynamique, ce petit bout de femme, à la voix acidulée pouvait sur les morceaux rapides se mettre soudain à rugir, annonçant directement les Wanda Jackson et Brenda Lee ! *Tweedie Dee* ou *Sweet old Fashioned Girl* en sont des exemples manifestes !

Pour en revenir au film dans lequel la Paramount lui confia un rôle, *Ah ! Les Belles Rouquines* de Lewis Foster, il inaugurait le principe des films 3D à voir avec des lunettes spéciales. Le procédé n'étant pas au point, les spectateurs s'évitaient la migraine en fermant un œil. Un critique désobligeant nota qu'ils auraient aussi bien fait de fermer les deux !

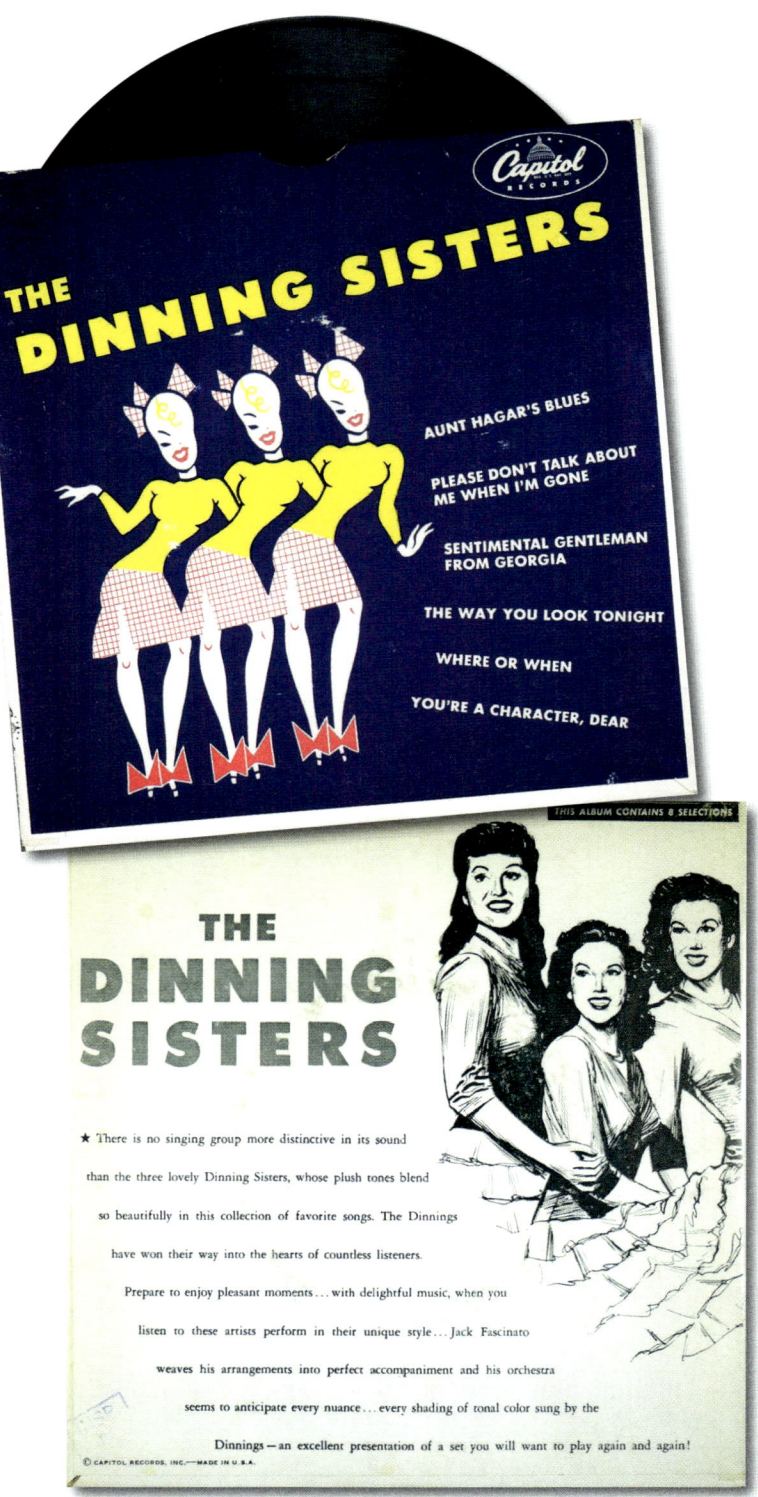

THE DINNING SISTERS | Double 45 tours EP | Capitol | USA
Inconnus en France et même en Europe, ces doubles ou triples 45 tours EP disparurent rapidement des bacs des disquaires américains au profit des albums 33 tours jugés plus pratiques.

Mais sa participation à ce nanar n'entama en rien la popularité et la carrière de la pétulante Teresa.
Buddy Holly et ses Crickets la rencontrèrent lors d'une soirée new-yorkaise donnée par les patrons de Coral. Ils en tombèrent tous trois raides amoureux !

Sur cette même période, parmi les aspirantes au statut de rock'n'roll stars, citons encore Betty Johnson, Jo Ann Campbell ou la belle Patsy Cline toujours partagée entre rock et country, mais qui grava quelques perles de rockabilly. On peut encore mentionner Dolores Ware ou quelques "occasionnelles" susceptibles d'inclure des titres de rock'n'roll dans un répertoire plus large : Kay Starr, Timi Yuro, Terry Dene, Anita Bryant ou Janice Harper.
La pimpante Connie Francis fait partie de ces artistes susceptibles de tout chanter et ses orientations musicales vont de la country à la variété la plus affligeante, revisitant le folklore napolitain, les comédies britanniques ou les traditionnels espagnols ! Elle n'hésite pas toutefois à graver quelques bons rock'n'roll, et notre belle froufroutante (adepte des jupes bouffantes à la Bardot) entre dans les juke-box des teenagers de l'époque via quelques jolies pépites : *Stupid Cupid, Lipstick on your Collar, Tweedle Dee* ou *Fallin'*.

Il existe également des duos, des groupes et des familles. Dans les années quarante, puis le début des années cinquante, des ensembles féminins de sœurs (ou soi-disant) comme les Pointers, les Andrews, les Mc Guire ou les Beverley, jouissent de fortes audiences familiales, à travers des répertoires swing et pop de bonne facture. Les Chordettes arrivées quelques années plus tard (*Zorro, Lolipop, Mr Sandman*) anticipent la pop des sixties, tout comme les *Pixies Three*, les *Angels* ou le duo *Judy and Jo* qui se fait connaître par une reprise du *Good Luck Charm,* d'Elvis.

Nettement plus marqué par le rock'n'roll, le duo formé d'un frère et d'une sœur, les Collins Kids, surgit au milieu des années cinquante, comme un ovni (c'en est la grande époque !) dans le paysage musical du temps ! Lawrence "Lorrie" Collins a alors 17 ans et Laurent "Larry" pas encore 15 ! Ils jouent tous deux de la guitare, dont une électrique double-manche pour le jeune Larry, et délivrent un rock'n'roll torride, hurlé conjointement par leurs deux voix juvéniles.
Hoy Hoy et *Hop, Skip and Jump* seront leurs principaux succès. Larry tournera ensuite pour la télévision, notamment dans le célébrissime feuilleton *The Adventures of Ozzie & Harriet* célébrant le jeune Ricky Nelson.

Parmi les familles de musiciens se produisant sur ces années, les Maddox Brothers se sont taillé la part du lion. Ils sont cinq frères... et une sœur ! Et quelle sœur !
Ils viennent tous les six d'Alabama et ce sont de vrais frères et sœurs !. Leurs parents, fermiers miséreux, émigrent vers la Californie en 1931. Née en 1926, Rose n'a encore que 5 ans, et le périple puis la dureté du quotidien la marquent. Heureusement, la famille est soudée et ils se soutiennent lors des épreuves qu'ils traversent.
Ils se constituent en tant que groupe musical en 1937, sous le nom "Maddox Brothers & Rose" et se font connaître rapidement. La petite Rose qui a maintenant 11 ans, en est l'incontestable vedette. Sur scène, ils dégagent une incroyable énergie. Leur répertoire est un croisement de boogie, de swing et de country : un hillbilly flirtant très sérieusement avec le rock'n'roll. Rose ponctue les solos et les fins de morceaux de rires hystériques qui très vite deviennent la signature du groupe. Malgré la guerre puis les défections, les Maddox restent ensemble jusqu'au début des années cinquante, chouchous de l'Opry de Nashville et grandes vedettes des circuits country.

Au-delà de cette séparation, Rose poursuit une carrière solo très estimable, située elle aussi à la confluence de la country et du rock'n'roll. *Hey Little Dreamboat* (1956), *Jim Dandy* ou sa reprise de *Early in the Morning* (sur l'album *A Big Bouquet of Roses*) confirment l'importance de Rose et de ses frangins dans l'univers du rock'n'roll.

BETTY JOHNSON CHANTE POUR VOUS | Photo Garbo |
45 tours EP | Atlantic | 1959 | France

THERESA BREWER (DANSONS GAIEMENT...) | Photo Coral | 45 tours EP |
Coral | 1957 | France

TERESA BREWER | 45 tours EP | Coral | 1956 | France

A BOUQUET OF HITS from TERESA BREWER | 45 Tours EP | Coral | 1952 | USA

MISS MUSIC | Teresa Brewer | Photo Hobart Baker | 33 tours 30 cm | Coral | 1958 | USA

ANITA BRYANT | 45 tours EP | London | 1960 | France

DOROTHY COLLINS | 45 tours EP | Vogue | 1958 | France

MUSCLE BEACH PARTY | Annette | Photo American International Film | 33 tours 30 cm | Vista | 1964 | USA

SOMETHING BORROWED, SOMETHING BLUE | Annette | Couverture Paul E. Wenzel | 33 tours 30 cm | Vista | 1963 | USA

ANNETTE | 45 tours EP | Vega | 1960 | France

ANN-MARGRET | 45 tours EP | RCA | 1961 | France

THE VIVACIOUS ONE : MISS ANN-MARGRET | Photos Ted Russell | 33 tours 30 cm | RCA Victor | 1962 | USA | Actrice et chanteuse d'origine suédoise, la très photogénique Ann-Margret tourne son premier fi.m en 1961, une comédie de Frank Capra, *Millionnaire un jour*. En 1964 elle joue avec Elvis Presley dans *L'Amour en Quatrième Vitesse*. La presse people du moment lui prête une liaison avec le King.

ON THE WAY UP | Ann-Margret | 45 tours EP | RCA | 1962 | Allemagne

ROBIN CLARK | Photo USA | 45 tours EP | Capitol | 1962 | France

LOVE IS A DANGEROUS THING | Janice Harper |
Photo Capitol | 45 tours EP | Capitol | 1962 | France

GOOD LUCK CHARM | Judy And Jo | Photo Capitol |
45 tours EP | Capitol | 1962 | France

A BIG BOUQUET OF ROSE'S | Rose Maddox |
33 tours 30 cm | Capitol | USA

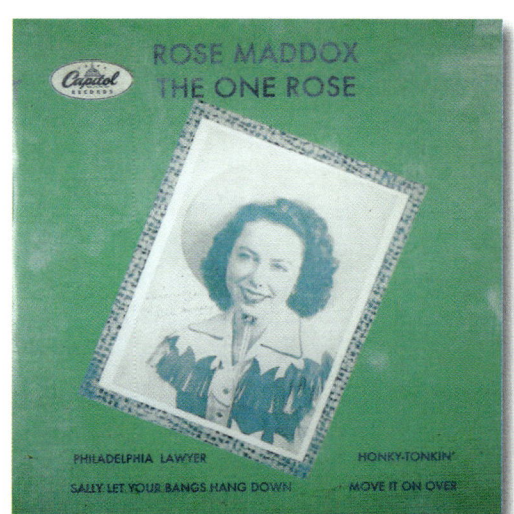

THE ONE ROSE | Rose Maddox | 45 tours EP |
Capitol | USA

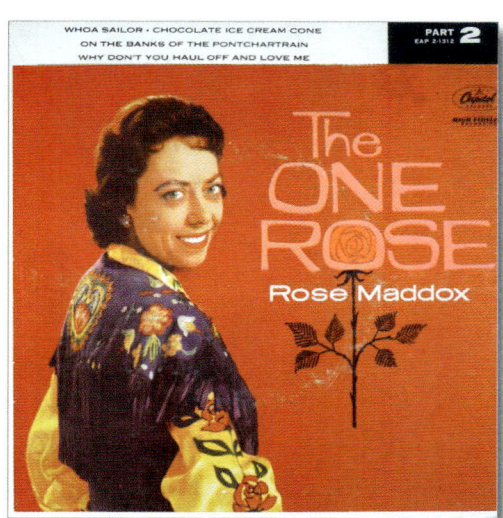

THE ONE ROSE | Rose Maddox | 45 tours EP |
Capitol | USA
À la fin des années cinquante, lorsque les *Maddox
Brothers* se séparent, Rose poursuit seule. Alternant
toujours country et rock'n'roll avec un punch inchangé,
elle reste une grande star aux USA jusqu'à la fin des
années soixante. Wanda Jackson reconnaît qu'elle fut sa
plus grande influence...

DON'T YOU KNOW... | Dinah Lee |
45 tours EP | Viking | Nouvelle-Zélande
Inconnue en Europe comme aux USA, la jeune Dinah Lee
était une star chez elle, en Nouvelle-Zélande au début
des années soixante. Accompagnée de son excellent
groupe, les Meteors, elle portait la bonne parole du
rock'n'roll à travers ses lointains tropiques...

There's a party goin' on · Lonely week-ends · Kansas City · Bye bye baby · Fallin' · Hard headed woman · Tongue tied
It doesn't matter anymore · Tweedlee dee · Sparkling brown eyes · Lost week-end · Man we had a party

THERE'S A PARTY GOIN' ON

AN ALBUM OF GREAT ROCKIN' SONGS BY *wanda jackson*

Capitol RECORDS

HIGH FIDELITY RECORDING

© CAPITOL RECORDS, INC.

THERE'S A PARTY GOIN'ON | An Album Of Great Rockin'songs By Wanda Jackson | 33 tours 30 cm | Capitol | 1961 | USA

Grande prêtresse du rock'n'roll féminin, Wanda Jackson naît à Maud (Oklaoma) en octobre 1937. Elle apprend le piano puis la guitare et se passionne pour la country music que diffusent les radios. En 1953, à 16 ans, elle signe un contrat d'enregistrement avec Decca et se fait simultanément engager par l'orchestre de Hank Thompson, alors grand nom de la country. En 1956, elle partage une tournée avec Elvis Presley dont elle devient l'amie et subit un véritable choc en découvrant le rock'n'roll. Suivant les conseils de celui-ci, elle abandonne alors la country pour un répertoire pur rock. La firme Capitol la signe, rêvant d'en faire une Gene Vincent version fille (Gene Vincent cartonne alors avec *Be Bop a Lula*). *I Gotta Know* enregistré en juin 1956 marche bien, tout comme *Baby Loves Him,* gravé quelques mois plus tard, mais c'est avec *Fujiyama Mama* (1957) qu'elle devient véritablement une star. Elle tourne avec Buddy Holly, Carl Perkins, Jerry Lee Lewis, et les garçons doivent s'accrocher pour qu'elle ne leur vole pas la vedette !

Très féminine avec ses longs cheveux sombres et bouclés, ses beaux yeux en amande peints de noir, elle se produit sur scène en jupe et chaussures à talons, la guitare calée sur la hanche. Elle enchaîne les morceaux, comme des salves de mortier, et campée devant le micro, se balance rudement, délivrant un répertoire de feu ! Sa diction, parfaite mais hachée, syncopée, est portée par une voix impressionnante, qui rugit à la façon d'un fauve. Les autres fauves qui l'observent depuis les coulisses – les Lewis, Perkins et autres Little Richard – n'en reviennent pas !

Dans les trimestres qui suivent, elle enregistre de nombreux titres, comme *Rip It Up, Long Tall Sally* ou *Let's Have a Party,* tous aussi virulents et qui achèvent de faire sa réputation de "reine du rock'n'roll".

Au début des années soixante, sentant le vent tourner, elle met plus de sagesse et d'harmonie dans son rock. Le morceau (et l'album) *Right or Wrong* produit en 1961 contient encore quelques rock'n'roll saignants, mais ceux-ci alternent avec des ballades qui lui ouvrent progressivement le public country, vers lequel elle s'oriente.

Ce qui n'empêche pas la dame de se faire plaisir (à elle et ses fans de la première heure), d'enregistrer deci delà quelques vieux rock'n'roll, ou de les délivrer, en fin de concert, à un public enthousiaste.

Aujourd'hui encore, elle continue à enregistrer et à se produire. Un nouvel album doit paraître sensiblement en même temps que le présent livre, intitulé *The Party Ain't Over* (clin d'œil bien sûr à son tube *Let's Have a Party*) et contenant, entre autres, une version du fameux *Shakin' All Over* de l'Anglais Johnny Kidd.

"C'est mon ami, Elvis lui-même, qui m'a conseillé d'enregistrer Let's Have a Party. J'ai eu l'occasion de participer à plusieurs concerts avec lui en 1956 et 1957. C'est un garçon très gentil, un véritable gentleman et un ami sûr." Wanda Jackson

WANDA JACKSON |
33 tours 30 cm | Capitol |
1958 Réédition | Belgique

MEAN, MEAN MAN | Wanda Jackson | Photo USA |
45 tours EP | Capitol | 1961 | France

A LITTLE BITTY TEAR | Wanda Jackson |
45 tours EP | Capitol | 1962 | GB

THE HAPPY SIDE OF WANDA | Wanda Jackson |
Photo Ken Veeder | 33 tours 30 cm | Capitol | 1969 | USA

WANDA JACKSON |
45 tours EP | Capitol | Danemark

RIGHT OR WRONG | Wanda Jackson | Photo Capitol | 33 tours 30 cm | Capitol | 1961 | USA

BRENDA LEE | Maquette Arvis | 45 tours EP | Brunswick | 1958 | France
Tout était pris en compte pour accentuer l'aspect très juvénile de Brenda : le visage rond, les cheveux courts en bouclettes, la robe de poupée à taille haute, les socquettes blanches, les petites chaussures à boucle. On lui donne 10 ans, mais elle doit en avoir déjà 15 ou 16...

Brenda Mae Tarpley, mieux connue sous le nom de Brenda Lee, naît à Atlanta (Georgie) en 1944. Fascinée par la musique que délivrent les radios, elle passe des heures à côté du poste, à chantonner et rêver. Elle participe aux chorales et aux concours de son école, et en 1955 rencontre le chanteur Red Foley venu se produire à Atlanta. La gamine, minuscule mais culottée, lui fait tant de charme, que Red accepte de la laisser participer à son show et d'y interpréter une chanson. Ce sera le *Jambalaya* de Hank Williams et la fillette remporte un triomphe ! Impressionné, Red Foley décide alors de la prendre en charge, et l'année suivante, en 1956, la présente à l'*Ozark Jubilee Show* où son succès se confirme. Paul Cohen, talent scout de Decca la remarque et lui fait signer un contrat.

Pour la première séance d'enregistrement, sa mère est présente, Brenda n'a que 12 ans ! Les titres sélectionnés sont *Bigelow 6-200* et *Dynamite* qu'elle rugit de la même manière que Wanda Jackson et qui lui vaudra son surnom (affectueux) de *Little Miss Dynamite*. Elle grave encore *Rock to the Bop*, *Ring My Phone* et *Sweet Nothing* qui deviendront rapidement des classiques.

Elle tourne alors énormément, généralement chaperonnée par sa maman (son père est mort d'un accident quelques années auparavant) qui tient à éviter toute promiscuité avec des individus comme Jerry Lee Lewis ou Little Richard. Elle participe encore à nombre d'émissions ou de shows où elle est présentée façon enfant prodige. Il faut dire qu'elle a toujours moins de 15 ans et que sa petite taille (1,57 m) lui donne l'allure non d'une future ado, mais bien d'une gamine, allure volontairement soulignée par ses producteurs et managers qui lui font porter des robes de petite fille !

Cet aspect enfant prodige apparaîtra vite dérangeant et générateur de malaises et de mensonges. Lors de sa venue à Paris en 1959, où elle se produit à l'Olympia, les organisateurs ont un choc en découvrant à la sortie de l'avion, non une jeune star pour teenagers mais une petite personne donnant guère l'impression de n'avoir guère plus de 12 ou 13 ans !

Inquiets de pouvoir être considérés comme exploiteurs d'enfants, les promoteurs de sa tournée sont prêts à tout abandonner ! C'est alors que germe cette méchante idée de la présenter comme une naine ! Brenda ne serait plus une enfant depuis longtemps, mais une adulte souffrant de graves problèmes de croissance ! On imagine le choc que la découverte de ces propos a dû provoquer chez elle !

Néanmoins, les médias se jettent sur l'affaire, croyant flairer là quelque savoureux début de scandale. Mais si scandale il y a, il est finalement à l'avantage de Brenda, qui devient une attraction en vogue et triomphe à travers toute l'Europe !

Retournée aux États-Unis (via l'Angleterre qui l'acclame) elle grave un ensemble de titres qui s'éloignent du rock'n'roll, mais lui offrent un nombre impressionnant de tubes et une renommée mondiale : *I'm Sorry, Emotions, Fool N° 1, All Alone Am I*.

Tournant à plusieurs reprises pour le cinéma, elle persiste toutefois à enregistrer des titres de rock'n'roll, comme cette excellente version du *What'd I Say* de Ray Charles gravé en 1964. Mariée et mère de famille, Brenda Lee prend alors du recul face au milieu musical, réalisant juste de temps à autre un nouvel album de country rock au son marqué très Nashville.

"On ne veut pas que Brenda soit simplement une chanteuse de rock. Son public est surtout composé de filles de neuf à quinze ans. Il faut que Brenda ait l'apparence de toutes les filles qu'on voit dans la rue. Les gens aiment les filles qui ressemblent aux autres filles !" **Dub Abritten, Manageur de Brenda Lee**

ALL ALONE AM I | Brenda Lee |
33 tours 18 cm | Decca | 1962 | USA
De même format que les 45 tours (17 cm) ces mini
33 tours américains proposant trois titres par face,
étaient utilisés dans le circuit des juke-box.
Étiquettes et reproductions de la pochette étaient
données au tenancier de l'établissement afin qu'il les
place à l'intérieur du juke-box.

BRENDA LEE |
45 tours EP | Brunswick | France

EMOTIONS | Brenda Lee |
33 tours 30 cm | Decca | USA

BRENDA THAT'S ALL | Brenda Lee |
33 tours 30 cm | Decca | 1962 | USA

TOO MANY RIVERS | Brenda Lee |
33 tours 30 cm | Decca | 1965 | USA

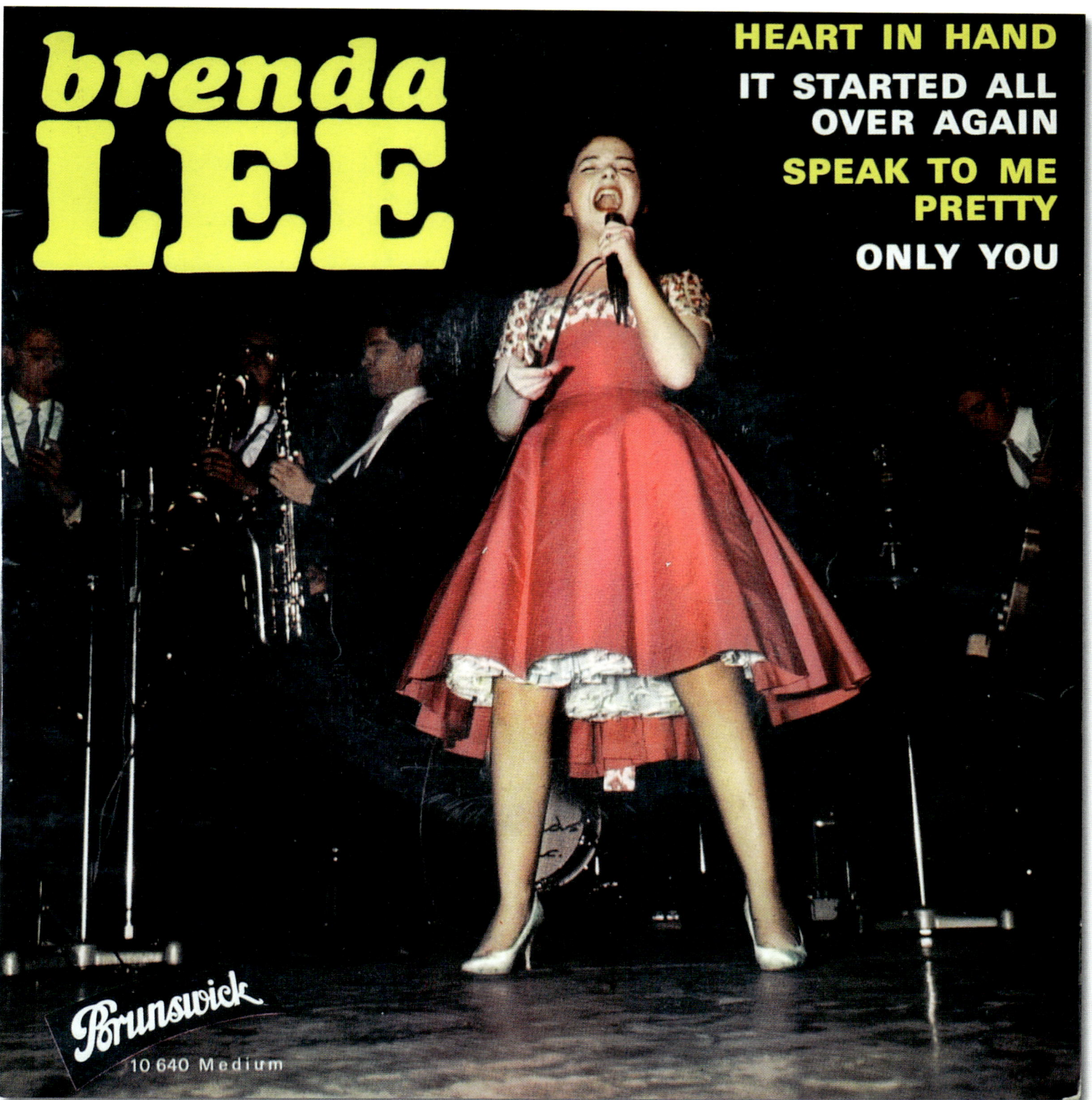

brenda
LEE

HEART IN HAND

IT STARTED ALL
OVER AGAIN

SPEAK TO ME
PRETTY

ONLY YOU

Brunswick
10 640 Medium

BRENDA LEE | Photo Anders | 45 tours EP | Brunswick | 1962 | France

Troisième prétendante, et pas la moindre, à la couronne de reine du rock'n'roll, Janis Martin, scandaleusement méconnue en Europe, grava, elle aussi, quelques chefs-d'œuvre absolus !

Si certains voyaient en Wanda Jackson un Gene Vincent au féminin, Janis Martin, pour sa part, était surnommée "l'Elvis Presley female" ! Ce n'est pas mal non plus !
Née à Southerlin en Virginie en mars 1940, dans une famille de musiciens, elle apprend très tôt à jouer de la guitare et à chanter, notamment des morceaux d'Eddy Arnold et Hank Williams. Âgée d'à peine 10 ans, elle participe déjà à des radios-crochets et des émissions. Elle remporte tous les concours, raffle tous les prix, apparaît aux côtés de stars de l'époque comme Hank Snow ou Jim Reeves.

Progressivement, elle s'éloigne de ses influences country. Elle a entre-temps découvert de grandes dames comme Lavern Baker ou Ruth Brown, et son répertoire se colore de blues et de soul. En 1955, tout juste âgée de 15 ans, elle est signée par la compagnie RCA qui cherche elle aussi un pendant féminin à sa star, un certain Elvis Presley.
Entourée par les meilleurs musiciens du moment (Chet Atkins, Floyd Cramer, etc.), elle enregistre *Drugstore Rock'n'Roll* (le titre est d'elle) et *Let's Elope Baby*. Vont suivre *Barefoot Baby, My Boy Elvis, Love me Love* et le génial *Billy Boy, Billy Boy*.
Sans atteindre les premières places des charts, les disques se vendent bien (750 000 exemplaires pour *Drugstore Rock'n'Roll*) et Janis participe à de nombreuses émissions ou shows, tournant à travers tous les États-Unis. Elle est élue "chanteuse la plus prometteuse de l'année" en 1957 par le journal *Bilboard*.

Lorsqu'elle apparaît sur scène, à la convention RCA, à Miami en Floride, sa présence et sa voix font une telle impression sur Presley, présent dans le public, qu'il lui fait aussitôt porter une énorme gerbe de roses !
Elle est alors au sommet de sa gloire, mais celle-ci, hélas, ne fera plus que décliner. Mariée et attendant un enfant, elle voit son contrat dénoncé par RCA qui trouve sa grossesse incompatible avec son image de rock'n'rolleuse.

Elle travaillera ultérieurement pour d'autres labels, et reprendra le chemin des tournées, notamment en Europe. Toutefois, le cœur n'y est plus, et l'ostracisme dont elle a été l'objet, malgré sa voix d'exception, son répertoire de premier choix et l'admiration que lui témoignent ses collègues hommes, semble l'avoir minée...
Prise dans les avatars d'une vie familiale et privée complexe, elle se retirera à plusieurs reprises du milieu de la musique, pour ne revenir à son amour du rock'n'roll que dans les années quatre-vingt, profitant de la mode revival pour remonter sur scène et bien sûr s'y tailler la part du lion !

"De toutes les filles de cette époque, Janis Martin était de loin la plus percutante : une bombe ! Une rafale ! Un ouragan qui laissait toutes ses consœurs comme ses collègues sur le cul !" Brian Graig, *The last Fiveties*

JUST SQUEEZE ME | Janis Martin |
45 tours EP | RCA | 1957 | USA

JANIS and ELVIS | 33 tours 25 cm | RCA | 1985 | France
Fait rare : deux artistes, dont l'un déjà célébrissime,
se partagent les deux plages d'un 25 centimètres.
Édité en 1958 pour le seul public d'Afrique du Sud,
il a été réédité en France en 1985.

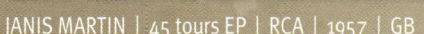

JANIS MARTIN | 45 tours EP | RCA | 1957 | GB

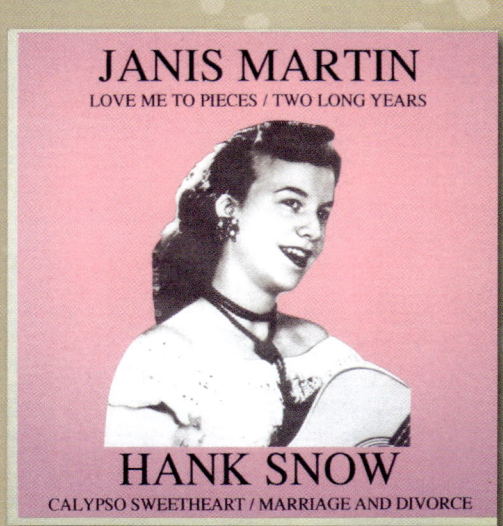

JANIS MARTIN | HANK SNOW | 45 tours EP | RCA | USA

JANIS MARTIN | 45 tours simple | RCA | Allemagne

STARRING... JO ANN CAMPBELL | 33 tours 30 cm | Coronet | 1961 | USA

Héroïnes oubliées du rock'n'roll, évoquons les figures et les voix de Sherry Davis et Barbara Pittman pour lesquelles le destin manqua de tendresse.

Née à la fin des années trente, la jeune et jolie Sherry, encouragée par Gene Autry, figure légendaire de la country, réalise ses premiers enregistrements chez Crest en 1955 et tourne l'année suivante en compagnie d'Elvis. En quatre soirées elle est vue et ovationnée par plus de 60 000 spectateurs. En 1957, elle enregistre quatre titres à Clovis dans le studio de Norman Petty, réalisant soudainement que les trois musiciens derrière elle, dont un grand avec des lunettes à grosse monture et une Fender Stratocaster ne sont autres que Buddy Holly et ses Crickets.

Le succès ne sera hélas pas au rendez-vous, et malgré sa très bonne voix et son physique de jeune première, Sherry disparaîtra de la scène, ne laissant comme trace, dans l'épopée du rock'n'roll, qu'une maigre pincée de titres et deux photos mémorables, l'une sur scène en robe fourreau, l'autre toute tendre et émue, appuyée contre l'épaule du King.

Un destin semblable sanctionne Barbara Pittman, tout aussi jeune, tout aussi belle et dotée elle aussi d'une voix superbe ! Barbara naît à Memphis et habite à deux pas de chez les Presley. Sa mère est l'amie de Gladys. Souvent Elvis et elle reviennent ensemble de la petite école. Plus tard, lorsqu'il réalise ses premiers enregistrements chez Sun et qu'elle s'intéresse elle aussi à la musique, rêvant de faire carrière de chanteuse, il lui conseille d'aller voir Sam Phillips. Ce qu'elle fait...

Et Phillips en effet l'enregistre par quatre reprises, entre 1956 et 1960, produisant quatre singles ; un panel de titres contenant des morceaux d'exception, rock'n'roll flamboyants tels *I Need a Man* et surtout *I'm Getting Better All the Time,* ou encore blues hypnotiques comme le mémorable *Two Young Fools in love*.

Faute de voir ses disques susciter grand intérêt, Sam Phillips néanmoins en reste là, et au terme de ces quatre réalisations, leur collaboration s'interrompt. La belle quitte alors Memphis pour la Californie, espérant sans doute trouver là-bas des oreilles plus attentives. Elle signe en effet en 1962 avec le label Del-Fi qui avait publié Ritchie Valens quelques années plus tôt. Mais l'engagement est dénoncé et rien n'en sort !

Pour gagner sa vie, elle fait alors nombre de petits boulots, interprétant des bandes-son de cinéma (créditée comme *Barbara et les Visiteurs de la 13e Commission*), ou poussant des hurlements dans des films d'horreur. Parfois, un engagement en tant que chanteuse se présente. Elle tourne avec Dorsey Burnette ou les Righteous Brothers, anime des croisières sur des yachts de luxe voguant vers Acapulco ou s'en va distraire les appelés dans des bases américaines perdues...

Néanmoins, les studios d'enregistrement ne lui rouvrirent jamais leurs portes, ce qui pour l'amateur de bon rock'n'roll représente tout à la fois, un scandale et une profonde frustration...

THE EXCITING CONNIE FRANCIS | Photo Curt Gunther |
33 tours 30 cm | MGM | 1959 | USA

AMONG MY SOUVENIRS | Connie Francis |
45 tours EP | MGM | 1960 | France

WHAT'S A MATTER BABY | Timi Yuro | Design Studio Five |
33 tours 30 cm | Liberty | 1962 | GB

PAPER TIGER | Sue Thompson | Design Dick Fijnheer |
33 tours 30 cm | Hickory | 1965 | Hollande

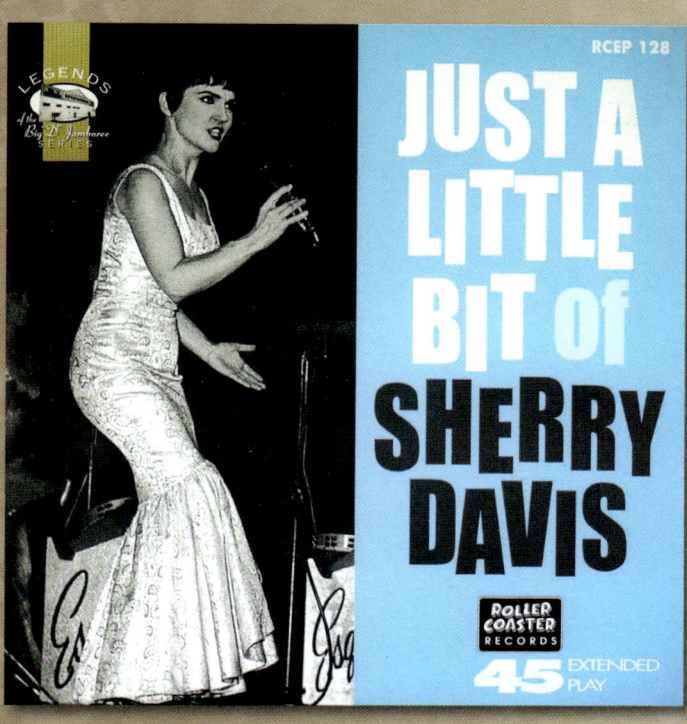

JUST A LITTLE BIT OF SHERRY DAVIS | Photos Sherry Davis & Steve Bonner & David Dennard | 45 tours EP | Roller Coaster | 1999 | USA
Sherry Davis n'a eu droit que très tardivement (en 1999) aux honneurs du 45 tours EP. Deux de ses titres, *Broken Promises* et *Humble Heart*
ont été enregistrés par Norman Petty dans son studio de Clovis, avec derrière Sherry, Buddy Holly et ses Crickets.

BARBARA PITTMAN | 45 tours simple | Sun | 1957 | USA
Barbara Pittman enregistra quatre 45 tours simple pour Sun Records,
la firme de Sam Phillips, commercialisés sous des pochettes
de papier non personnalisées. Dommage : la voix de Barbara
– tout comme son charmant minois– auraient largement
mérité l'édition d'un EP, voire d'un album.

Made in England #16

Dans l'Angleterre du milieu des années cinquante, qui se remet lentement des blessures de la Seconde Guerre mondiale, la musique populaire qui fascine la jeunesse est le skiffle. Cette musique dont les origines restent mal définies (entre Louisiane et Afrique) est une sorte de hillbilly-jazz-folk hyper rapide, joué par des instruments à cordes, acoustiques : une ou deux guitares, batterie, contrebasse, parfois une mandoline, un banjo ou un violon. Le skiffle présente l'avantage, auprès d'adolescents peu fortunés, de permettre à des instruments bricolés de remplacer les vrais. Ainsi, une planche à laver (washboard) peut simuler la caisse claire, ou une corde tendue le long d'un manche à balai planté dans une caisse à thé (tea-chest bass) donner l'illusion d'une contrebasse.

Les champions du genre en sont les Vipers et Lonnie Donegan, dont la reprise du *Rock Island Line* du bluesman Leadbelly, sera un énorme succès. Donegan avait une façon bien à lui d'accélérer le tempo de sa chanson, allant jusqu'à la suffocation et l'hystérie. Les jeunes Billy Fury, John Lennon ou Bill Wyman feront leurs premières armes de musiciens ou de chanteurs dans des groupes de skiffle.

Le premier véritable chanteur de rock, sujet de sa gracieuse majesté, sera Tommy Steele (Thomas Acier), un jeune blondinet un peu maigrichon, jouant d'une Gibson semi-acoustique, aussi grosse que lui. Né en 1936 dans une banlieue pauvre de Londres, il exerce différents petits métiers avant de devenir marin. Au hasard de ses

LAST TRAIN TO SAN FERNANDO | Johnny Duncan and the blue grass boys | Photo Coquin | 45 tours EP | Columbia | 1957 | France

"DISCS-A-GOGO" | Artistes divers | 45 tours EP | Decca | 1963 | GB
Quoique originaire du Tennessee, Johnny Duncan construisit sa carrière en Angleterre, participant, via son savoir-faire de "western & country man" à la création du skiffle.

LONNIE DONEGAN HIT PARADE |
Design Red Clark | 45 tours EP | Nixa | 1957 | GB

THE VIPERS SKIFFLE GROUP | The Vipers | Photo Derek
Allen | 45 tours EP | Parlophone | 1957 | GB

FREIGHT TRAIN | Charles Mc Devitt Skiffle Group |
45 tours EP | Versailles | 1957 | France

ROCK'N'SKIFFLE WITH JIMMY JACKSON |
45 tours EP | Columbia | 1958 | GB

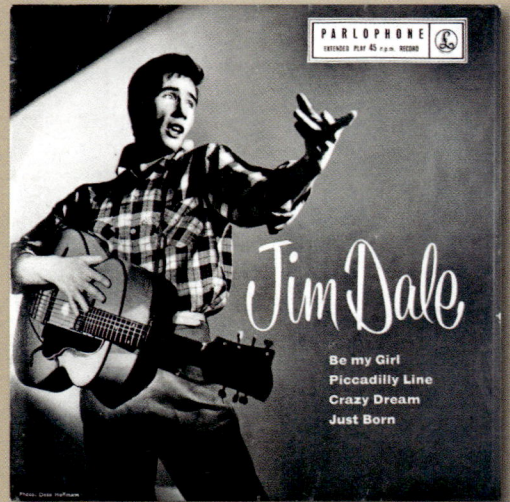

JIM DALE | Photo Dezo Hoffmann |
45 tours EP | Parlophone | 1957 | GB

DAVE | DAVE SAMPSON AND THE HUNTERS |
45 tours EP | Columbia | 1961 | GB

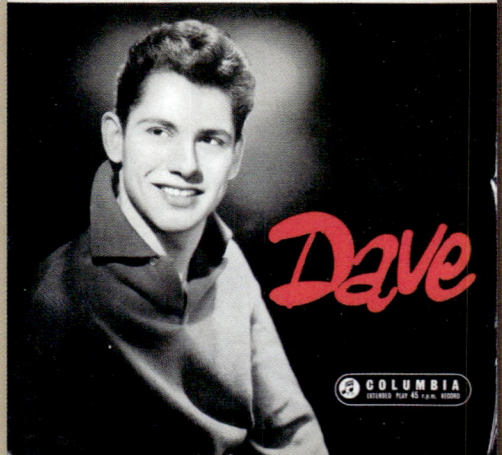

LET'S YOU AND I ROCK |
Tony Crombie And His Rockets |
Photo Studio Zwirn | 45 tours EP |
Columbia | 1957 | GB

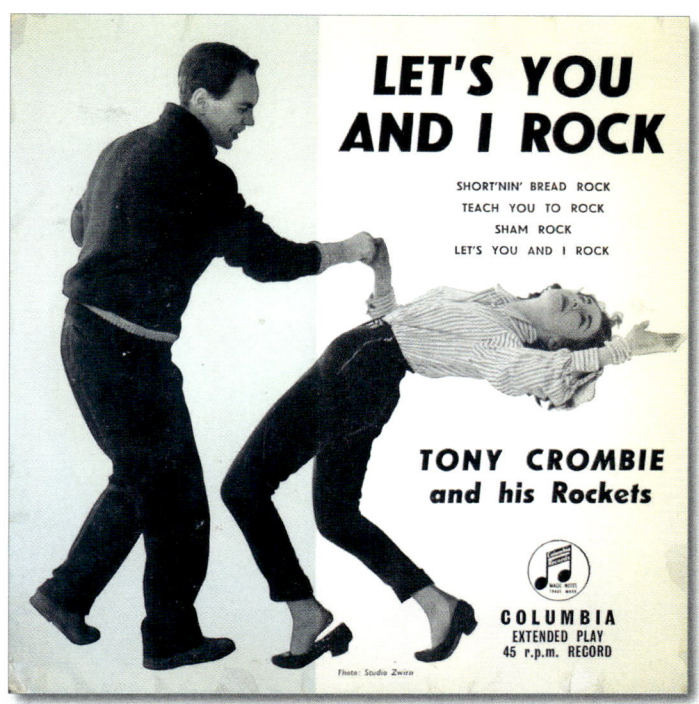

escales, il découvre le rock'n'roll de Bill Haley puis d'Elvis, et il obtient de petits cachets en se produisant dans les cabarets ou dans les pubs. C'est lors d'une de ses prestations, à Londres au 2 I's, un bar branché qui attire les jeunes (59 Old Compton Street) que le photographe John Kennedy, bientôt associé au manager Larry Parnes, découvre le jeune Tommy – qui s'appelle encore Thomas Hicks – et le convainc d'abandonner la mer au profit du rock.

> "J'ai eu de la chance. Et puis j'étais assez bon guitariste. Lorsqu'on a commencé à passer sur scène, les gens étaient surpris. Par notre musique mais aussi parce qu'en Angleterre, ils n'avaient jamais vu d'amplificateurs pour guitares." **Tommy Steele**

Auditionné chez Decca, sans enthousiasme excessif, il enregistre néanmoins son premier titre, un rock semi-parodique, *Rock with the caveman,* le 24 septembre 1956, qui va se classer 14e au hit-parade des ventes du Royaume-Uni. Dès lors titres et succès vont s'enchaîner, dont le fameux *Singin' The Blues* repris à Guy Mitchell, qu'il placera en tête des ventes. Pendant deux ans, Tommy Steele est le numéro 1 de la scène anglaise. Il provoque attroupements et émeutes, se fait arracher les cheveux, lacérer ses vêtements. Il tourne en Angleterre mais encore en Scandinavie, en Afrique, dans le Commonwealth, provoquant toujours la même hystérie.

Mais celle-ci l'effraie, tout comme la forme de violence que contient et exprime le rock'n'roll. Lorsque surgissent des nouveaux venus talentueux comme Marty Wilde, Cliff Richard ou Billy Fury, Tommy Steele admet de bonne grâce leur suprématie en matière de rock, et s'oriente avec un soulagement manifeste vers la variété, le cinéma et la comédie musicale, où il obtient là encore, mais face à un public moins expansif, un succès toujours conséquent !

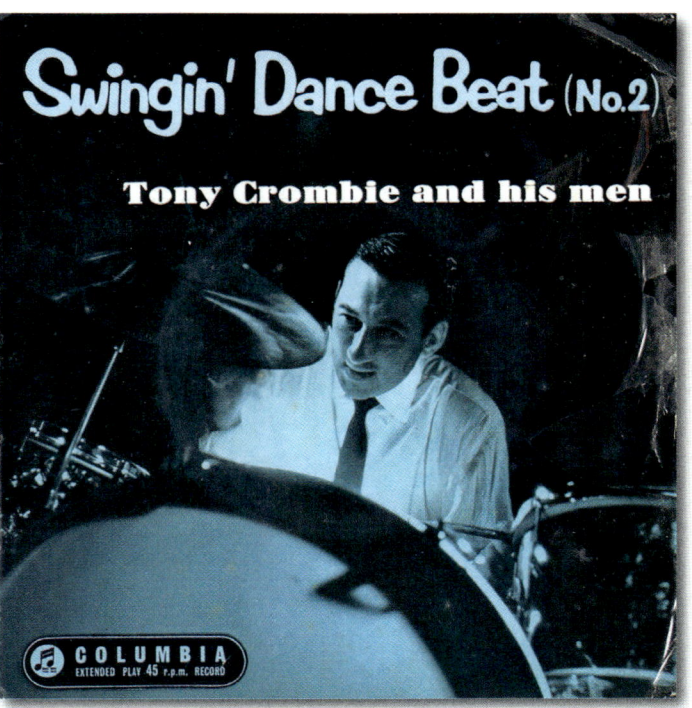

SWINGIN' DANCE BEAT | Tony Crombie And His Men | 45 tours EP | Columbia | 1959 | GB | En parallèle à son ensemble de jazz, The Men, le chef d'orchestre Tony Crombie crée en 1957 une formation de rock'n'roll, The Rockets et enregistre dès lors en alternance avec les deux.

BEAT GIRL

mono

Music from the film

'BEAT GIRL'

JOHN BARRY

ADAM FAITH

COLUMBIA
EXTENDED PLAY 45 r.p.m. RECORD

'BEAT GIRL' | Artistes divers | 45 tours EP | Columbia | 1961 | GB

WALLY FAWKES AND HIS TROGLODYTES |
45 tours EP | Decca | GB

YOUNG LOVE | Tommy Steele And The Steelmen |
45 tours EP | Decca | 1956 | GB

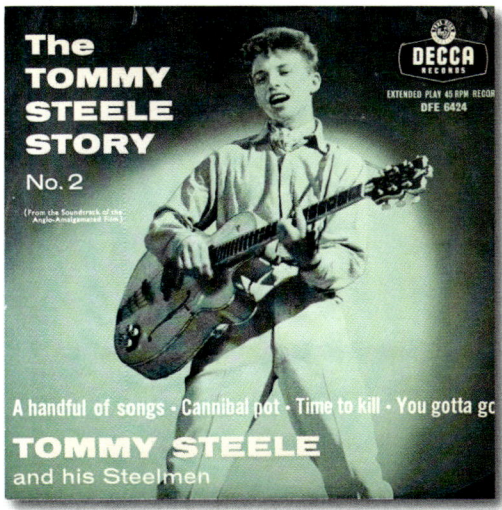

THE TOMMY STEELE STORY | Tommy Steele And His
Steelmen (photo du film "The Tommy Steele Story") |
45 tours EP | Decca | 1957 | GB

TOMMY STEELE | 45 tours EP | Decca | 1957 | France

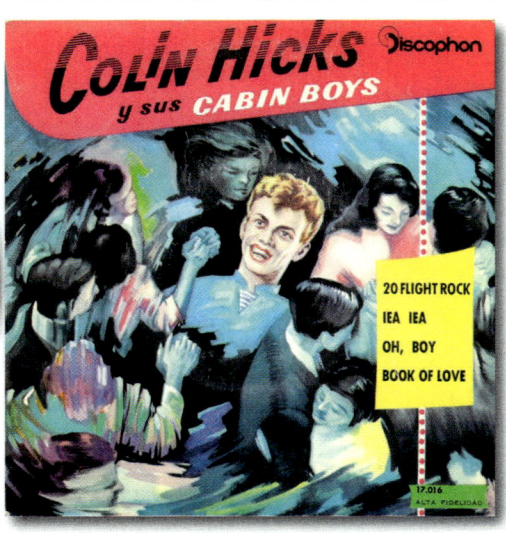

TOMMY STEELE | 45 tours EP | Decca | 1957 | France

COLIN HICKS Y SUS CABIN BOYS | 45 tours EP |
Discophon | 1960 | Espagne
Colin, le jeune frère de Thomas Hicks – alias Tommy
Steele – fit une brève carrière de rock'n'roller en Italie
et en Espagne, à l'aube des années soixante.

Terry Dene est le second à apparaître sur la scène rock britannique. Issu lui aussi d'un milieu modeste, résidant dans la banlieue sud de Londres, Terence Williams (à l'état civil) a eu une enfance et une adolescence difficiles, et malgré la gloire qui va soudainement l'assaillir, l'avenir lui aussi sera difficile. Il est ce qu'on appelle pudiquement un "enfant à problèmes", passant de psychologue à psychiatre sans que grand changement ne s'opère. Tout à la fois névrosé, introverti puis exhibitionniste agité de colère et de délire, il rend la vie de ses proches difficile et n'est guère simple à gérer de façon privée comme professionnelle.

Il a un visage un peu rond, un peu mou, un peu empâté, pourtant il ne manque pas d'un certain charme ni, quand il le veut, de charisme. La voix est bonne, juste, bien posée ; sur scène, spontanément, il occupe la place qu'il faut, fait les bons gestes au bon moment.

À 18 ans, il travaille à la grande boutique de disques du centre de Londres, HMV, 363 Oxford Street. Son job : emballer les colis et faire les expéditions et les retours. Il s'ennuie et rêve en regardant les étiquettes des 78 tours (et des premiers microsillons). Johnnie Ray, Guy Mitchell, Bill Haley, Elvis Presley le font fantasmer. Le soir, devant le miroir de sa chambre, il prend des poses avec sa guitare puis enregistre sa voix sur un gros magnétophone.

Avec quelques copains, il traîne également au 2 I's et grimpe parfois sur la petite scène pour chanter *Heartbreak Hotel* ou *Hound Dog* avec les musiciens présents. C'est ainsi que l'imprésario Hymi Zahl le remarque et lui fait rencontrer Jack Good et Dick Rowe. Le premier lui trouve ses premiers engagements, le second le fait enregistrer chez Decca. On rebaptise le garçon Terry Dene et l'affaire est lancée...

Son premier enregistrement (juin 1957) est une reprise d'un morceau atypique de Marty Robbins *A White Sport Coat*. Score honorable, il se place en 18e position. Quelques mois plus tard, *Stairway to Heaven* du même Marty Robbins monte lui aussi dans les charts. D'autres encore vont suivre.

Mais Terry est l'homme par qui systématiquement le scandale arrive. La presse le guette et n'en rate pas une ! Un jour le garçon est ivre mort et insulte les journalistes, un autre il est retrouvé totalement nu errant dans la ville sans trop savoir qui il est. Pendant l'été 1958, après avoir été la vedette du film *The Golden Disc*, il épouse la chanteuse Edna Sauvage, et les journaux s'en donnent à cœur joie, s'interrogeant si "Terry Dene va rendre Edna sauvage ?"
Mais l'homme est invivable et le mariage vite rompu. Dernier avatar : son enrôlement dans l'armée britannique. Celle-ci a d'abord pensé pouvoir en faire un exemple, comme Elvis parmi les GI. Mais très vite elle déchante. Veule, pleurnichard, dépressif, Terry se ridiculise et l'armée doit le réformer.
Il croit alors pouvoir reprendre les chemins des studios et de la scène. Mais l'image qu'il a donnée de lui est si calamiteuse que partout il se fait huer et jeter...
Il disparaît alors totalement de la scène britannique, ne revenant que des années plus tard, chrétien converti et militant, enregistrant des cantiques pop à la gloire du Tout-Puissant !

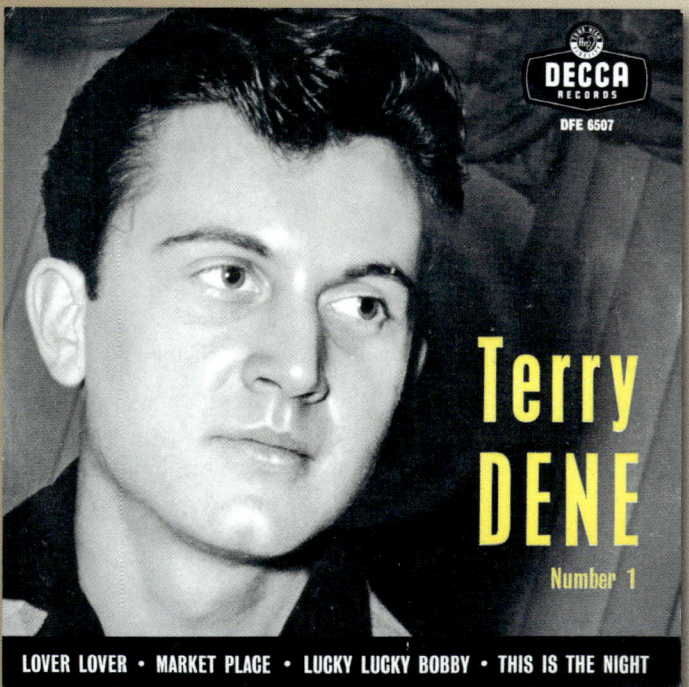

TERRY DENE | 45 tours EP | Decca | 1958 | GB

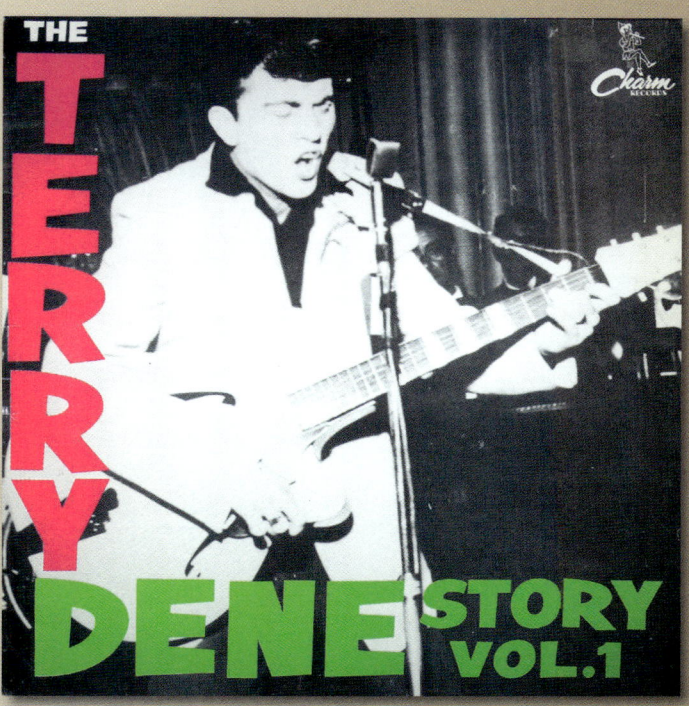

THE TERRY DENE STORY (VOL. 1) | 33 tours 30 cm | Charm | 1988 | GB
Avec son lettrage rose et vert, vertical et horizontal, le clin d'œil au premier
album français 30 cm d'Elvis Presley est manifeste...

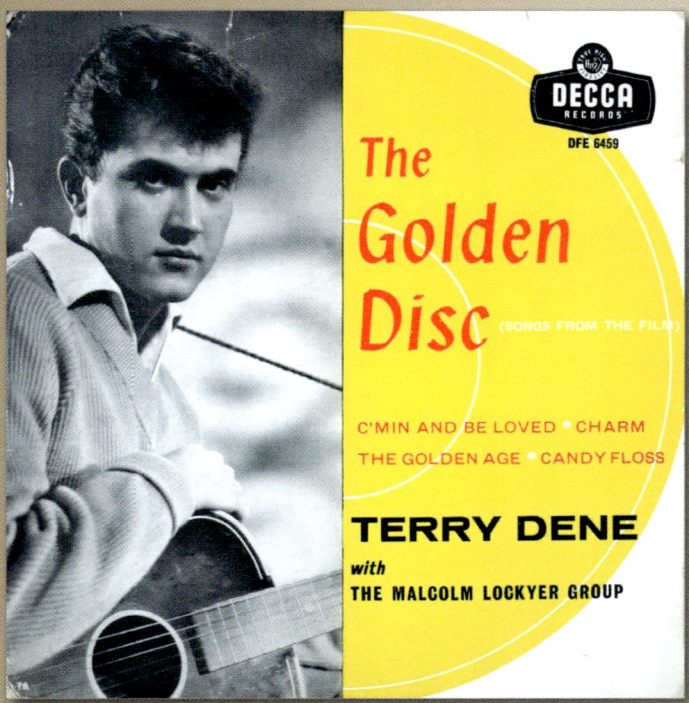

THE GOLDEN D SC | Terry Dene | Photo du film "The Golden Disc" |
45 tours EP | Decca | 1958 | GB

THE FEMININE LOOK | Terry Dene | 45 tours simple | Aral | GB

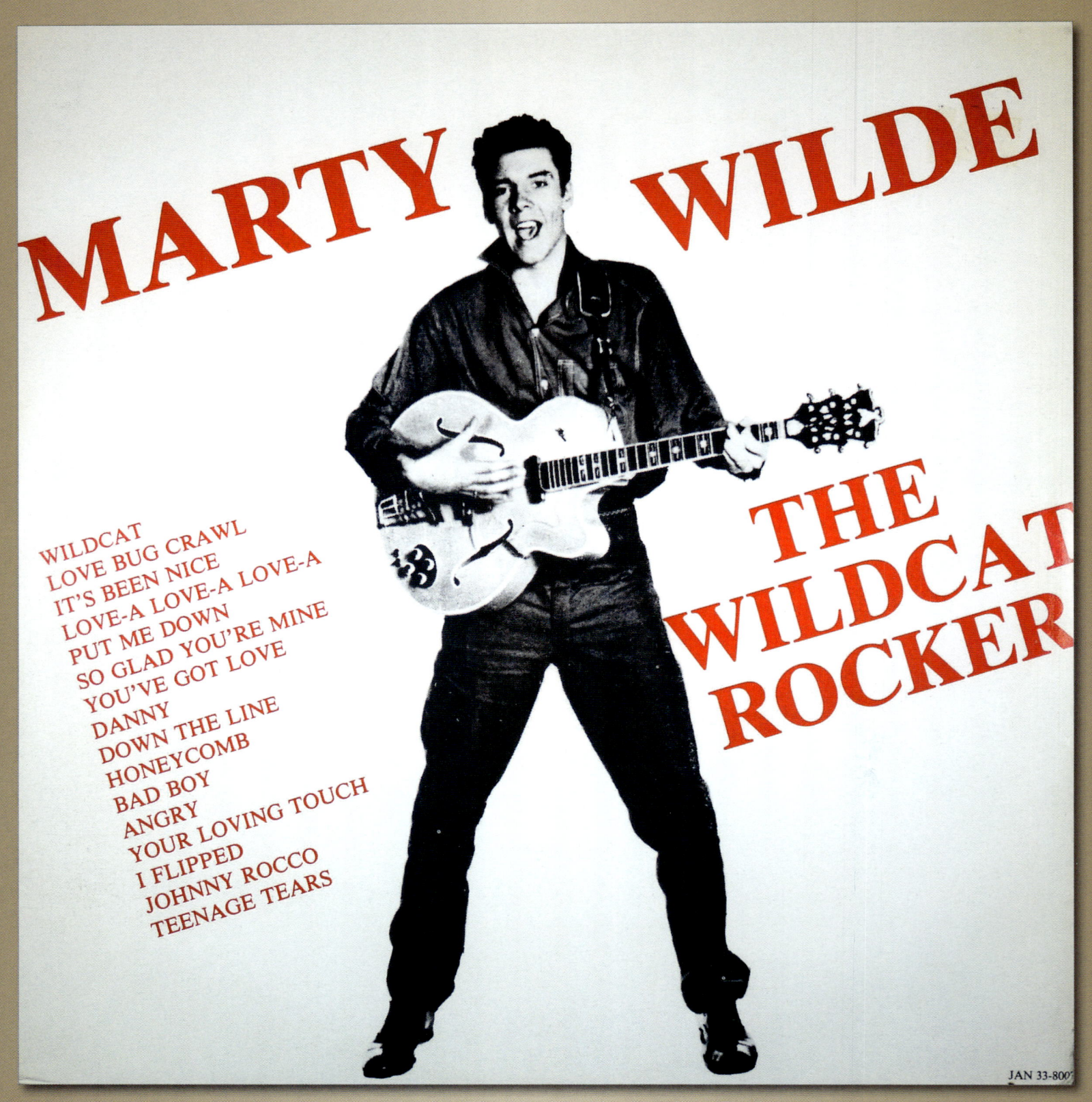

MARTY WILDE

THE WILDCAT ROCKER

WILDCAT
LOVE BUG CRAWL
IT'S BEEN NICE
LOVE-A LOVE-A LOVE-A
PUT ME DOWN
SO GLAD YOU'RE MINE
YOU'VE GOT LOVE
DANNY
DOWN THE LINE
HONEYCOMB
BAD BOY
ANGRY
YOUR LOVING TOUCH
I FLIPPED
JOHNNY ROCCO
TEENAGE TEARS

JAN 33-800?

MARTY WILDE : THE WILDCAT ROCKER | 33 tours 30 cm | Philips | Suède

Le troisième a être révélé au public anglais est Marty Wilde. De son vrai nom Reginald Smith. Il naît en 1939, lui aussi dans la banlieue sud de Londres. Il aime la musique, chanter et fait partie d'une chorale. Il chante en livrant les journaux, il chante en travaillant dans un bureau puis chez un menuisier. Mais bien sûr cette vie ne le satisfait pas. Son rêve : devenir quelqu'un comme Elvis Presley. Avec son maigre salaire il s'offre une guitare d'occasion et se produit à l'occasion dans des clubs de Soho. C'est là que Larry Parnes –imprésario alors incontournable– le découvre, le rebaptise à sa façon et lui fait rencontrer presque simultanément Josephine Douglas, productrice de l'émission *6,5 Spécial* et Johnny Franz de chez Philips. Josephine Douglas rêve d'inviter Presley à son émission, mais voyant Marty elle se dit qu'il est inutile de faire venir un Américain quand elle a sous la main un Anglais aussi épatant.

Il faut dire que Marty est beau mec : grand, plutôt baraqué, le cheveu noir, l'œil bleu, le regard franc, il donne de la (future) rock star, qu'il va devenir, une image tout à fait crédible !

Son premier titre *Honeycomb* de Jimmie Rodgers (le fils de Hank Snow, pas le vrai !), comme les deux ou trois suivants, ne sont guère remarqués, mais le quatrième, *Endless Sleep* monte dans les charts jusqu'à la 4ᵉ place ! C'est un slow rock doté d'un riff lancinant, où sa voix plutôt grave et bien posée s'entoure de guitares plaintives. Il fait encore mieux avec sa version personnelle du *Donna* de Ritchie Valens (N° 3), *A Teenager in Love* de Dion (N° 2) et *Sea of Love* (N° 3). Fatigué de se voir imposer des titres qu'il juge fades ou mièvres, il compose. Son *Bad Boy* ne se classe que 7ᵉ en Angleterre, mais entre dans les charts américains, ce qui représente alors une belle prouesse pour un petit Anglais !

Sa carrière va se maintenir de façon très honorable jusqu'au milieu des années soixante. Là, devant le raz-de-marée que représente l'émergence des groupes pop, Marty se mettra volontairement en retrait de l'actualité, concentrant ses efforts sur la production, travaillant pour son fils Ricky et surtout sa fille Kim, qui deviendra dans les années quatre-vingt, la pop star que l'on sait.

GOOD ROCKIN'THEN AND NOW |
Marty Wilde | Design Jack Levy | 33 tours 30 cm | Philips | GB

"Le rock'n'roll m'a dévoré dès le départ. Je déteste en chercher les raisons. Je pense simplement être né pour le rock : quand je n'en chante pas, je suis malheureux..." Marty Wilde

MONEY HONEY | Vince Eager And The Vagabonds | Design David Gibsone |
45 tours EP | Roller Coaster | 2000 | GB | "Vincent Ardent" : après Marty
Sauvage, Billy Fureur, Adam Paix, Georgie Renommé et autres Dicky Fier : un de
ces fameux noms de scène dont l'imprésario Larry Parnes avait le secret !

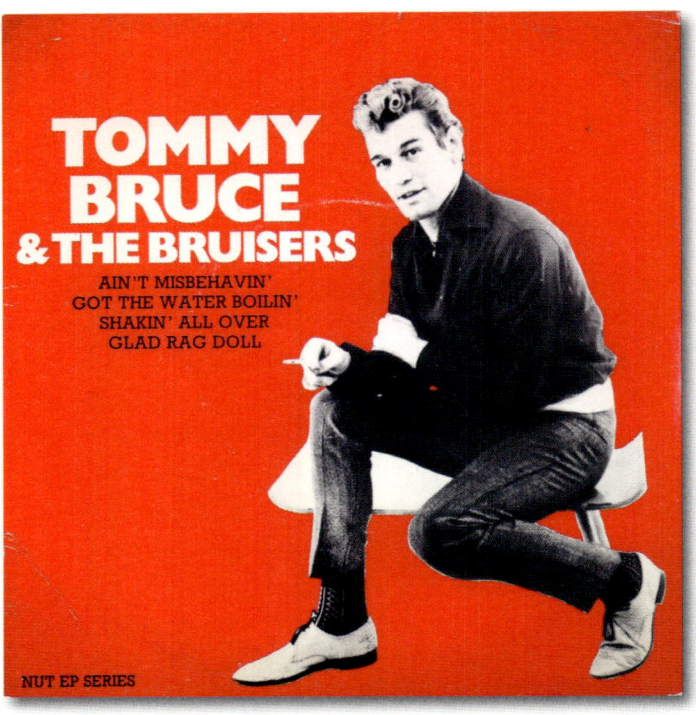

TOMMY BRUCE & THE BRUISERS | 45 tours EP | EMI | 1961 Réédition | GB

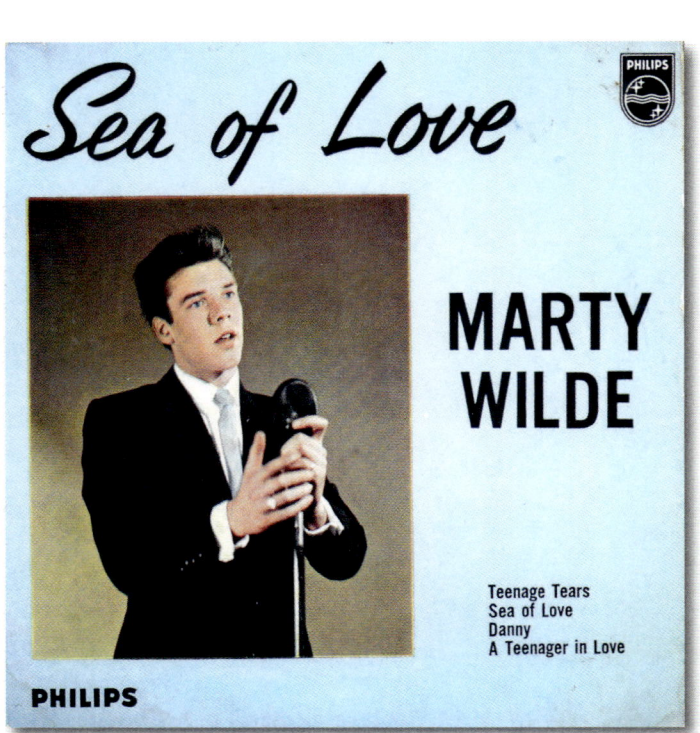

SEA OF LOVE | Marty Wilde | 45 tours EP | Philips | 1959 | GB

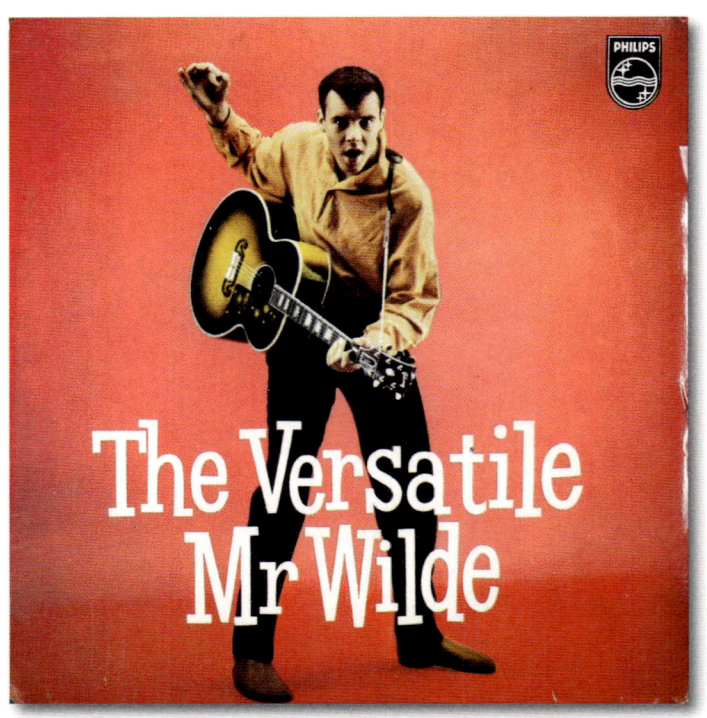

THE VERSATILE MR WILDE | Marty Wilde | 45 tours EP | Philips | 1960 | GB

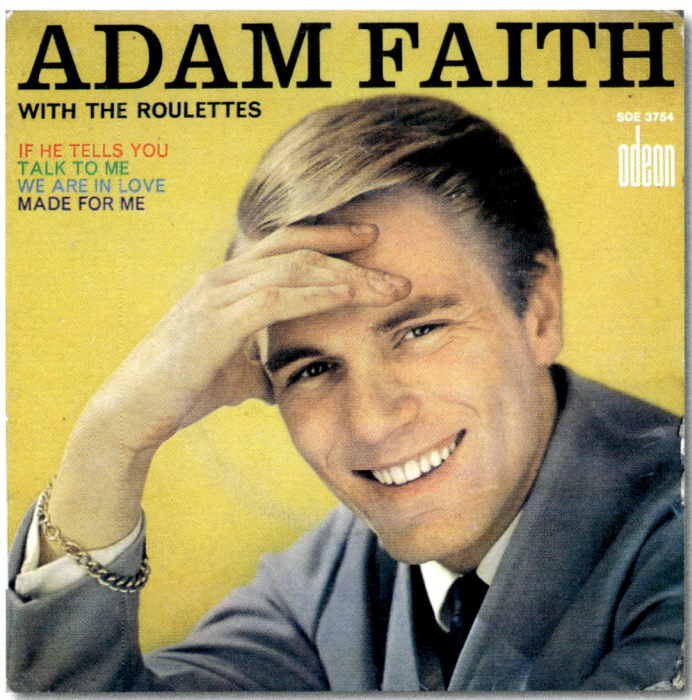

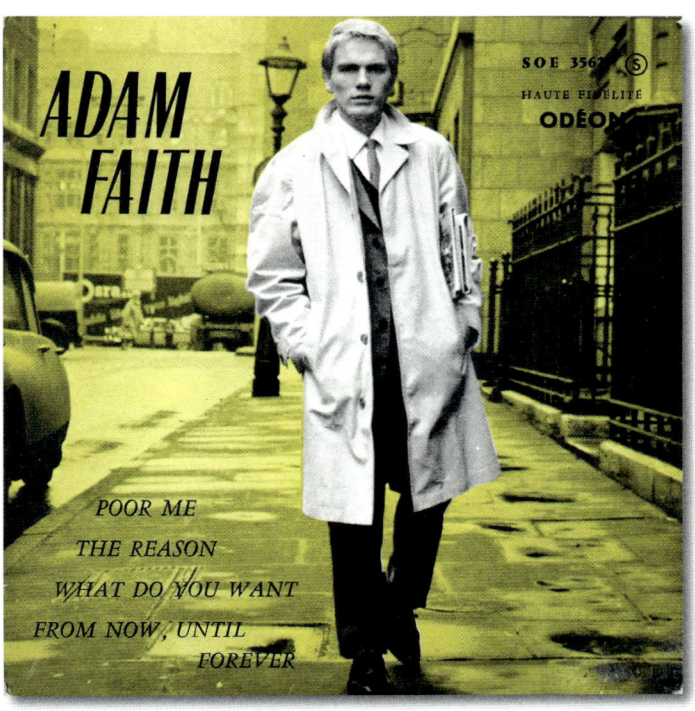

ADAM FAITH WITH THE ROULETTES | Photo Pictorial | 45 tours EP | Odéon | 1964 | France | Entre rock'n'roll et variété, Adam Faith se construisit au début des années cinquante, une solide réputation de séducteur (malgré le handicap de sa petite taille) et d'homme intelligent, susceptible de répondre aux interviews autrement que par des onomatopées !

ADAM FAITH | 45 tours EP | Odéon | 1960 | France

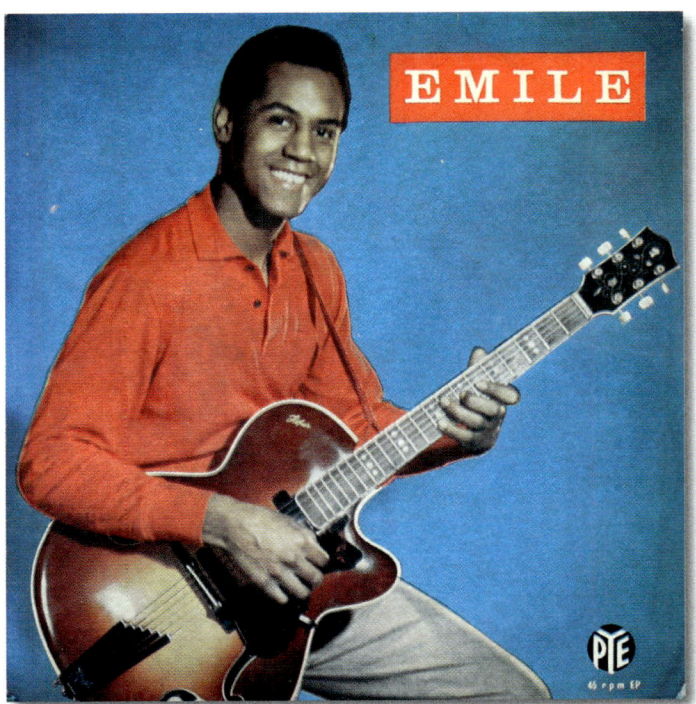

EMILE | Emile Ford and The Checkmates | 45 tours EP | Pye | 1959 | GB

SHANE FENTON & THE FENTONES | 45 tours simple | Parlophone | 1961 | GB Le futur Alvin Stardust !

Le jeune Harry Webb, que l'histoire retiendra sous le nom de Cliff Richard, vit une enfance heureuse en Inde, dans une vaste demeure, richement meublée et servie par une abondante domesticité. Il confiera ultérieurement garder de ces années un souvenir merveilleux et des noëls d'alors l'image d'un paradis perdu. En 1948, l'empire britannique s'effondre, l'Inde gagnant son indépendance, et la famille Webb est alors obligée de regagner précipitamment le Royaume-Uni, abandonnant sur place l'essentiel de ses biens. À 8 ans, le jeune Harry découvre l'Angleterre. Pas dans des conditions idéales : leur père tarde à trouver un emploi, et ses parents, ses deux sœurs et lui partagent un tout petit logement, à la sortie de Londres, avec une tante. Pire, son teint mat lui vaut à l'école, d'être traité d'Arabe ou de nègre !

Les choses heureusement s'arrangent : leur père trouve un emploi, ils déménagent pour un logement plus vaste, le passage d'Harry à la grande école le tient quitte de ses surnoms douteux ! Mieux encore : nous sommes en 1956 et les premiers morceaux de Bill Haley ou d'Elvis Presley sont diffusés sur les ondes. Pour le garçon, c'est un choc ! L'année suivante, il assiste à un concert de Haley, lors de sa tournée en Angleterre ! L'apprenant, son proviseur le sanctionne, et Mrs Norris, sa professeur préférée (enseignant la littérature) parie avec lui une boîte de chocolats, que dans dix ans, tout ce rock'n'roll et ces Bill Haley seront oubliés ! La brave dame en sera quitte dix ans plus tard pour sa boîte de chocolats !

À cette époque, Harry joue dans diverses petites formations de skiffle ou de rock'n'roll. Il joue de la guitare, un médiocre instrument d'occasion dont il ne maîtrise que les rudiments, et chante. Avec deux copains, Ian Samwell et Terry Smart, il monte un trio baptisé les Drifters. Ils se produisent dans les bals et fêtes et parfois montent sur la petite scène du 2 I's d'Old Compton Street. C'est là, dans ce vivier de la nouvelle scène anglaise que Harry et ses comparses sont repérés par l'agent George Ganjou. Celui-ci leur fait réaliser des maquettes qu'il présente à diverses compagnies. Columbia les signe le 9 août 1958. Ils gravent aussitôt deux titres, *School Boy Crush* que

leur producteur Norrie Paramor leur impose, et *Move It*, un rock'n'roll écrit par Ian Samwell qu'ils imposent comme contrepartie en face deux de leur premier simple. *School Boy Crush*, ballade un peu mièvre et très "air du temps" n'intéresse personne, mais contre toute attente *Move It* grimpe brusquement dans les charts, atteignant la seconde place ! Il faut dire que le morceau dégage un sacré punch, la voix de Cliff, haute et claire, excellemment soutenue par les riffs métalliques de la guitare de Samwell.

Fait notable, c'est le premier rock'n'roll 100 % britannique ne devant rien à quelque modèle américain, à pénétrer dans les charts ! Pour Harry, entre-temps devenu Cliff Richard, ce succès sera le premier d'une longue, d'une très longue, d'une immense liste de titres qui grimperont haut dans les charts (50 au top ten, 14 numéros 1) !

[*"Cliff et les Drifters attaquèrent leur premier morceau, les fans se mirent à hurler et le battement insistant et primitif du rock'n'roll innonda l'immense salle."* David Winter, *Un Chant Nouveau*]

Au 2 I's, il rencontre quelques semaines plus tard un guitariste virtuose au look de Buddy Holly : Hank Brian Marvin. Subjugué, il l'enrôle dans ses Drifters. Il arrive avec son copain Bruce Welch, guitariste rythmique. Suivront Jet Harris, bassiste, et Tony Meehan, batteur. Entre-temps, les premiers Drifters ont jeté l'éponge. C'est sous cette nouvelle mouture que les Drifters (qui deviendront rapidement les Shadows pour ne pas créer d'équivoque avec le groupe de rhythm'n'blues noir américain) affrontent le public déchaîné des années 1958, 59 et 60, venu ovationner Cliff. Celui-ci enregistre également en leur compagnie des titres qui deviendront autant de succès mémorables : *High Class Baby*, *Living Doll*, *Please Don't Tease* et les géniaux *Dynamite* et *Apron Strings*. Sur scène, ils alternent leurs morceaux propres avec des classiques du rock comme *My Baby*, *Ready Teddy* ou *Whole Lotta Shakin' Goin On*.

MADE IN ENGLAND

CLIFF RICHARD and the Shadows

Columbia

Me and my Shadows

Photo : Angus McBean.

ME AND MY SHADOWS | Cliff Richard And The Shadows | 33 tours 30 cm | Columbia | France

LISTEN TO CLIFF | Cliff Richard | 33 tours 30 cm |
Columbia | 1961 | GB

CLIFF (N° 1) | Cliff Richard And The Drifters |
45 tours EP | Columbia | 1959 | GB

CLIFF (N° 2) | Cliff Richard And The Drifters |
45 tours EP | Columbia | 1959 | GB

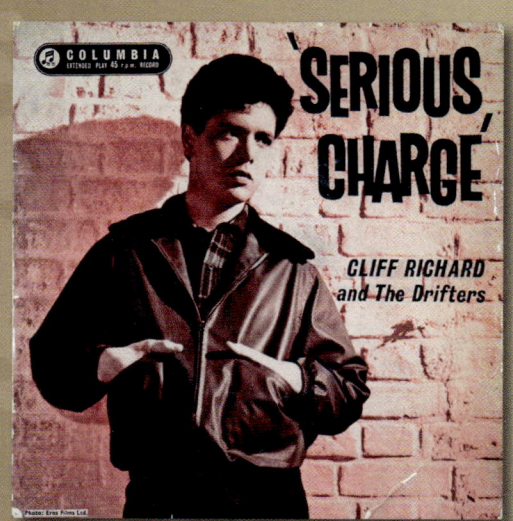

SERIOUS CHARGE | Cliff Richard And The Drifters |
45 tours EP | Columbia | 1959 | GB

PLEASE DON'T TEASE | Cliff Richard And The Shadows |
45 tours EP | Columbia | 1960 | France

EXPRESSO BONGO | Cliff Richard And The Shadows |
45 tours EP | Columbia | 1960 | GB

Trois 30 cm sont publiés, *Cliff*, *Cliff Sings* et *Me and My Shadows*, ce dernier contenant un florilège d'excellents rock'n'roll créés exprès pour la circonstance et signés de Samwell ou de ses nouveaux musiciens Hank Marvin et Bruce Welch : *I'm Gonna Get You*, *Lamp of Love*, *Choppin'n'Changing*, *Gee Whiz it's You*.

Ils tournent à travers toute l'Europe et deviennent pour les teenagers français, comme allemands ou scandinaves, le modèle absolu de la formation rock que tous vont alors chercher à imiter (mais bien sûr sans réussir à égaler !) : un batteur, un bassiste, deux guitaristes, et un chanteur tenant le devant de la scène.
Le "son Shadows" est bien particulier : batterie et basse très en avant (en regard des enregistrements d'époque) et omniprésence de la Fender Stratocaster de Hank Marvin jouée avec de la réverbération et des effets de vibrato.

Parallèlement à leur travail d'accompagnateurs de Cliff, les Shadows enregistrent et se produisent indépendamment. Leurs morceaux sont pour la plupart des instrumentaux qui brodent des mélodies hors du temps, ciselées par la guitare de Marvin et portées par des tempos rock. *Apache*, *FBI*, *Man of Mystery*, *Kon Tiki*, *Frightened City*, *The Savage*, *Nivram* (Marvin écrit à l'envers), *Dance On*, *Shadoogie* (clin d'œil au *Guitare Boogie* d'Arthur Smith), sans oublier le fameux *Little B* et son solo de batterie de plus de trois minutes, sont autant de triomphes internationaux qui ponctuent plusieurs décennies de succès. On les retrouve même au concours de l'Eurovision en 1975, avec *Let Me Be the One* qui termine N° 2 ! Entre-temps, ils ont provisoirement mis les Shadows en sommeil pour créer avec l'Australien John Farrar un trio vocal de qualité et qui rencontre outre-Manche un gros succès : *Marvin & Welch & Farrar*. Puis les Shadows se reforment. Parfois même on les retrouve derrière Cliff Richard comme à leurs débuts. Régulièrement encore, Hank Marvin réalise des albums solo, parfois en compagnie d'émules ou de disciples comme Brian May, Paul McCartney ou Mark Knopfer. Car il n'est pas un guitariste, au pays de sa gracieuse majesté, qui de Beck à Clapton, de Harrison à Page ne reconnaisse une jolie dette au soliste des Shadows !

Parallèlement à ses vieux compagnons, Cliff Richard poursuit sa trajectoire. Un demi-siècle plus tard, il est encore là. Certes, il n'a pas enregistré que du rock, loin s'en faut ! Mais il a néanmoins continué à en enregistrer, et si parfois son étoile a un peu pâli (face à la concurrence des nouvelles modes, des nouveaux styles, des nouveaux et jeunes visages), elle ne s'est toutefois jamais éteinte. Il a tourné dans des films généralement sans intérêt – parfois en compagnie des Shadows – et s'est lui aussi commis à l'Eurovision. Par trois fois, mais sans jamais rafler la mise ! Signalons toutefois qu'en 1968, *Congratulations* avait été N° 2 et que la rumeur avait couru que le général Franco, alors maître absolu de l'Espagne, aurait déboursé de fortes sommes pour que ce soit sa candidate, l'Espagnole Massiel, qui obtienne le trophée !

Nommé officier de l'Ordre de l'empire britannique en 1980 et anobli en 1995 par la reine, Sir Cliff reste à ce jour l'une des personnalités les plus populaires outre-Manche. Ses tournées font salles combles, ses disques et ses DVD se vendent très bien.

Pourtant, lorsque des journalistes lui demandent quels regrets il peut avoir en regard d'une telle carrière, Cliff répond humblement, comme avec une pointe de tristesse "qu'il ne lui soit jamais rien arrivé de remarquable dans la vie..."

[*"Il émanait de Cliff une sorte d'enchantement dont lui-même ne se rendait pas compte."* **Hank Marvin**]

F.B.I | THE SHADOWS | 45 tours EP | Columbia | 1961 | France

WE WANT BILLY ! | Billy Fury & The Tornados | 33 tours 30 cm | Decca | 1963 | GB

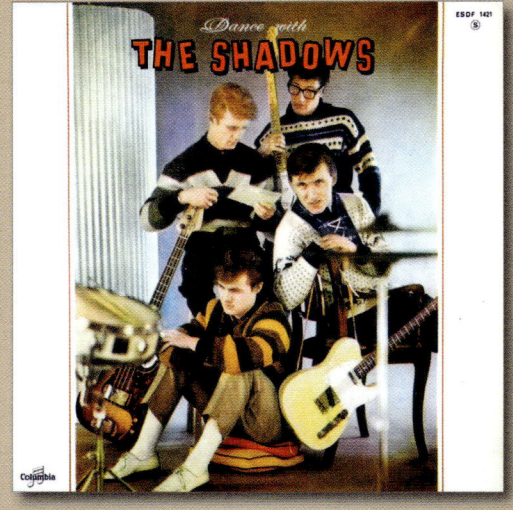

DANCE WITH THE SHADOWS | 45 tours EP | Columbia | 1962 | France

HOT POT | The Tornados | Pochette J. C. Trambouze | 45 tours EP | Decca | 1964 | France

SHADES OF ROCK | The Shadows | Photo Alan Wilmoth | 33 tours 30 cm | Pathé Marconi | 1970 | France | Pour cet album proposant un ensemble de reprises de "classiques" du rock'n'roll, le photographe Alan Wilmoth fixe pour l'éternité l'image du rocker anglais de l'époque : grosse cylindrée, blouson de cuir, bottes, chaînes, ceinturon, banane et rouflaquettes...

THE SOUNDS OF THE TORNADOS | 45 tours EP | Decca | 1963 | France Produit par Joe Meek, le morceau instrumental des Tornados, Telstar (clin d'œil au premier satellite de télécommunication envoyé dans l'espace en juillet 1962), devient rapidement un tube planétaire. Ce qui n'empêche pas Heinz, le bassiste du groupe, de les quitter un an plus tard pour voler de ses propres ailes. Il enregistrera *Just like Eddie*, un hommage à son maître Eddie Cochran.

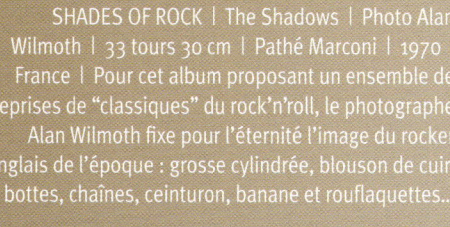

Dans son livre *A Wop Bop A Loo Bop A Lop Bam Boom*, le journaliste anglais Nik Cohn livre une anecdote sur un certain Ronald Wycherley, fan de rock, en 1955, rêvait de porter des pantalons serrés, ce que ses parents lui refusaient.

"*Alors*, raconte Cohn, *il se glissait hors de la maison et cachait son pantalon moulant dans les toilettes au fond de la cour. Ensuite, au moment de sortir, il partait d'un pas nonchalant, vêtu de son large pantalon en flanelle, pivotait brusquement à l'angle, escaladait le mur du fond de la ruelle, récupérait son jean tuyau de poêle dans les chiottes et descendait en ville, beau comme un dieu.*"

Et de conclure : "*Peut-on imaginer Tommy Steele ou Terry Dene prendre tous ces risques simplement pour avoir un look de rocker ?*"

L'homme aux pantalons serrés va bientôt s'appeler Billy Fury. C'est Larry Parnes, l'imprésario du "tout rock'n'roll britannique" (lui-même surnommé "Mr Parnes, Shillings and Pences") qui lui offre ce nom de scène. Il faut dire qu'il a déjà dans son écurie un Wilde (Marty), un Gentle (Johnny), un Power (Duffy), un Pride (Dickie) et un Fame (Georgie) !

Pour l'immédiat, notre héros s'appelle encore Ronald et c'est un gamin plutôt timide et introverti. Mais il sait ce qu'il veut. Et ce qu'il veut c'est composer, jouer de la guitare et chanter. Ses copains lui disent qu'il ressemble à James Dean, Presley ou Eddie Cochran et ils n'ont pas tort. Alors un soir, il saute le pas. Marty Wilde, une de ses idoles, se produit pas loin, sur la rive du Mersey. C'est là qu'il habite, dans un faubourg pauvre de Liverpool. Il réussit à s'introduire backstage et joue devant Marty, surpris de son culot et amusé, deux de ses compositions. Pendant l'audition, un troisième homme entre discrètement dans la loge. Pas l'allure rock'n'roll, plutôt homme d'affaires. C'est Parnes, "Mister Shilling and Pences".

"*Qu'en dis-tu ?* dit-il à Marty.

- *Pas mal, non ?*

- *Ouais, pas mal du tout !*"

Larry, cigare au bec, ausculte le gamin du regard :

"*Tu t'appelles comment ?*

- Wycherley.

- *Personne n'est parfait. On va revoir ça... Au fait, tu veux commencer quand ?*"

Et au gamin éberlué, il tend un papelard :

"*Tiens, tu vas d'abord me signer ça. C'est une décharge au cas où... Tu sais, les assurances et tout le bla-bla...*"

Quelques minutes plus tard, Parnes entraîne Ronald sur scène : "*Les amis, en attendant Marty qui termine de se préparer, je vous présente un petit gars dont je crois bien qu'on n'a pas fini d'entendre parler. Son nom ?... Eh bien, je propose Billy Fury.*"

Sur ce, Parnes plante là son Billy et disparaît derrière le rideau. Bouffé de trac, le gamin dresse pourtant sa guitare et attaque...

Au terme de ses deux chansons, la salle au départ ricanante, l'ovationne. Comme on dit au pays du rock (et ailleurs) "A star is born" !

Le conte de fée continue. Parnes décroche à son poulain un contrat chez Decca. La première séance d'enregistrement a lieu le 26 novembre 1958. Billy grave *Maybe Tomorrow* qui montera à la 18e place. Suivront *Margo*, *Angel Face* et *Colette*.

Billy enchaîne émissions et tournées. Mais il a vite des problèmes analogues à ceux d'Elvis à ses débuts. Son jeu de scène est jugé lascif et provocant, obscène et portant atteinte aux bonnes mœurs ! Plusieurs prestations sont interrompues par les forces de l'ordre, et plusieurs concerts annulés. Chapitré par Parnes, Billy s'assagit... très temporairement !

[
*"Billy est tout simplement grand.
Je suis sûr qu'on va se revoir..."* Elvis Presley
]

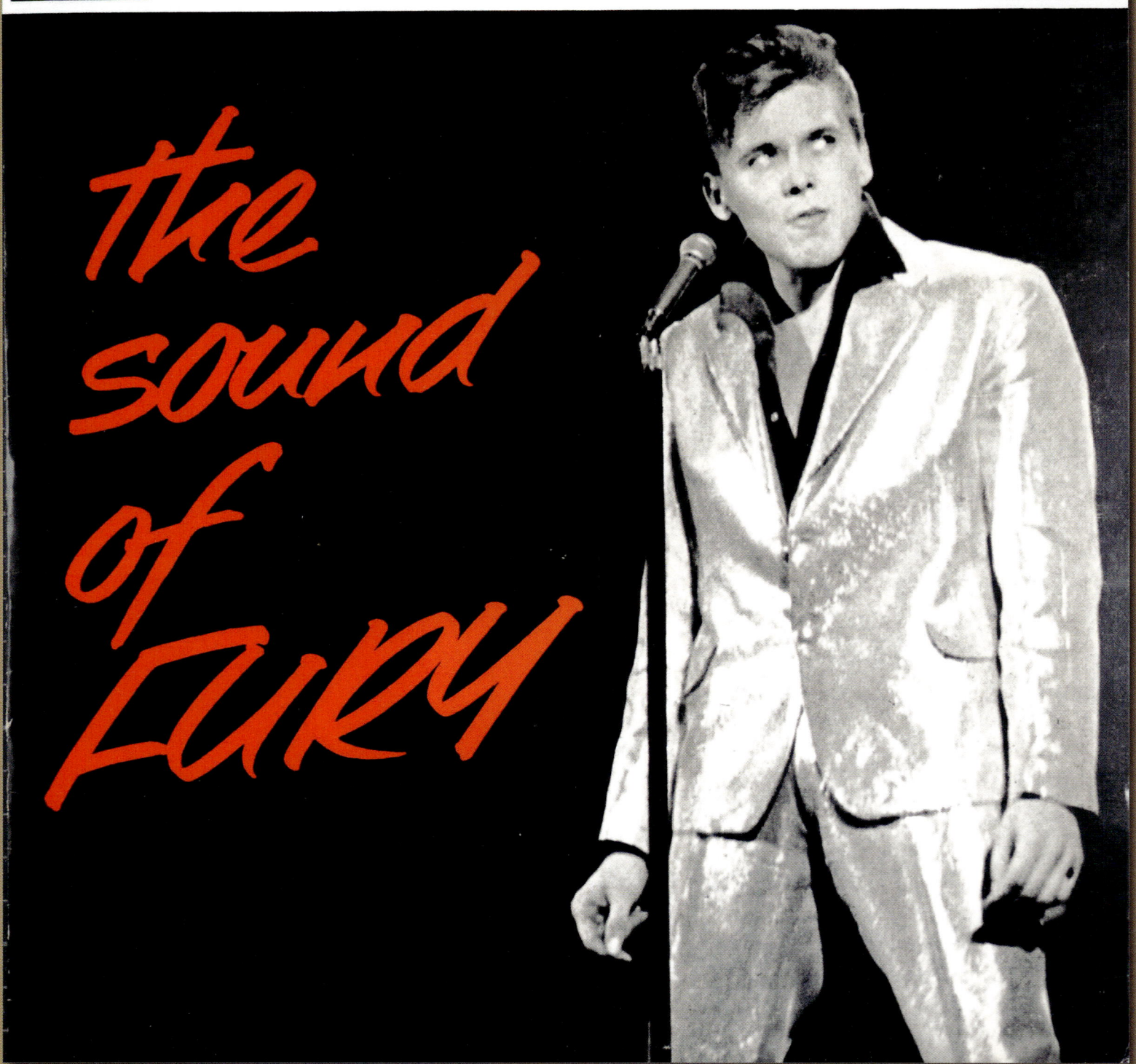

DECCA THE SOUND OF FURY · BILLY FURY MONO ffrr LFT 1329 DECCA

the sound of FURY

THE SOUND OF FURY | Billy Fury | 33 tours 25 cm | Decca | 1960 | GB

En avril 1960 il réunit dans les studios de Decca une bande de copains musiciens, dont les Four Jays (futurs Fourmost) et le guitariste Joe Brown. Ensemble ils gravent dix titres, tous signés par Billy (certains sous le pseudonyme de Wilbur Wilberforce) : de purs rockabilly qui feront l'effet d'une bombe dans l'Angleterre de l'époque. L'album (25 centimètres) a pour titre *The Sound of Fury* et campe, en couverture, un Billy mi-maussade, mi-agressif, face au micro, miroitant dans un costume en lamé or.

Mais la fureur qu'incarne le garçon – en cela parfaitement conforme à son nom – inquiète les gens de chez Decca. Les titres contenus sur l'album ne font aucune concession au grand public, pas plus que ses prestations scéniques. Billy ne risque-t-il pas de se marginaliser ?
Dès lors, ses producteurs le poussent à espacer les rock'n'roll au profit de ballades susceptibles de toucher un public plus large. Ce qui sera le cas. L'excellent *Wondrous Place* comme le calamiteux *Jealousy* (un tango !) mais encore *Halfway To Paradise, Once Upon a Dream* ou *I'd Never Find Another You* grimpent haut dans les charts et font de Billy un des chanteurs les plus populaires des années 1961 à 1963. Il enregistre avec d'excellents groupes comme les Tornados (Telstar) ou les Gamblers, tourne dans le film *Play it Cool*. Signe du temps, un mensuel lui est consacré, *Billy Fury Monthly,* comme il en sera quelques années plus tard des Beatles ou des Rolling Stones.

BILLY FURY & THE GAMBLERS | 45 tours EP | Decca | GB

"C'est avec Billy Fury que l'Angleterre a trouvé un rocker de la classe d'un Eddie Cochran. D'abord il avait une gueule, et puis il savait remuer les hanches..." Nik Cohn

"Billy, c'est le meilleur de nous tous !" **Marty Wilde**

Pourtant entre 1964 et 1966, Billy s'essouffle. En regard précisément des jeunes groupes qui surgissent –Animals, Who, Kinks, Yardbirds etc. – son répertoire comme son image vieillissent.

Mal conseillé, il propose des versions sans âme et sans grand intérêt des succès du temps, *Glad All Over* du Dave Clark Five ou *Hippy Hippy Shake* des Swingin' Blue Jeans. Fatigué de la scène et des aléas du métier, et souffrant de faiblesses cardiaques et respiratoires, il prend alors plus de recul par rapport à sa carrière, s'installe à la campagne, s'occupe de chevaux et d'oiseaux. Il continue toutefois à enregistrer et reçoit un accueil enthousiaste au *Rock'n'Roll Show* de Wembley, en 1972, regroupant la crème du rock'n'roll : Chuck Berry, Bo Diddley, Bill Haley, Little Richard et Jerry Lee Lewis.

Il tient encore l'un des rôles principaux dans *That'll Be The Day*, le film de Claude Whatham, y incarnant le personnage de Stormy Tempest, vieux rock'n'roller sur le déclin.

Il meurt d'une crise cardiaque le 27 janvier 1983, alors qu'il mettait la dernière main à un nouvel album. Ironie du sort, sa dernière chanson classée dans les charts (à titre posthume) s'appelait *Forget Him*...

BILLY FURY | 33 tours 30 cm | See For Miles | 1984 | GB

40 SMASH HITS BASED ON THE FILM *THAT'LL BE THE DAY* | Artistes divers | Couverture John Crowder | Double 33 tours 30 cm | Ronco | GB
La bande-son du film revival de Ray Connolly dans lequel se retrouvaient David Essex, Ringo Starr, Keith Moon et Billy Fury qui incarnait le rôle d'un rock'n'roller de la première génération tentant un come-back, un certain Stormy Tempest !

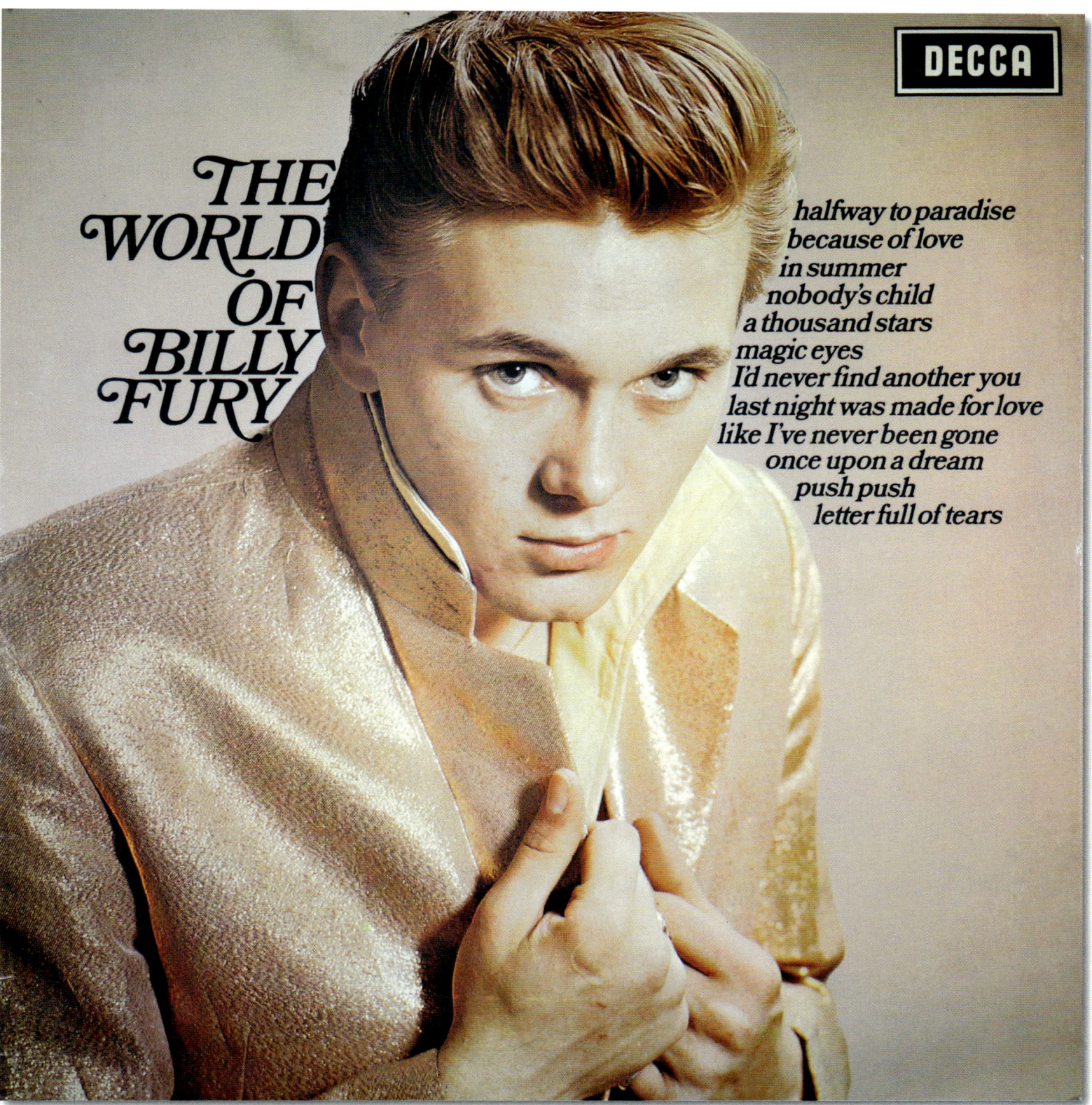

THE WORLD OF BILLY FURY Vol. 1 | 33 tours 30 cm | Decca | 1971 | GB

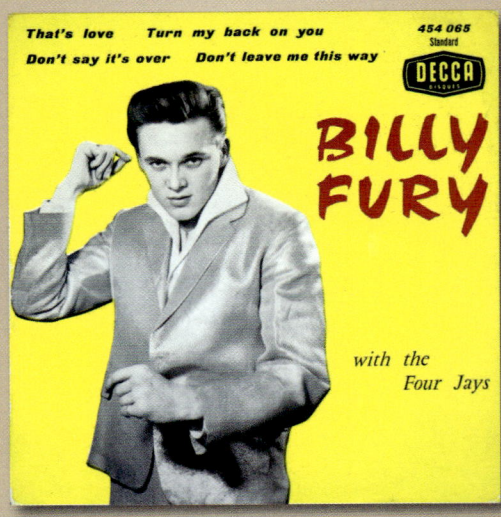

That's love Turn my back on you
Don't say it's over Don't leave me this way
454 065 Standard
DECCA disques
BILLY FURY
with the Four Jays

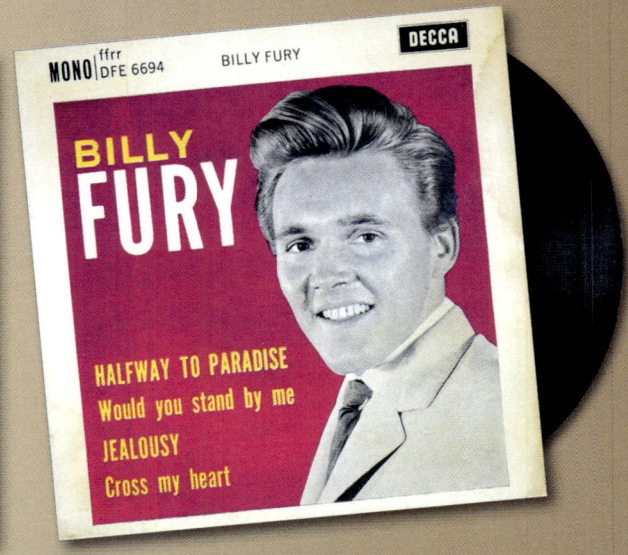

MONO ffrr DFE 6694 BILLY FURY DECCA
BILLY FURY
HALFWAY TO PARADISE
Would you stand by me
JEALOUSY
Cross my heart

BILLY FURY with THE FOUR JAYS |
45 tours EP | Decca | 1960 | France

HALWAY TO PARADISE | Billy Fury |
45 tours EP | Decca | 1961 | GB

MONO ffrr DFE 6699 BILLY FURY No.2 DECCA
BILLY FURY No.2

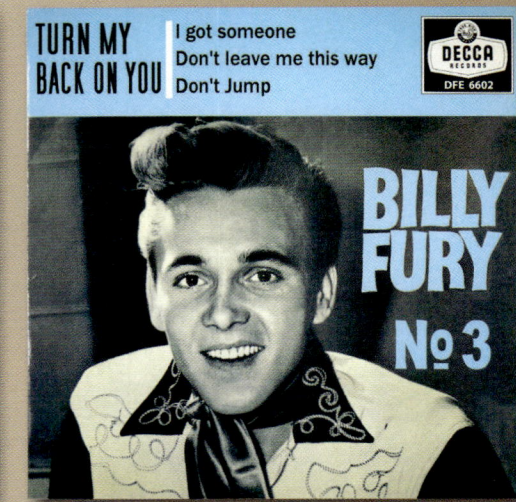

TURN MY BACK ON YOU I got someone DECCA Records
Don't leave me this way DFE 6602
Don't Jump
BILLY FURY No 3

BILLY FURY N° 2 |
45 tours EP | Decca | 1962 | GB

TURN MY BACK ON YOU | Billy Fury N° 3 |
45 tours EP | Decca | GB
Quoique signalé comme ayant eu un premier tirage en
1960, ce Billy Fury N° 3 n'a jamais existé avant cette
édition récente, réalisée en copie conforme des disques
d'alors, et tirée à 500 exemplaires.

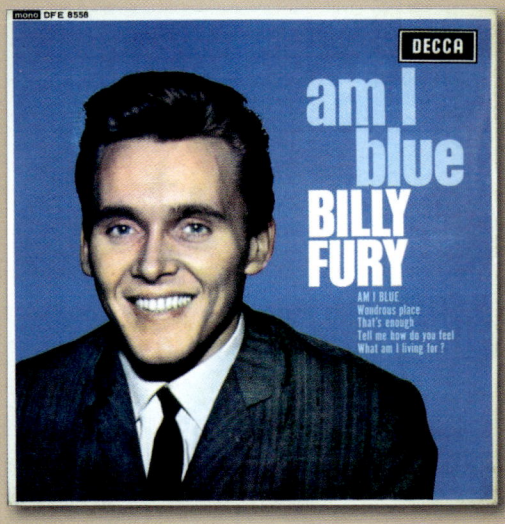

mono DFE 8558 DECCA
am I blue
BILLY FURY
AM I BLUE:
Wondrous place
That's enough
Tell me how do you feel
What am I living for?

mono DFE 8686
My Christmas Prayer
I'll Never Quite Get Over You
BILLY FURY
You're Having The Last Dance With Me
Nobody's Child
DECCA

AM I BLUE | Billy Fury |
45 tours EP | Decca | 1963 GB

BILLY FURY |
45 tours EP | Decca | GB

BILLY FURY : "FORGET HIM" | 45 Tour simple | Polydor | 1983 | GB
Pour Billy Fury, fan de moto et d'oiseaux, c'est le dernier voyage et
"Forget Him" le dernier disque. L'oublier ?

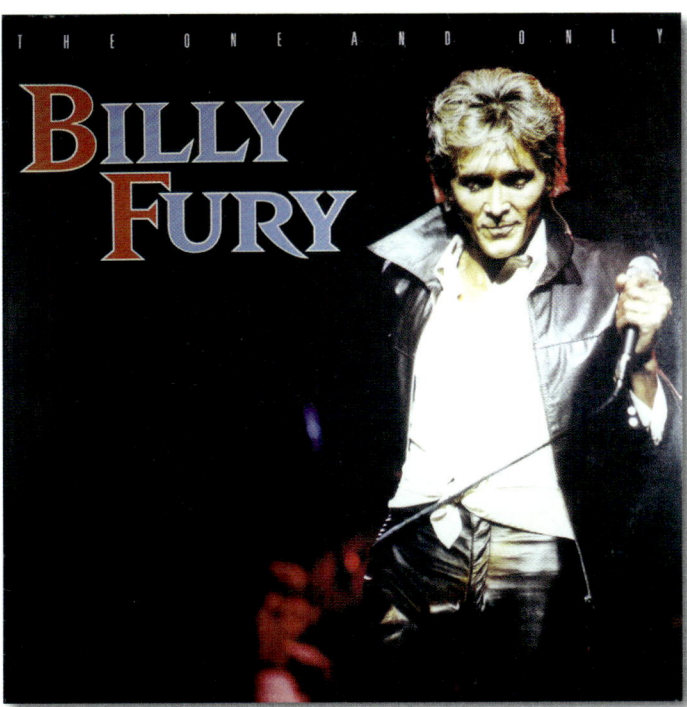

THE ONE AND ONLY BILLY FURY | Photo Michael Putland | 33 tours 30 cm |
Polydor | 1983 | GB

Bien sûr, Tommy Steele, Terry Dene, Marty Wilde, Cliff Richard et Billy Fury ne furent pas les seuls Britanniques à être touchés par la baguette de la fée rock'n'roll ! Mais ils furent les seuls dont l'enchantement dura !
Pour nombre d'entre eux, la magie fut fugace. Citons le pétulant Terry Wayne, Tony Sheridan qui eut le privilège extravagant d'avoir derrière lui, un "backing group" nommé Les Beatles, l'élégant Dickie Pride, Duffy Power (qui ultérieurement se tourna vers le blues), John Leyton, Colin Hicks (le frère de Tommy Steele), Shane Fenton (futur Alvin Stardust), le Noir Emile Ford, Vince Eager, le minuscule Adam Faith, chouchou de ces demoiselles, Georgie Fame (futur Mister Yeah Yeah), Jim Dale, Buddy Britten (clone de Buddy Holly) ou Eden Kane.

Quelques "grands anciens" encore comme les orchestres de Ray Ellington ou Tony Crombie. Quelques groupes instrumentaux : les Tornados, les Cougars, les Sounds Incorporated (qui accompagneront Gene Vincent), les Wildcats de Marty Wilde ou les Gamblers. Quelques acteurs tentant de passer derrière le micro comme le jeune Jesse Conrad ou le parodique Anthony Newley. Quelques enfants prodiges également : Laurie London (13 ans), Jackie Dennis devenant une brusque et éphémère attraction, chantant le rock'n'roll en kilt. Certains se firent connaître par des hommages à leurs maîtres : tels Heinz, le blond bassiste des Tornados qui initia une carrière solo par un *Just Like Eddie* en souvenir d'Eddie Cochran, ou Mike Berry (aucun lien de parenté avec Chuck) qui grava un explicite *Tribute to Buddy Holly*. À noter que Geoff Goddard, le compositeur du morceau créa un mini scandale, affirmant aux journalistes que le titre avait reçu l'approbation de Holly lui-même lors d'une séance de spiritisme !

Plus sérieux, des musiciens professionnels comme l'excellent Joe Brown, guitariste de haut vol, jammant avec Cochran lors de sa tournée anglaise et soutenant Gene Vincent lors de ses passages à la BBC, ou Billy Fury sur le mythique album *Sound of Fury*. Doté d'une voix plaisante et d'un humour à toute épreuve, Brown émailla son parcours d'un certain nombre d'enregistrements de qualité – en tant que guitariste comme en tant que chanteur –, dont *A Picture of You*, qui culmina dans les charts !

Autres personnages remarquables, mais catégorie délirants : Wee Willie Harris, qui apparaît au milieu des années cinquante, vêtu parfois d'un smoking, parfois d'une simple peau de bête et qui fait les beaux jours de la scène anglaise, via des shows énergiques et loufoques, placés certes sous le signe de l'humour et de la joyeuse déconnade, mais encore du vrai rock'n'roll, en témoignent ses versions torrides de *Riot in Celt Block N° 9, I got Ape ou Rockin'at the 2 I's,* hommage au lieu où toute l'aventure commença !

Il y a encore Screaming Lord Sutch, très inspiré par l'Américain Screamin' Jay Hawkins, arrivant sur scène lui aussi dans un cercueil, et campant un personnage gothique voire carrément gore (nonosses, cryptes, cimetières, etc.). Sur scène il hurle, il éructe, il glousse. Lui-même le dit : *"Je ne sais pas chanter, je gueule. Mais c'est ça le rock'n'roll. Savoir gueuler. Il n'est pas nécessaire d'avoir une bonne voix pour un hurleur de rock, mais ce qui par contre est nécessaire, c'est le visuel. C'est pour ça qu'on chiade l'aspect visuel de mes shows..."*

Sutch, dont la carrière se poursuivra de façon chaotique, à la manière d'une attraction plus spectaculaire que sérieuse (il se présentera même comme député !), omet de préciser un détail : il possède un réseau de relations et de copains prestigieux et pour lui ce n'est pas un problème que de faire participer à ses enregistrements la fine fleur des musiciens britanniques : Keith Moon (Who), Ritchie Blackmore (Deep Purple), Matthew Fisher (Procol Harum), Noel Redding (Jimi Hendrix Experience), ou Jimmy Page (Led Zeppelin). *With Heavy Friends,* comme il a intitulé lui-même un de ses albums...

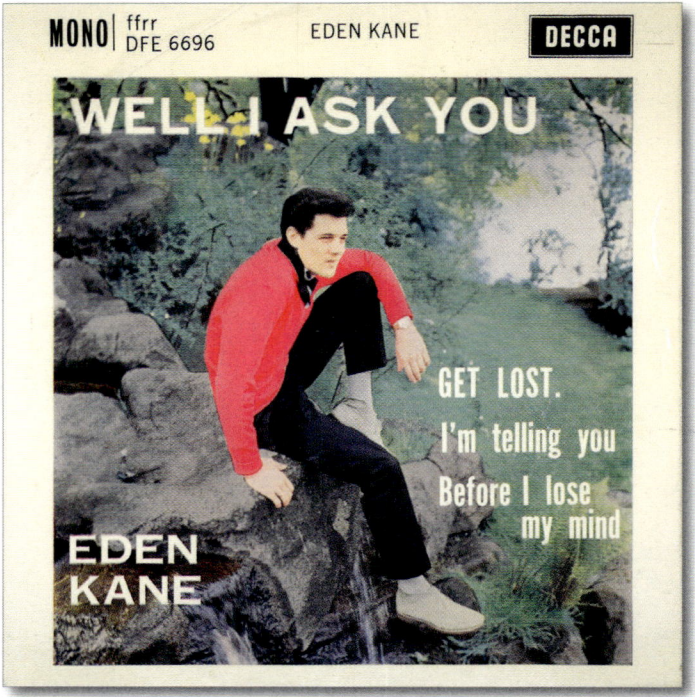

WELL I ASK YOU | Eden Kane | Photo George Walker | 45 tours EP | Decca | 1962 | GB | Un admirateur de Billy Fury...

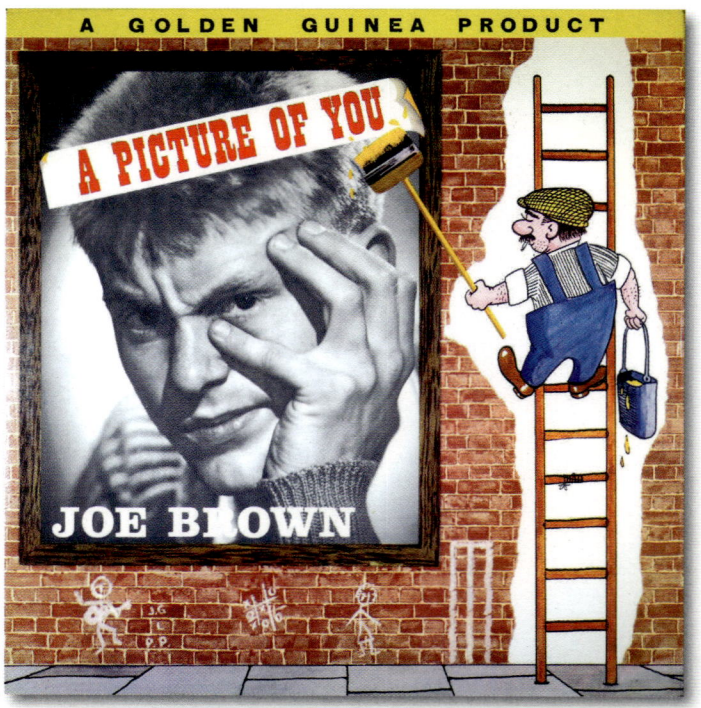

A PICTURE OF YOU | JOE BROWN AND THE BRUVVERS | 33 tours 30 cm | Pye | 1962 | GB

A PICTURE OF JOE BROWN | 45 tours EP | Decca | 1962 | GB

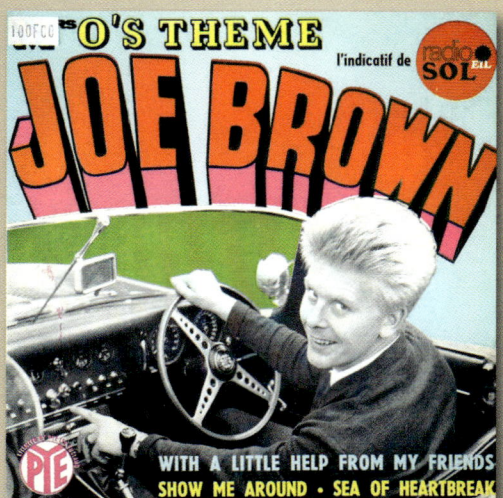

MR O'S THEME | Joe Brown | Photo Pye | 45 tours EP | Vogue | 1967 | France | Le vieux complice de Billy Fury : le guitariste chanteur Joe Brown, figure très populaire de l'Angleterre des années soixante. On l'entend sur le premier album de Fury *The Sound of Fury*, on l'entend encore derrière Gene Vincent lors des enregistrements réalisés à la BBC. En tant que chanteur, il décroche le jackpot, en 1962 avec le morceau A Picture of You.

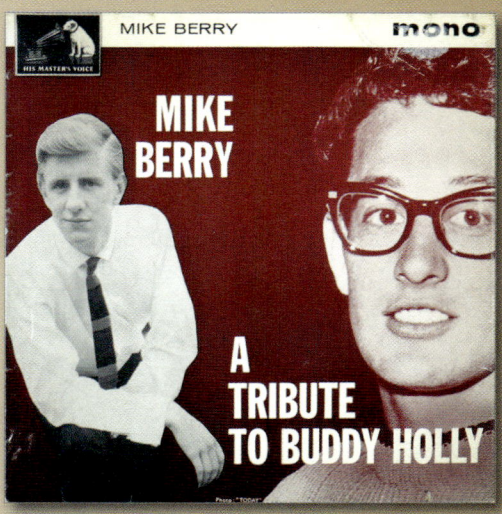

MIKE BERRY : A TRIBUTE TO BUDDY HOLLY | Photo Today | 45 tours EP | His Master Voice | 1963 | GB

JOHN LEYTON | 45 tours EP | Top Rank | 1961 | GB

JESS CONRAD | Photo Decca | 45 tours EP | Decca | 1961 | France
Conrad et Leyton étaient à l'origine tous deux acteurs. Mais Leyton avait comme atout d'être produit par Joe Meek (The Tornados, Heinz, Mike Berry).

LAURIE LONDON | 45 tours EP | Odéon | 1959 | France

CRAIG DOUGLAS SINGS FOR ROXY | 45 tours EP | Top Rank | 1959 | GB | Craig Douglas se fait héros de BD pour œuvrer (via sa voix suave) aux grands rapprochements entre les sexes.

JACKIE DENNIS Nº 1 | 45 tours EP | Decca | 1958 | GB
Les enfants prodiges ont toujours beaucoup enthousiasmé leurs semblables.
Plus encore s'ils bravent le ridicule pour chanter du rock'n'roll en kilt !

THE BIG BEAT | Bob Miller And The Millermen | 45 tours EP | Pop Parade |
1959 | GB | Derrière cette pochette évoquant les futurs affrontements
de mods et de rockers sur les pages d'Hastings et de Brighton (en 1964)
se dissimule une excellente anthologie regroupant six titres de grands
rock'n'rollers du moment comme Al Saxon, Roy Young ou Duffy Power.

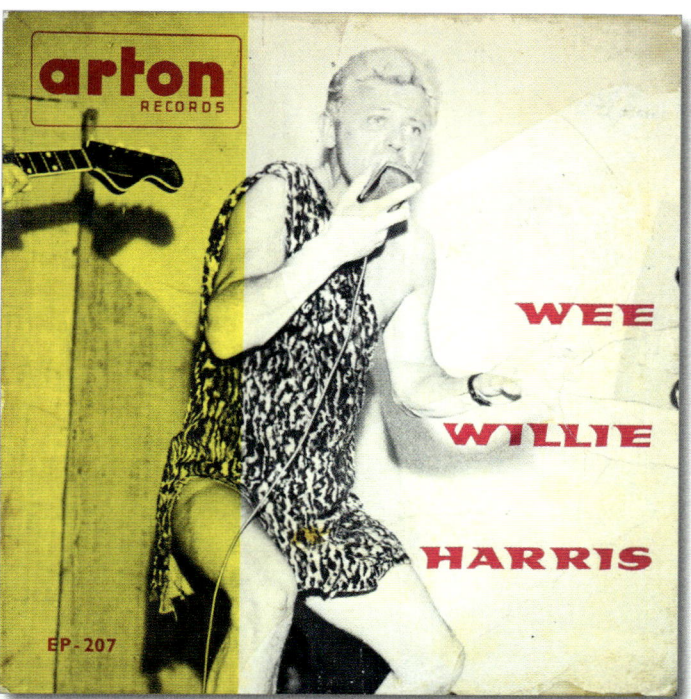

WEE WILLIE HARRIS | Photo United Artists | 45 tours EP | Harton | 1960 | Israël

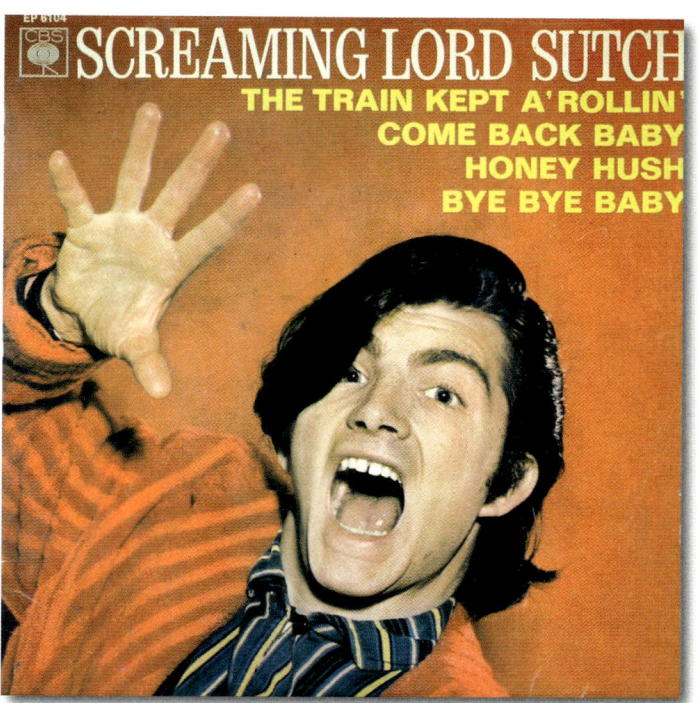

SCREAMING LORD SUTCH | 45 tours EP | CBS | 1965 | France

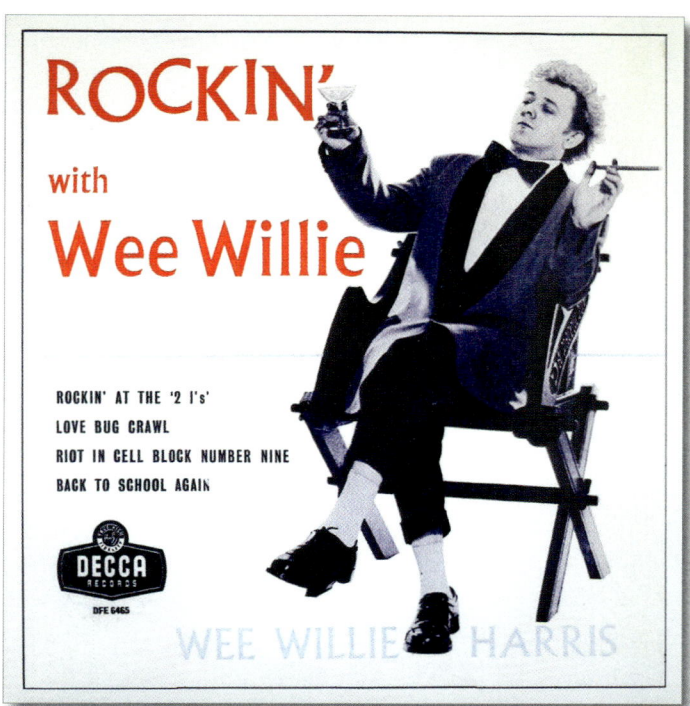

ROCKIN' WITH WEE WILLIE | Wee Willie Harris | 45 tour EP | Decca | 1958 | GB | En lord ou en homme préhistorique, en smoking ou tout nu sous une peau de bête, Wee Willie Harris n'hésitait jamais à grimper sur une scène ! Ses prestations étaient réputées, sans doute pour les qualités vocales du chanteur, mais plus encore pour le spectacle que celui-ci donnait !

HANDS OF JACK THE RIPPER | Lord Sutch And Heavy Friends | Photo Don Reid | 33 tours 30 cm | Cotillion | 1972 | France Cape rouge, haut-de-forme, dentelles, caveau, cercueils : la tenue et l'environnement familier de Lord Sutch...

Heavy Friends ou non, l'histoire se termine mal. Le Lord hurlant met fin à ses jours en juin 1999, se pendant avec une corde à sauter ! Ainsi prend fin le parti qu'il avait fondé, le "Monster Raving Loony". Le porte-parole du Premier ministre de sa majesté déclare alors : *"Depuis des années, l'apport de Sutch à la vie politique britannique était unique. Les élections ne seront plus jamais vraiment pareilles sans lui !"*

Autre show spectaculaire, celui de Johnny Kidd et ses Pirates, placé lui aussi sous le signe de l'étrange, avec des jeux de lumière ultraviolets, des guitares au son fortement réverbéré, et des tenues de scène inusitées : quatre hommes en habits de pirates : hautes bottes de cuir, chemises bouffantes, baudriers et sabres d'abordage et pour le chanteur Johnny Kidd, un bandeau noir sur l'œil droit.
Frederick Heath (au civil) n'est pourtant pas borgne du tout. Mais il endosse son bandeau, simultanément à son costume de scène et le Docteur Jekyll devient d'un coup le Capitaine Kidd. La légende veut qu'il se soit blessé l'œil avant un concert en accordant une guitare et que, celui-ci saignant légèrement, il l'ait dissimulé sous un foulard durant la prestation… Mais lui-même avouait que c'était le producteur Jack Good qui lui avait suggéré la chose avant une de ses émissions.

> *"En 1970, je suis tombé nez à nez avec Jimmy Page dans un club et il m'a proposé de venir jouer sur mon album. Des imprésarios ne réussissaient pas à engager Led Zeppelin pour 10 000 dollars la soirée, et moi j'ai eu Jimmy pour rien."* **Screaming Lord Sutch**

Et il ajoutait que c'était une excellente idée, car, une fois le bandeau retiré, plus personne ne le reconnaissait et il pouvait tranquillement aller faire les courses au Woolworth du coin avec sa femme, sans risquer d'être ennuyé !

Né en décembre 1939 près de Londres, Heath suit de médiocres études dans un collège technique tout en montant des groupes de skiffle, puis de rock'n'roll. En 1958, il crée les Pirates et devient Johnny Kidd. Il compose également et l'un de ses premiers morceaux *Please Don't Touch,* accroche agréablement l'oreille de Peter Sullivan, directeur artistique à La Voix de son Maître. Celui-ci enregistre la bande de flibustiers en avril 1959. Le titre gagne la 18e place au palmarès des meilleures ventes. Suivent d'autres morceaux toujours reconnaissables à leur aspect lancinant et leurs sonorités volontiers lugubres (mélange des tonalités majeures et mineures) : *Restless, Shot of rhythm'n'Blues* et surtout l'extraordinaire *Shakin All Over* à l'évidence l'un des cinq meilleurs rock'n'roll jamais enregistrés !
Ils tournent jusqu'au milieu des années soixante, ne positionnant plus guère de titres dans les charts, mais animant des prestations de qualité et étant régulièrement sollicités à travers le Royaume-Uni et l'ensemble de l'Europe.
…Tout du moins jusqu'à ce funeste 7 octobre 1966, où la voiture du chanteur percute violemment un autre véhicule, près de Radcliffe (dans le Lancashire), mettant tragiquement fin à sa carrière…

Ce qui n'empêcha pas ses vieux compagnons de remonter sur scène, toujours sous la bannière à tête de mort, au Festival de Reading en 1978 et de faire un triomphe. Bien plantés dans leurs cuissardes, les Pirates n'avaient, vingt ans après, rien perdu de leur puissance de feu ! Ils prirent d'abordage le public venu plébisciter The Jam, Spirit ou Foreigner ! En hommage à leur capitaine disparu, le soliste Mick Green fit ovationner *Shakin All Over* et le fantôme de son créateur…

SHAKIN' ALL OVER | JOHNNY KIDD AND THE PIRATES |
45 tours EP | His Master Voice | 1960 | GB

JOHNNY KIDD | 45 tours EP | His Master Voice | 1964 | GB

SHAKIN' ALL OVER | Johnny Kidd And The Pirates |
45 tours EP | EMI | 1965 | France

THE BEST OF JOHNNY KIDD & THE PIRATES | 33 tours 30 cm | EMI | 1977 | GB
Johnny Kidd n'eut jamais droit, de son vivant, aux honneurs du 33 tours.
L'album (compilation des singles) est paru onze ans après sa mort.

SOE 3708 S

VINCE TAYLOR

et ses play-boys

brand new
cadillac
pledging my
love
I like love
right behing
you baby

VINCE TAYLOR ET SES PLAY-BOYS | Photo Serge Jacques | Maquette Arteco | 45 tours EP | Odéon | 1962 | France

Autre personnage de légende : Brian Holden, alias Vince Taylor. Né dans la banlieue de Londres, en 1939, il émigre avec sa famille aux États-Unis à la fin des années quarante, s'installant dans le New Jersey puis en Californie. Arrivé à l'âge où il s'agit de définir son futur, Brian s'interroge. Il aime le sport, alors pourquoi pas maître-nageur ?
Il s'intéresse à l'aviation et envisage de passer son brevet de pilote, alors pourquoi pas une carrière dans l'armée comme son frère John ? Ou bien encore dessinateur de films d'animation dans les studios d'Hollywood ?
La musique bien sûr l'attire tout autant. Et même bientôt plus. Il raffole de Presley dont il connaît tous les titres par cœur et fait la connaissance de P.J. Proby (encore inconnu) qui l'encourage à tenter lui aussi sa chance dans l'univers du rock'n'roll.

En 1957 il regagne Londres et se met à son tour à hanter le fameux 2 I's de Old Compton Road. Il y croise Tommy Steele, Tony Sheridan, des membres des futurs Shadows de Cliff Richard, ou les Wildcats de Marty Wilde. Il forme lui-même son groupe, au début de l'année 1958 : les Play-Boys. Leur répertoire ? Des classiques empruntés aux disques d'Elvis, de Chuck Berry ou Little Richard. Les Play-Boys sont bons, Brian Holden devenu Vince Taylor, a du charisme à revendre et de la gouaille. Sur scène, il fait bouger ses hanches comme le King et flirte avec le micro. Sa voix, aux accents un peu traînants, plaintifs, et aux étranges décrochements, est déjà bien reconnaissable...

Ils participent régulièrement à des émissions et des shows radiophoniques ou télévisés , Oh Boy, Wham, et obtiennent un contrat chez Parlophone. Deux singles sont enregistrés, dont l'un contenant une composition de Vince, le fameux *Brand New Cadillac* (repris ultérieurement par les Shamrocks, les Renegates et les Clash).

C'est à cette époque qu'il opte pour le costume de cuir, le médaillon autour du cou et la chaîne qu'il tord et qu'il brandit. Une polémique l'oppose alors à Gene Vincent –tout au moins à travers la presse spécialisée et les courriers des fans– savoir qui des deux aurait le premier porté l'habit de cuir noir !
Quoi qu'il en soit, son côté mauvais garçon, avec non seulement le blouson, mais les cheveux longs et graissés et les rouflaquettes en pointe, ainsi que le jeu scénique suggestif et violent, l'écarte du devant des caméras et du grand public au fur et à mesure que sa réputation monte auprès des teddy boys et des jeunes rebelles en rupture de ban !

Il obtient un triomphe au printemps 1960, lors du concert *Rock Across the Channel,* à Calais, remplaçant au pied levé un Gene Vincent ayant perdu sa voix, et remet ça l'année suivante, lors du *British Rock Show* à l'Olympia de Paris, où il apparaît tel le dieu du rock'n'roll, ne faisant qu'une bouchée de ses malheureux camarades, Wee Willie Harris, Vince Eager ou Duffy Power.
Eddie Barclay et son directeur artistique Jean Fernandez se précipitent dans sa loge et, selon la légende, le signent la nuit même à 3 heures du matin !

"Mesdames, si vous rencontrez Vince Taylor, vous pouvez lui serrer la main, mais ne vous étonnez pas d'y laisser quelques doigts !"

La Libre Belgique, 28 novembre 1961

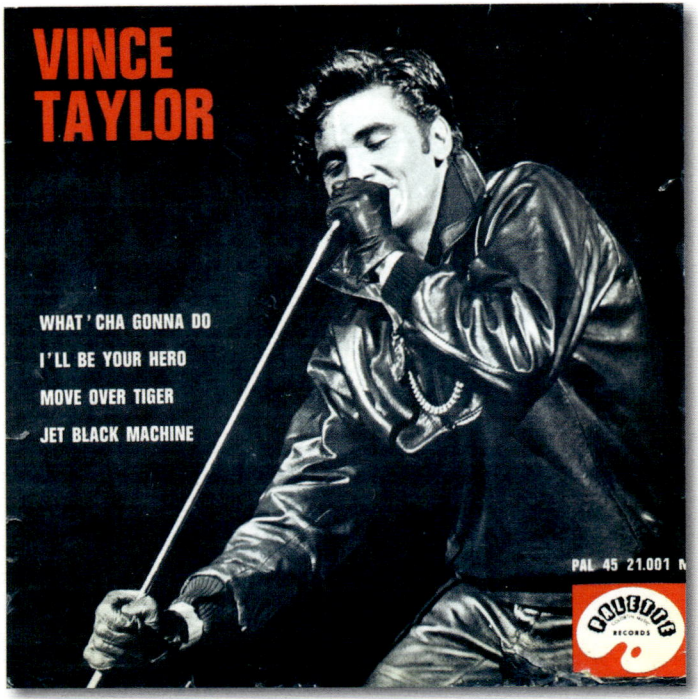

VINCE TAYLOR | 45 tours EP | Palette | 1962 | France

Pendant l'été 1961, Vince et ses Play-Boys enregistrent en quelques prises quantité de titres de rock'n'roll déjà réputés : de *Sweet Little Sixteen* à *C'mon Everybody*, de *Ready Teddy* au *Shakin' All Over* de Johnny Kidd et ses Pirates. Entre septembre 1961 et février 1962, six super 45 tours sont publiés, présentant le groupe ou Vince seul, tout de cuir vêtu et brandissant ses chaînes.
Le choc est voulu et le choc sera là !

De Vince Taylor, toute la presse parle. En bien comme en mal : ange ou démon, prophète ou voyou, il ne laisse personne indifférent. On le photographie aux côtés de Brigitte Bardot, on le fiance à Sophie Daumier ou au mannequin Helen April. Les rock'n'rollers français sont fascinés. Dick Rivers, alors leader du groupe Les Chats Sauvages, confie à un journaliste : *"Lorsque Vince est arrivé en France, ça a été la claque ! Pour beaucoup d'amateurs de rock de l'époque, qui ne connaissaient qu'Hallyday, les Chaussettes Noires et les Chats Sauvages, Vince Taylor est devenu une sorte de demi-dieu !"*

"Tout le monde voulait me voir, m'approcher. J'arrivais en cuir noir, les cheveux soigneusement huilés. Je ne comprenais pas un mot de ce que les gens me disaient, je me contentais de descendre des litres de whisky." **Vince Taylor**

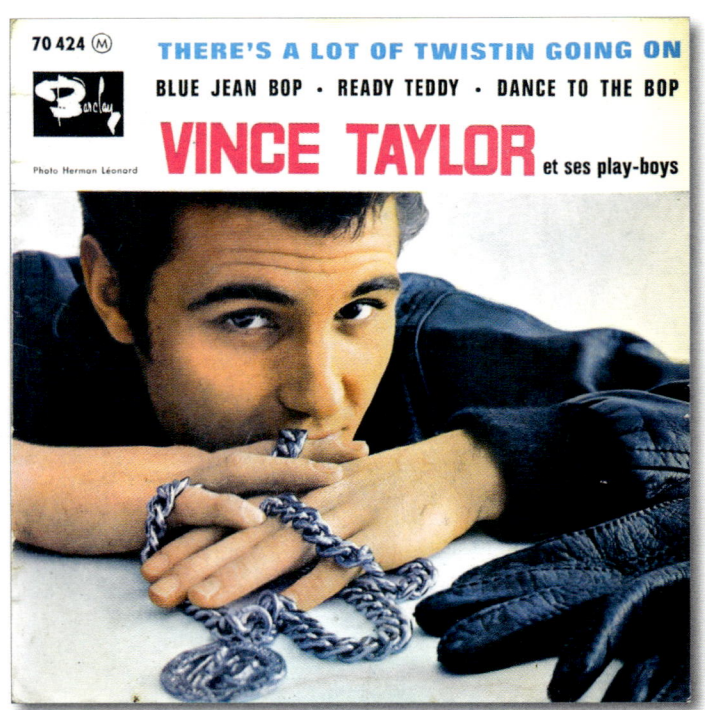

VINCE TAYLOR ET SES PLAY-BOYS | 45 tours EP | Barclay | 1961 | France

PEPPERMINT TWIST | Vince Taylor Et Ses Play-Boys | 45 tours EP | Barclay | 1962 | France

LE ROCK, C'EST CA ! | Vince Taylor Et Ses Play-Boys | Photo Herman Léonard | 33 tours 25 cm | Barclay | 1961 | France

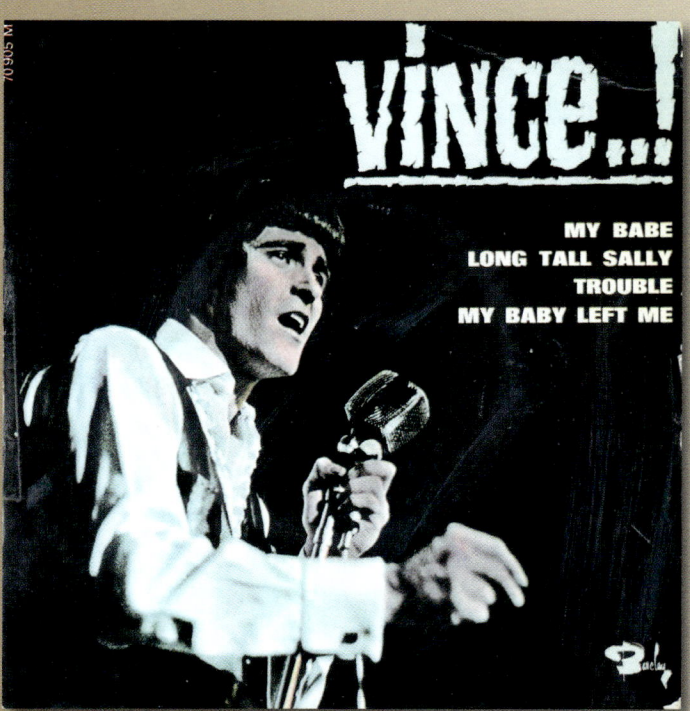

VINCE..! | Vince Taylor Et Ses Play-Boys | Photo Bob Lampard | 45 tours EP | Barclay | 1965 | France

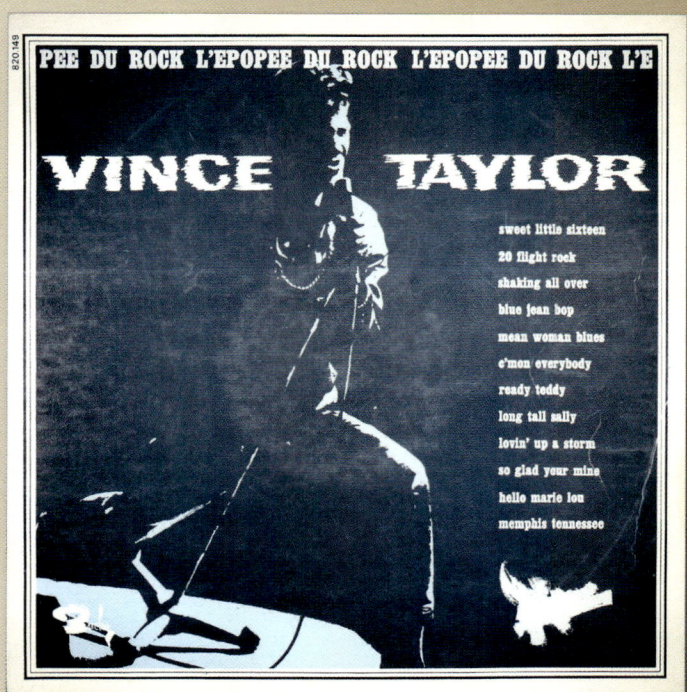

L'ÉPOPÉE DU ROCK | Vince Taylor | Photo Jean-Pierre Leloir | 33 tours 30 cm | Barclay | France

Il remporte la coupe au festival rock'n'roll de Juan-les-Pins, apparaît dans de nombreuses émissions de télévision (*Âge Tendre et Tête de Bois*) comme de radio (*Salut les Copains*). Pourtant, il continue à effrayer. Le 18 novembre, lorsqu'a lieu au Palais des Sports de Paris, la 3e édition du Festival International du Rock'n'Roll, des bandes de voyous, venus des banlieues, s'affrontent, détruisent des rangées de fauteuils, vandalisent les environs et défient les forces de l'ordre.
Une photo fait le tour des médias, représentant Taylor se baissant pour observer les sièges brisés. Mais le malheureux n'y est pour rien. Ces débordements ont eu lieu avant sa prestation, empêchant justement celle-ci !
Néanmoins la presse lui tombe dessus à bras raccourcis, en faisant le chantre des délinquants, le chef absolu de tous les "blousons noirs" de l'Hexagone.
Il ne s'en remettra jamais véritablement...

Pour calmer le jeu et tempérer son image, Barclay lui fait enregistrer des titres comme *Mimi,* ballade un peu mièvre qui ne trouve guère d'écho. En avril 1962, il se fait engager dans un spectacle érotique, produit par un cabaret de Pigalle, sous le titre *Twist Appeal,* singulier mélange de rock'n'roll et de sexe glamour, durant lequel il interprète plusieurs morceaux. Mais son public, par essence populaire, ne fréquente guère ce genre de cabaret huppé. Le nom de Vince Taylor disparaît progressivement et des hit-parades et des sommaires des magazines pour jeunes...

La descente aux enfers va commencer, accompagnée comme il se doit généralement des abus d'alcool et des consommations de stupéfiants. Les come-back succèdent aux come-back. Vince réalise encore pour Barclay quelques enregistrements de qualité, mais il ne lui est bientôt plus possible de les défendre sur scène tant il devient capricieux, lunatique, délirant.

Le critique Jacques Barsamian qui a été son conseiller, manager et ami sur la seconde moitié des années soixante, raconte : *"En 1966, l'année où les Shamrocks font un tabac avec* Brand New Cadillac, *Vince Taylor déambule dans les rues du Quartier Latin, revêtu d'un sac de pommes de terre, une bible et un crucifix dans les mains..."*

[*"Le 15 janvier 1969 au matin, deux gendarmes se sont présentés au petit hôtel où je logeais. Je les ai suivis menottes aux poings. Je suis monté dans leur camionnette bleue et ils m'ont conduit à la prison de Fresnes."* Vince Taylor]

Il raconte lui-même son odyssée (aidé par Jacques Guiod) dans un ouvrage intitulé *Alias Vince Taylor.* L'histoire est pitoyable, car au-delà de la gloire qui s'esquive, c'est son esprit qui chavire, le délire qui le saisit et fait sa loi...

Dans les années quatre-vingt, cependant, il vivra une accalmie. Il rencontre une jeune Suisse, Nathalie, de dix ans sa cadette qu'il épouse et avec laquelle il s'en va vivre, de façon anonyme et discrète, près de Lausanne, sur les rives du Léman. Un cancer des os l'emportera une décennie plus tard, en août 1991.
À un ami, il avait confié quelques semaines plus tôt : *"La seule période de ma vie pendant laquelle j'ai vraiment été heureux, c'est maintenant, ici en Suisse".*
Celui dont David Bowie s'est inspiré pour créer le personnage de Ziggy Stardust, repose aujourd'hui, apaisé (?), au cimetière de Lutry sur les bords du Léman.
Mais son fantôme hantera longtemps encore la légende du rock'n'roll...

MADE IN ENGLAND

70 394 Ⓜ

SWEET LITTLE SIXTEEN

LOVE ME

C'MON EVERYBODY

TWENTY FLIGHT ROCK

VINCE TAYLOR

et ses play-boys

Photo Herman Léonard

VINCE TAYLOR ET SES PLAY-BOYS | 45 tours EP | Barclay | 1961 | France

Version française

En France, le rock'n'roll arrive sur le tard. Quasiment au moment où il disparaît en Amérique. Il faut dire que chez nous, il suscite non seulement l'hostilité des bien-pensants, mais aussi celle de "l'élite" intellectuelle et musicale !

On connaît la phrase de Boris Vian : "*Pour adapter un rock'n'roll d'Elvis Presley, autant ne pas se gêner et confier le boulot à un illettré, ça aura l'avantage de respecter l'esprit du modèle.*" Curieux comme un esprit ouvert, une personnalité brillante, drôle et novatrice comme Vian, ait pu en la matière, être lourd, borné, aveugle (et sourd !). Pourtant, il aime la musique ! Il en joue ! Sur sa fameuse "trompinette" dans les caves enfumées de St-Germain-des-Prés, auprès de Juliette Gréco, Sagan ou Jean-Sol Partre ! Il est également directeur artistique (chez Philips) et compositeur, se trouvant être, ironie du hasard, le premier pourvoyeur de rock'n'roll "fait main", aux artistes de l'Hexagone ! Il réalise avec son ami Henri Salvador, un 45 tours délirant, publié sous le nom de *Henry Cording* et proposant quatre rock'n'roll : *Rock'n'Roll Mops, Dis-moi que tu m'aimes, Rock, Rock Hoquet, Vat'faire cuire un œuf, man*. Tous les textes sont de lui. Il écrit également pour la belle et sulfureuse Magali Noël, *Strip Rock* et *Fais-moi mal Johnny*, qui seront du reste tous les deux interdits d'antenne. Il accompagne encore des artistes comme *Peb Rock et ses Rockin'Boys* ou *Rock Faillair et son Orchestre de P'Tits Milliardaires*, dont il signe textes et présentations.

ROCK AND ROLL | ALIX COMBELLE | Photo Adrion | 45 tours Ep | Philips | 1956 | France

ROCK'N'ROLL | Raymond le Sénéchal et son orchestre de roquets | 45 tours EP | Barclay | 1957 | France

JACQUES HÉLIAN | Photo Marcel Combes |
45 tours EP | Pathé | 1956 | France
Les grands orchestres –Raymond Le Sénéchal,
Alix Combelle, Jacques Hélian– sont en France
les premiers à enregistrer du rock'n'roll.

ROCK AND ROLL |
Henri Salvador alias Henry Cording |
45 tours EP | Fontana | 1956 réédition 1960 | France

MAC-KAC ET SON ROCK'N'ROLL |
Maquette Boisecq | 45 tours EP |
Versailles | 1956 | France

ROCK AND ROLL |
DICK RASURELL ET SES BERLURONS |
45 tours EP | Ducretet-Thomson | 1956 | France

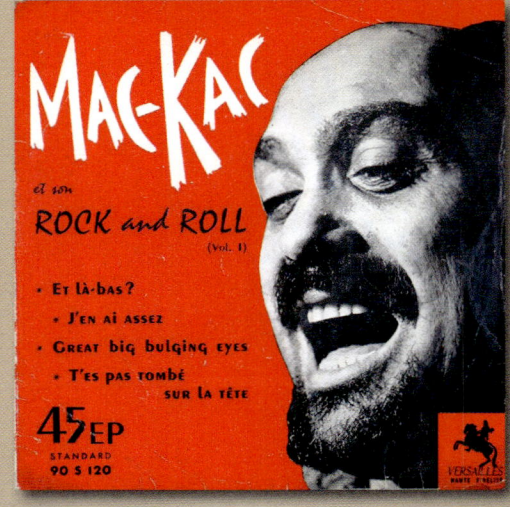

MOUSTACHE ET SES MOUSTACHUS |
Maquette Edouard Jourdain | 45 tours EP |
Barclay | 1958 | France

ROCK AROUND THE CLOCK |
Peb Roc et ses rocking boys | Couverture Max Dufour |
45 tours EP | Trianon | 1956 | France

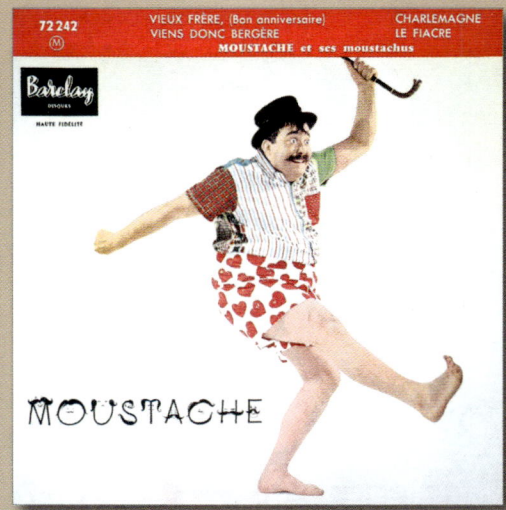

MAGALI SE DÉCHAÎNE | Magali Noël | Photo Guilbaud | 45 tours EP | Philips | 1956 /France

MAGALI NOËL | Photo Guilbaud | 45 tours EP | Philips | 1956 | France

Nuançant son propos initial, il écrit : *"Le rock and roll, tel que j'ai pu l'apprécier dans quelques disques récents, est du super-hot, du jazz porté à l'incandescence, notamment dans les paroles qui peignent l'homme moderne dans un état de surexcitation tel qu'il ne peut plus bâtir des propositions cohérentes, mais seulement bredouiller, soit sous l'empire de la passion, soit sous celui de la colère, soit sous celui d'une joie frénétique, des phrases haletantes qu'il répète à loisir."* Certes on le sent ironique, mais c'est sa façon d'appréhender le rock : pour lui, il ne peut s'agir que de rigolade, de parodie, de second degré...

"Comme le chewim-gum, le rock'n'roll constitue un excellent exercice pour les mâchoires. Chose étrange, il réussit également bien dans le traitement de l'ankylose et remplace avantageusement le 110 mètres haies !" Boris Vian

Avis que partageront les premiers rock'n'rollers français, Moustache, Mac-Kac, Milou Duchamp, des trentenaires voire quadragénaires venus du jazz et dont le propos est simplement de divertir et de faire danser. Aucune "fureur de vivre" ne risque de se manifester lors de leurs sympathiques prestations.

C'est en 1958 que de timides tentatives se font jour de la part de "vrais" jeunes qui, jusqu'alors, n'ont fait partie d'aucun sérail musical. À quelques mois d'intervalle, Danyel Gérard, Claude Piron et Richard Anthony publient leurs premiers 45 tours. Accueil plus que mitigé et ventes plus que discrètes ! Néanmoins, ils poursuivront leurs efforts et s'en trouveront récompensés par des carrières honorables (Piron sous le nom de Danny Boy) tout au long de la décennie suivante.

ROCK'N ROLL | "Rock" Failair et son orchestre de p'tits milliardaires | Maquette Gérard Jourdan | 45 tours EP | Barclay | 1956 | France
Derrière ses ensembles aux noms loufoques et aux répertoires délirants, se trouve très souvent l'humour ravageur du pataphysicien Boris Vian.

ÇA, C'EST DU ROCK'N ROLL ! | Roger Pierre et Jean-Marc Thibault avec Gino Galieri et ses Rockers | Couverture Person | 45 tours EP | Ducretet-Thomson | 1957 | France

ROCK AND ROLL | Johnny Rock "Guitare" et ses Rock'n rollers | 45 tours EP | Vogue | 1956 | France

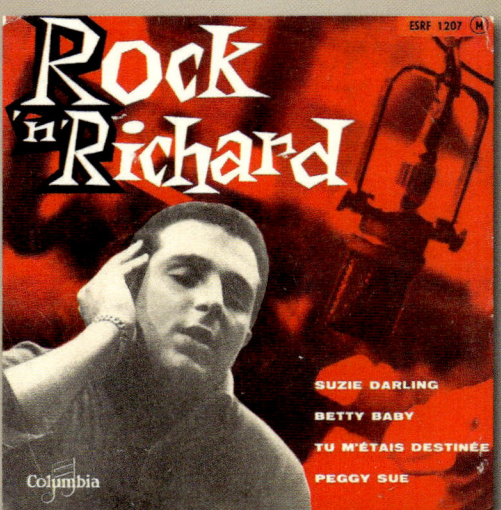

CLAUDE PIRON | 45 tours EP | Ducretet-Thomson | 1958 | France

ROCK'N'RICHARD | Richard Anthony | couverture Publicis | 45 tours EP | Columbia | 1958 | France

DANYEL GÉRARD & LES DANGER'S | Photo Nisak | 45 tours EP | Polydor | 1960 | France
Les premiers (vrais) jeunes rock'n'rollers apparaissent enfin...

La véritable explosion a lieu un peu plus tard, entre fin 1959 et 1961 ; grâce à un lieu qui, tel le 2 I's londonnien, devient en quelques mois l'épicentre du rock'n'roll français : un ancien golf miniature en salle, situé à Paris dans le IXe, à l'angle de la rue Drouot et des grands boulevards : Le Golf Drouot.

En cette fin des années cinquante, le gérant des lieux, Henri Leproux, décide de relancer la fréquentation de son établissement en le rendant attractif à la clientèle jeune, nombreuse dans ce quartier d'affaires et de commerces. Pour ce faire, il fait l'acquisition d'un juke-box qu'il bourre de disques américains et anglais.

Le rock'n'roll diffusé par l'engin agit telle une onde hypnotique ! Grâce au bouche à oreille, l'établissement devient en quelques mois le point de ralliement de la jeunesse ! Prenant sur l'espace poussiéreux du golf miniature, Leproux installe un petit podium, conviant les musiciens en herbe à venir s'essayer. Parmi les habitués du lieu se retrouvent Jean-Philippe Smet, Claude Moine, Christian Blondeau et Daniel Deshayes qui deviendront quelques mois plus tard, respectivement Johnny Hallyday, Eddy Mitchell, Long Chris et Dany Logan.

Le premier à se faire connaître c'est Hallyday qui grave un 45 tours en mars 1960 chez Vogue, comprenant *T'aimer follement*, *J'étais fou*, *Oh, oh Baby* et *Laisse les Filles*. Lucien Morisse, alors directeur de la programmation sur Europe 1 casse le disque à l'antenne , s'exclamant : *"C'est la première et dernière fois que vous écoutez ce disque !"* Heureusement Line Renaud (déjà une des personnalités les plus aimées des Français) l'invite à son émission *L'École des Vedettes*, le présente avec gentillesse et humour et le laisse interpréter *Laisse les Filles*. Suite à cette prestation, 100 000 exemplaires du disque seront vendus !

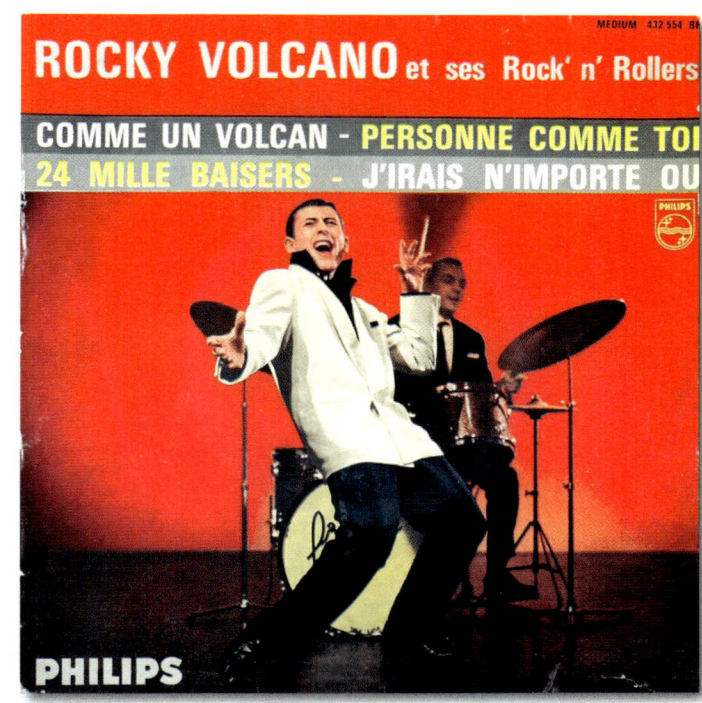

ROCKY VOLCANO ET SES ROCK'N'ROLLERS | Photo Aubert |
45 tours EP | Philips | France

"Si les adultes avaient aimé le rock'n'roll, ça aurait été foutu !" **Johnny Hallyday**

T'AIMER FOLLEMENT | JOHNNY HALLYDAY | Photo André Nisak | 45 tours EP | Vogue | 1960 | France | Pour Johnny Hallyday, l'aventure commence…

LES CHATS SAUVAGES | Dessin Siné | 45 tours EP | Pathé | 1961 | France

Par la brèche qu'Hallyday vient d'ouvrir s'engouffrent Eddy Mitchell et ses Chaussettes Noires, puis Dick Rivers et ses Chats Sauvages. Les premiers sont de la banlieue parisienne, les seconds de Nice. Leurs points communs : ils sont des fans absolus d'Elvis, de Gene Vincent et de Cliff Richard et ses Shadows dont ils empruntent non seulement une part du répertoire, mais encore le principe de formation musicale : deux guitares, basse, batterie et un chanteur en premier plan. Les premiers signent chez Barclay, les seconds chez Pathé Marconi.
Avec des titres comme *Eddie Sois Bon*, *Betty* ou *Daniela* pour les Chaussettes Noires, *Trois en Amour*, *Twist à Saint-Tropez* ou *Oh ! Lady* pour les Chats Sauvages, ils grimpent aussitôt en tête des charts ou ils vont se maintenir de longs mois !

D'autres suivent encore : Frankie Jordan, Rocky Volcano, Moustique, les Pirates de Dany Logan, les Pénitents de Danny Boy (ex-Piron), les Daltons de Long Chris, les Fantômes, Les Pingouins, les Champions, les Vautours ! Et encore Les Rebelles, Claude et Les Tribuns, Les Trims, les Swifts, les Wouaps (avec l'excellente Michèle), El Toro et les Cyclones (avec un certain Jacques Dutronc), les Loups Garous, les Bourgeois de Calais, les Aristocrates, les Baigneurs (réalisant un tonique cocktail d'humour et de rock), les Mercenaires, les Vicomtes ou les Mistrals !

Sans entreprendre un tour d'Europe exhaustif des chanteurs ou des formations, signalons toutefois, outre-Quiévrain, la présence du chanteur-guitariste Burt Blanca et des groupes Les Cousins et Les Sunlights qui, avant de donner dans la chanson populaire fut un excellent combo de rock'n'roll, assurant (notamment derrière Gene Vincent lors de son passage à *L'Ancienne Belgique* en octobre 1963) des prestations mémorables !
En Italie, on ne peut non plus ignorer l'excellente formation Little Tony and his Brothers, pas plus que les talentueux excès d'un Adriano Celentano. Mais bien sûr, les arbres cachent les forêts et du nord de la Suède à la pointe de l'Espagne, ils sont des dizaines de milliers à s'exercer qui à la guitare, qui au micro, qui à la caisse-claire, et les marchands d'instruments et de matériel musical se frottent les mains !

OH! OUI·L'AMOUR QUE J'AI POUR TOI · UN CŒUR TOUT NEUF · OH! LADY·QUAND LES CHATS SONT LA
COUSINE, COUSINE·SUR MA PLAGE·LAISSEZ-NOUS TWISTER·TOUT CE QU'ELLE VOUDRA·ANNA ANNABELLE

ST 1 160

avec DICK RIVERS

LES CHATS SAUVAGES

Photo Mario Ansaldi

Pathé

LES CHATS SAUVAGES AVEC DICK RIVERS | Photo Mario Ansaldi | 33 tours 25 cm | Pathé Marconi | France

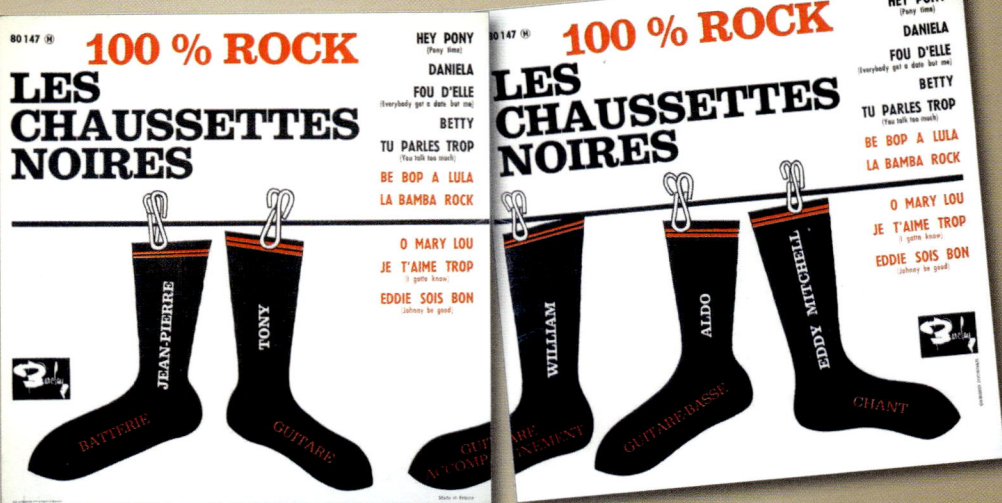

100 % ROCK | Les Chaussettes Noires |
Pochette Gerard Jourdan |
33 tours 25 cm | Barclay | France

LES CHAUSSETTES NOIRES AVEC EDDY MITCHELL |
Photo Herman Léonard | 45 tours EP |
Barclay | 1961 | France

24 000 BAISERS | Johnny Hallyday |
Photo André Nisak | 45 tours EP |
Vogue | 1961 | France

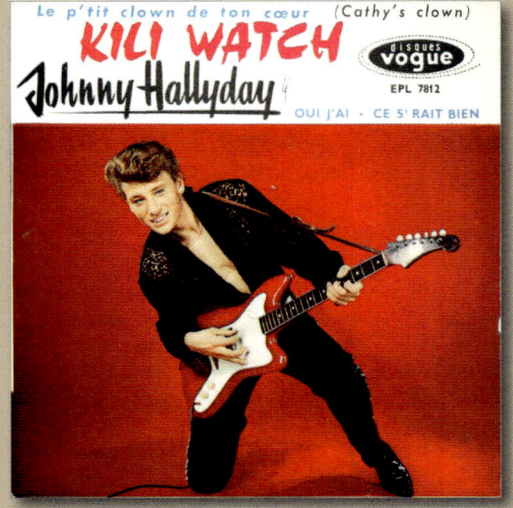

KILI WATCH | Johnny Hallyday |
Photo André Nisak | 45 tours EP |
Vogue | 1960 | France

LES ROCKS LES PLUS TERRIBLES (Vol. 1) |
Johnny Hallyday | Photo J.M. Perier | 45 tours EP |
Philips | 1964 | France

En 1962, on estime que pas moins de 2 500 formations de rock écument notre seul Hexagone, toutes plus ou moins calquées sur les Shadows de Cliff Richard. Elles répètent dans les salles de patronage, se produisent lors des bals ou des kermesses, remportent parfois un trophée ou une coupe lors d'un radio-crochet et, pour les plus chanceux d'entre eux, enregistrent un disque. Un disque, mais rarement deux.

Leur surnombre tout comme leur médiocrité générale, les condamne à très court terme. Il faut préciser qu'en France le rock'n'roll a surgi de rien. L'Angleterre avait le skiffle, les États-Unis le blues et le country. Dès 8 ans, les gamins apprenaient à jouer de la guitare, de la batterie ou du piano pour ressembler à leurs premières idoles : Lonnie Donegan, Hank Williams ou Jimmy Reed. Quel jeune Français aurait eu l'envie de s'initier à un instrument afin de ressembler à Luis Mariano ou Georges Guétary ?

> *"Le rock français, c'est un peu comme le vin anglais !"* **John Lennon**

Aussi, quand survient la vague du rock'n'roll et qu'urge l'envie de monter un groupe et de jouer d'un instrument, les ados d'alors partent d'un niveau musical frisant le zéro absolu. Tout au plus ont-ils appris en classe à jouer *l'Eau Vive* sur un pipeau ou à entonner quelque antique mélopée folklorique sur un accompagnement au guide-chant !

Leur jeunesse, leur fougue sont –faute d'un savoir-faire technique, d'un minimum de bagage musical– insuffisantes pour générer des créations de qualité. Alors les adaptations, les reprises sont la règle générale. Lors des enregistrements, il est fréquent que des musiciens professionnels (souvent venus du jazz) remplacent les jeunes rock'n'rollers encore trop approximatifs ! Sur scène, l'absence de véritable sono rend impossible, à travers les cris et les hurlements du public, de délivrer des prestations de qualité...

FRANKIE JORDAN | Photo Lemoine | 45 tours EP | Decca | 1961 | France

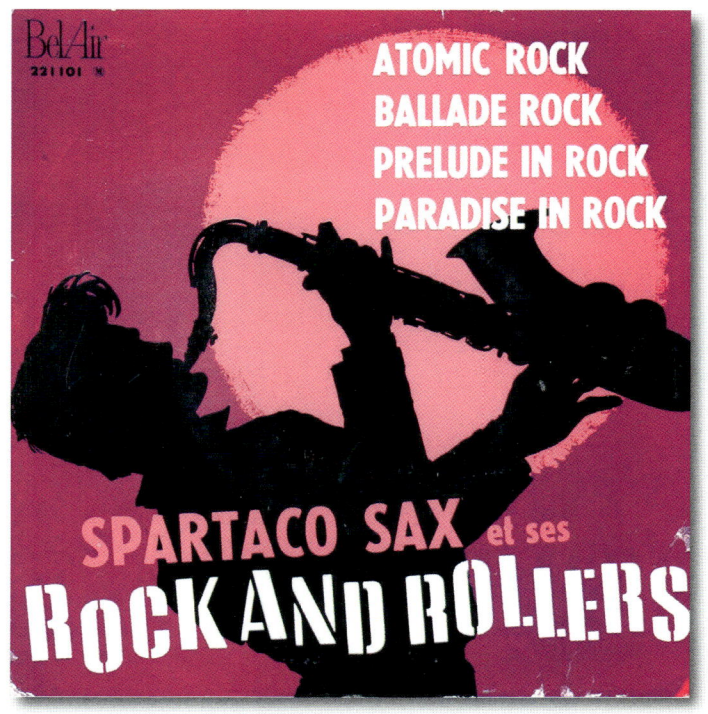

SPARTAKO SAX et ses ROCK AND ROLLERS | 45 tours EP | Bel Air | 1961 | France

JOHNNY à new york

I got a woman
be bop a lula

maybellene • **blueberry hill**

MEDIUM 432.761 BE

PHILIPS

PHILIPS

JOHNNY À NEW YORK | Johnny Hallyday | Photo Herman Léonard | 45 tours EP | Philips | 1962 | France
Pour beaucoup de teenagers français, ce 45 tours chanté en anglais et cherchant à coller au plus près des versions d'origine, représenta une première approche des œuvres de Gene Vincent, Chuck Berry ou Fats Domino…

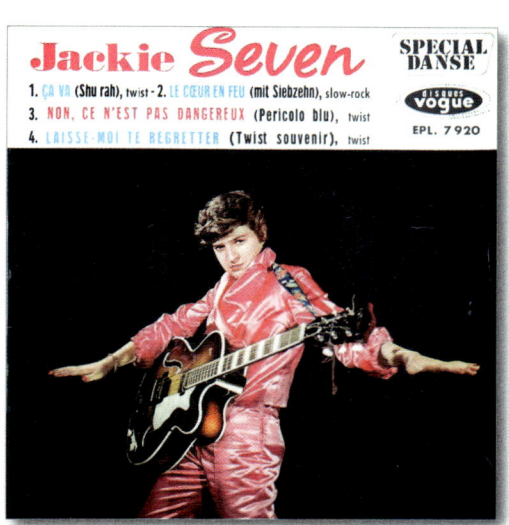

GELOU | Photo Paul de Cordon | 45 tours EP | Bam | France

JACKIE SEVEN | Photo André Nisak | 45 tours EP | Vogue | 1962 | France
Une première génération de chanteuse de rock'n'roll surgit au tout début des années soixante..

HEDIKA | Photo Ferembach | 45 tours EP | Festival | 1961 | France

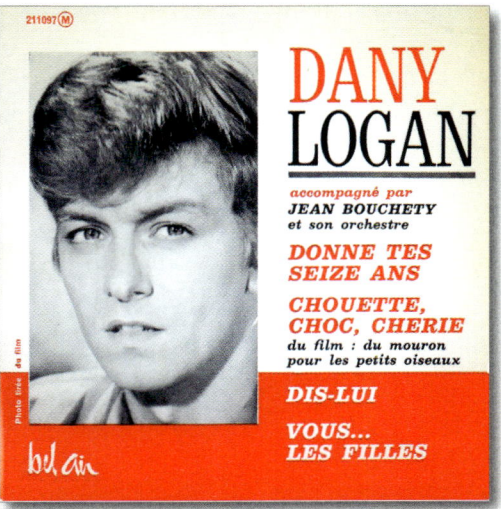

NICOLE PAQUIN | Photo André Nisak | 45 tours EP | France | Polydor | 1961 | France

LES PIRATES AVEC DANY LOGAN | Photo Roland Carré | 45 tours EP | Bel Air | 1962 | France

DANY LOGAN | Photo du film *Du Mouron Pour les Petits Oiseaux* | 45 tours EP | Bel Air | 1963 | France
Tragique destin que celui du beau Dany Logan, ex-chanteur des Pirates, qui essaya à partir de 1963 de voler de ses propres ailes, mais au contraire de ses confrères Eddy Mitchell et Dick Rivers, ne réussit pas à s'imposer et retomba progressivement dans un oubli et un anonymat douloureux.

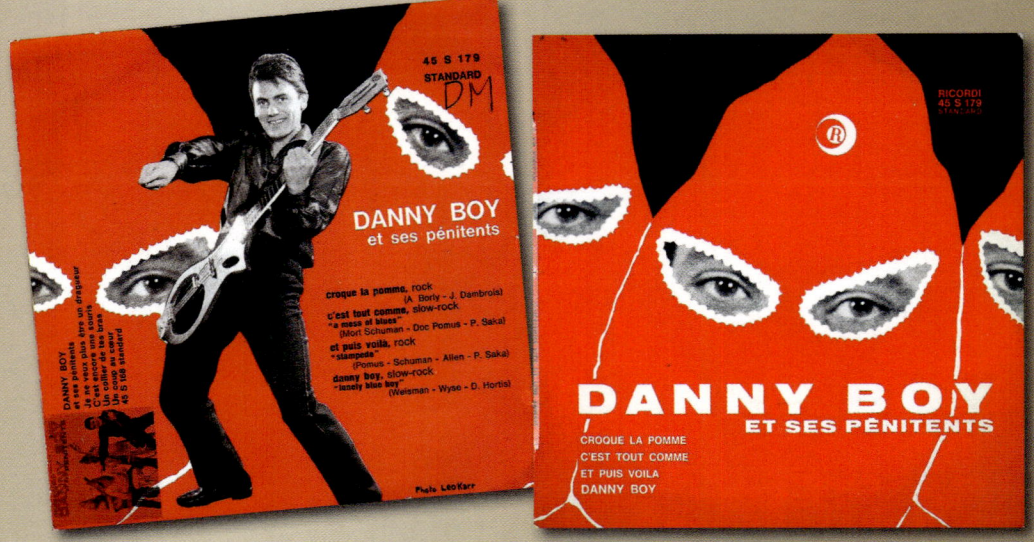

DANNY BOY ET SES PÉNITENTS | Photo Léo Karr |
45 tours EP | Ricordi | 1961 | France

LOOP DE LOOP |
Les fantômes et leurs "BIG SOUND" guitares |
Photo André Nisak | 45 tours EP |
Vogue | 1963 | France

LES PINGOUINS | Photo André Nisak |
45 tours EP | Decca | 1962 | France

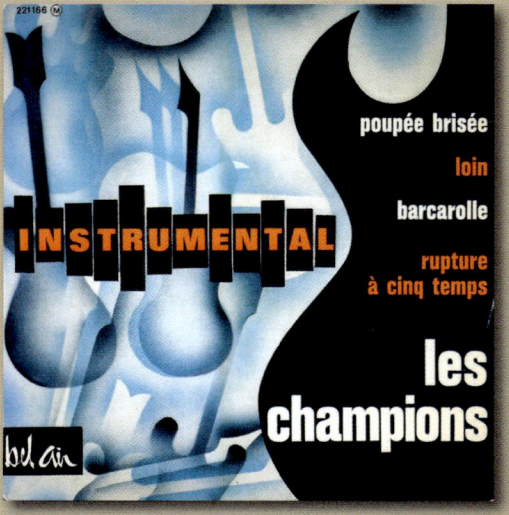

LES CHAMPIONS | Photo Publimages |
45 tours EP | Bel Air | 1963 | France

LES VAUTOURS | Photo Ferembach |
45 tours EP | Festival | 1962 | France

LONG CHRIS ET LES DALTONS | Photo Wiezniak |
45 tours EP | Philips | 1962 | France

Les groupes alors disparaissent inexorablement. Certains jeunes surdoués franchiront l'obstacle et deviendront de vrais professionnels –les guitaristes Claude Ciari, Jacques Dutronc, Bernard Photzer, le bassiste Nino Ferrer, le batteur Willy Lewis– la plupart toutefois reprendront le chemin des études ou de la quincaillerie familiale.

Les chanteurs ont été les premiers à ressentir les limites techniques des groupes qui les accompagnent (formés de vieux camarades de classe ou de bureau), et à désirer être soutenus de façon plus professionnelle. Dick Rivers quitte ses Chats Sauvages, Eddy Mitchell abandonne ses Chaussettes Noires. Dany Logan, Vic Laurens ou Long Chris les imitent.

Toutefois, l'abandon de leurs groupes et de l'amateurisme qu'ils engendrent va souvent de pair avec la disparition d'une certaine fougue juvénile. Ces messieurs passant professionnels gagnent certainement en technique et en sérieux, mais qu'en va-t-il alors de leur liberté, de leur belle folie, de l'insouciance et de la grâce d'un temps ?

Mitchell enregistre certes un album en hommage à ses maîtres (*Eddy in London*), mais il crée également de tristes parités avec Frank Ifield ou Sandy Shaw (*Toujours un coin qui me rappelle*) ! Même chose pour son alter ego Dick Rivers qui alterne *Mais Oui Baby* (*Maybe Baby* de Buddy Holly) et l'affligeant *À Séville*.

Quoi qu'il en soit, leur travail de duplication en "version française" de succès anglo-saxons les amène à faire évoluer leurs répertoires simultanément à la transformation du paysage musical internationnal. En 1962, 1963, c'en est fini aux États-Unis et bientôt en Angleterre, du véritable rock'n'roll. Aux USA, c'est l'âge d'or des "Bobby" (Darin, Vee, Rydell, Vinton) qui délivrent une pop mielleuse, terreau idéal de notre yéyé made in France.

EL TORO ET LES CYCLONES | Photo Vogue | 45 tours EP | Vogue | 1962 | France
Le texte de présentation, au dos de la pochette, énonce : "Le chanteur est un justicier de la chanson et l'orchestre qui l'accompagne une véritable usine à rythme." À gauche de la pochette, tenant la guitare : Jacques Dutronc.

EDDY IN LONDON | Eddy Mitchell | Photo Léonard | 33 tours 30 cm |
Barclay | 1963 | France

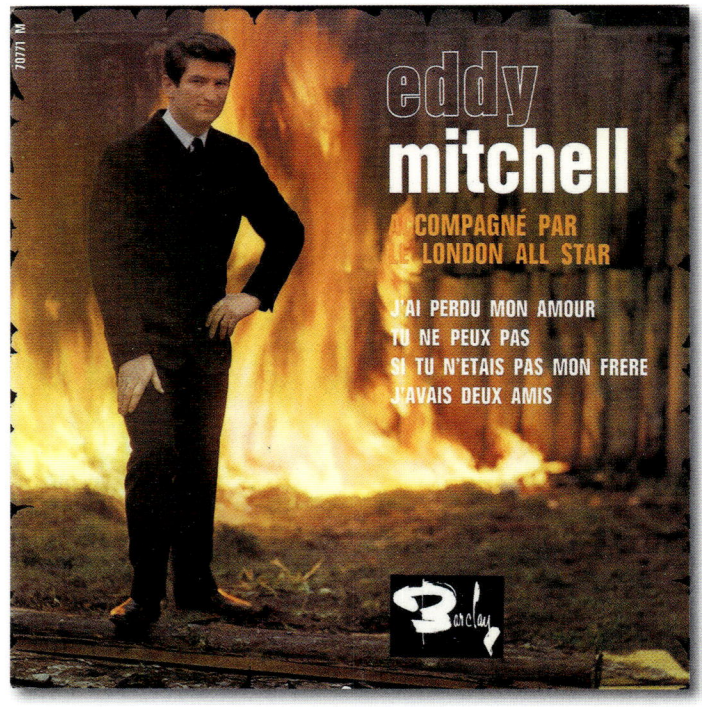

EDDY MITCHELL | Photo Tony Frank | 45 tours EP | Barclay | 1965 | France

L'EPOPÉE DU ROCK | Eddy Mitchell | Dessin couverture Voss | Double 33 tours 30 cm | Barclay | 1974 | France

Les Britanniques pour leur part voient surgir le Mersey Sound puis le London Beat, viviers dans lesquels Hallyday et ses petits camarades puiseront à tour de bras dans les années qui viennent. L'intérêt que représentent des versions françaises de *House of Rising Sun*, *Hey Joe*, *Satisfaction* ou *Go Now* peut sembler aujourd'hui assez discutable. Quoi qu'il en soit, la chose ne nous concerne pas. Aussi mémorables que soient ces titres, ils ne relèvent plus du rock'n'roll...

> "Quand j'écoute le rock actuel, mec, je me demande où est passé le roll, ce putain de roll ?" Keith Richards

Comme le chante alors Dylan, *Times are Changin'*. Les années cinquante s'éloignent au fond des mémoires, telles les falaises de Douvres, à l'arrière des Ferries ramenant les jeunes Français de leurs séjours linguistiques outre-Manche !
Les tenants les plus flamboyants du rock'n'roll sont morts (Cochran, Holly, Burnette) ou éteints (Richard, Berry, Presley). De nouveaux groupes surgissent tous les jours avec de nouveaux sons (larsen, distorsion), de nouveaux looks, de nouveaux instruments (sitars, synthétiseurs) expérimentant sans cesse de nouveaux concepts (Opéra Rocks, croisement avec le jazz ou la musique classique). Le beat binaire du rock'n'roll se prend des allures d'antiquité...

Certes, dans les années soixante-dix et quatre-vingt, on reparlera de rock'n'roll. Mais comme d'une musique revival : l'évocation sympathique d'un temps révolu. Surgira alors tout un ensemble de nouvelles formations dévolues à la griffe binaire du rock'n'roll : Les Rock'in Rebels, Les Forbans, les Aligators, Jezebel Rock, les Flamants Roses, des chanteurs comme Victor Leed, Chris Evans ou Jesse Garon (pseudo choisi en hommage au frère jumeau mort-né de Presley). Ce retour aura également l'avantage de permettre aux vieux maîtres, encore en vie et en activité, de remonter sur scène et de participer à des tournées. John Lennon, rock'n'roller avant qu'artiste pop, rendra dès 1969 un hommage appuyé à ses idoles d'adolescent –Gene Vincent, Little Richard, Ronnie Hawkins– les sollicitant à l'occasion comme pour le gigantesque concert de Toronto marquant la fin des sixties. Même chose de Keith Richards, toujours à vanter le génie de son maître ingrat, Chuck Berry, ou de Paul McCartney resté fan transi du grand Buddy dont il rachète les droits musicaux !

Parallèlement à ce retour des "grands anciens", de nouveaux chanteurs ou de nouvelles formations voient le jour. Dave Edmund, Nick Lowe (*Rock Pile*) clament leur amour pour le rock'n'roll des fifties. Même chose de Shakin' Stevens, des Darts, de Shanana ou Showdaddy. Shane Fenton, qui avait fait –20 ans plus tôt– les beaux jours du 2 l's, remonte sur scène sous le nom d'Alvin Stardust. Même chose de Paul Raven devenu Garry Glitter. Des formations comme Crazy Cavan, Matchbox, Whirlwind, sans oublier les tribus félines, Polcats, Teen Cats ou Stray Cats font le bonheur des quadragénaires qui ne trouvent pas leur compte dans les soporifiques solos de Jerry Garcia ou les longues errances musicales de Klaus Schulze.

> "Fondamentalement, le rock'n'roll c'est la jeunesse. Passé un certain âge, on cesse tout simplement d'être rock'n'roll." Noel Gallagher

Régulièrement, des groupes de véritable rock'n'roll, voire de rockabilly se forment, indifférents à la mode de l'instant, délivrant cette pulsation diabolique qui incite les pieds à battre la mesure et les doigts à claquer. Et les anciens jeunes de soupirer alors à l'évocation de ce paradis perdu : l'âge d'or du rock'n'roll et l'âge tendre de leur jeunesse enfuie...

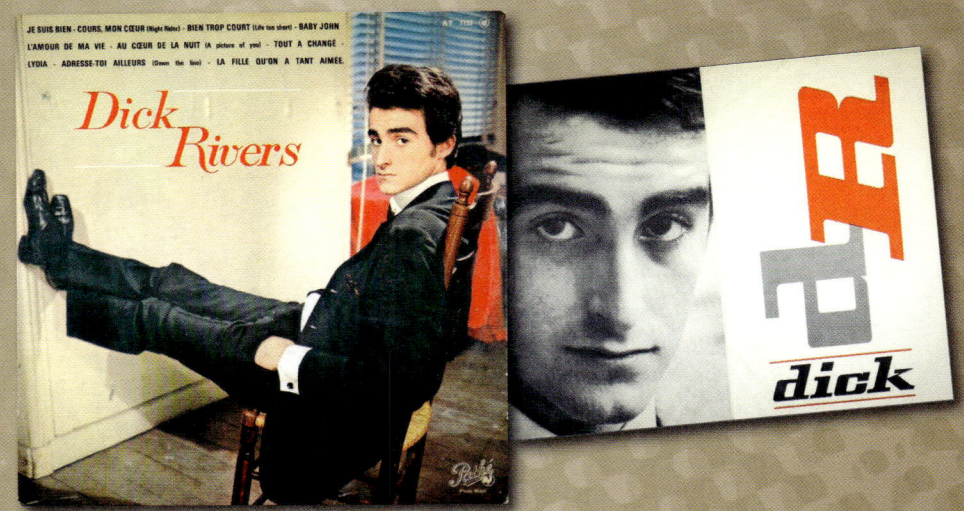

DICK RIVERS | Photo André Nisak |
33 tours 25 cm |
Pathé Marconi | 1962 | France

MISSISSIPPI RIVER'S | Dick Rivers |
Couverture Morris | 33 tours 30 cm |
Mouche & Sonopresse | 1976 | France

NE PLEURE PAS | Dick Rivers |
33 tours 30 cm |
Pathé EMI | 1964 | Canada

TWIST | Au Bonheur Des Dames |
Photo Carol | 33 tours 30 cm |
Philips | 1974 | France

MIDNIGHT BLUE | WHIRLWIND | Photo Chris Gabrin | 33 tours 30 cm | EMI | 1980 | France

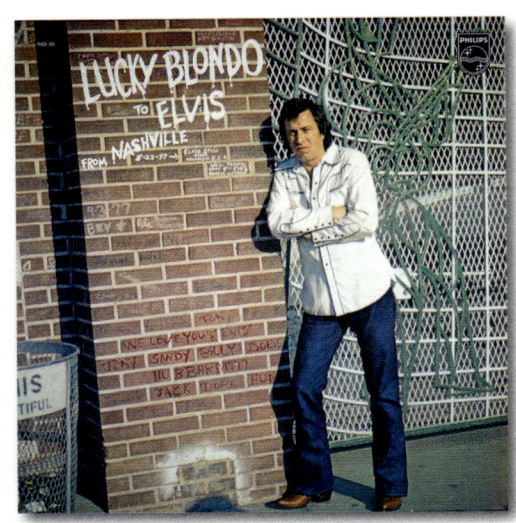

DANS LA RUE DES SOUVENIRS |
Lucky Blondo et les Lucky Stars |
Photo Phonogram | 33 tours 30 cm | Philips | France

LUCKY BLONDO TO ELVIS FROM NASHVILLE |
photo John Singleton | 33 tours 30 cm |
Philips | 1977 | France
Lucky Blondo pose devant les grilles de Graceland.
Il présente cet album – ensemble de reprises en langue
française de standards du "King" – en écrivant : "Quand
Elvis est parti, j'ai pensé : il faut faire quelque chose..."

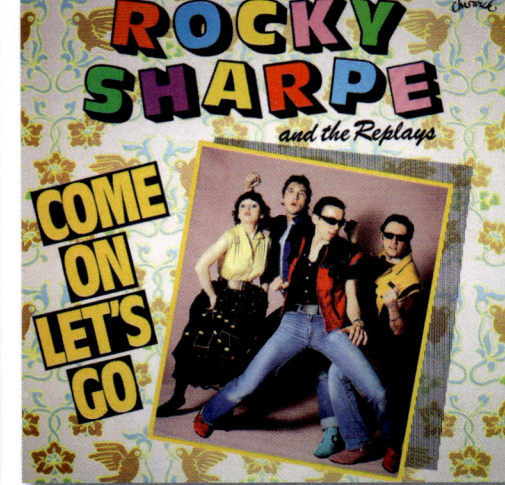

GOMINA "COMEDIE ROCK" | Artistes divers |
Pochette Morillon | 33 tours 30 cm |
Philips | 1974 | France
Entre hommages et parodies, mariant la jubilation
initiale et le second degré, spectacles et formations
saluent dès les années soixante-dix le rock'n'roll
des décennies précédentes.

COME ON LETS'GO |
Rocky Sharpe and the Replays |
33 tours 30 cm | Chiswick | France

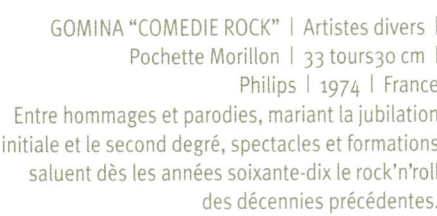

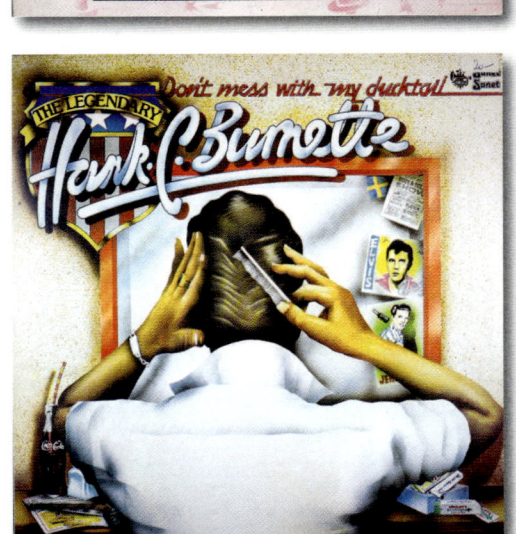

DON'T MESS WITH MY DUCKTAIL | Hank C. Burnette |
Pochette Wagner | 33 tours 30 cm | Sonet | 1976 | GB

ROCKABILLY GASSEROONIE | Hank C. Burnette |
Pochette Wagner | 33 tours 30 cm |
Sonet | 1978 | France
Aucun lien de famille entre ce Burnette-ci et Johnny,
Dorsey ou Rocky. Né en Suède en 1944, ce fan
de rockabilly ne connaît le succès qu'au milieu
des années soixante-dix, ayant choisi ses prénom et nom
en hommage à ses maîtres Hank Williams
et Johnny Burnette. Le graphisme des pochettes
entretient pour sa part un air de famille manifeste
avec l'univers "d'Américan Grafiti"

VERSION FRANÇAISE

WATCH THIS SPACE | THE STARGAZERS | Pochette Ashworth | 33 tours 30 cm | Epic | 1982 | Hollande

PL13294

ROBERT GORDON
Rock Billy Boogie

ROCK BILLY BOOGIE | Robert Gordon | Photo Nick Sangiamo | 33 tours 30 cm | RCA | 1979 | France

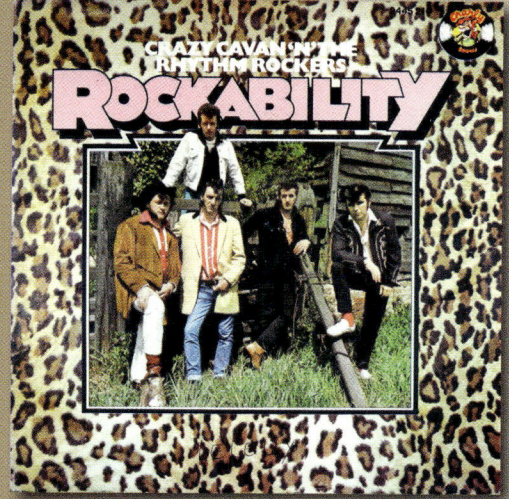

ROCKABILITY | Crazy Cavan'n'The Rhythm Rockers |
33 tours 30 cm | Charly | 1976 | France

GONNA BALL | The Stray Cats |
Photo Gavin Cochrane | 33 tours 30 cm |
Arista | 1981 | Allemagne

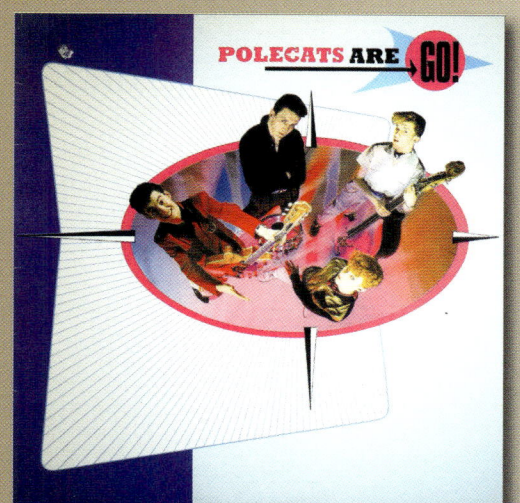

POLECATS ARE GO ! | The Polecats |
Photo Peter Ashworth |
33 tours 30 cm | Mercury | 1981 | GB

DAVE EDMUNDS | Photo Lynn Goldsmith |
33 tours 30 cm | Arista | 1982 | Allemagne

CHRIS SPEDDING |
Photo Gered Mankowitz & Arthur Allen |
33 tours 30 cm | Rak | 1976 | France

ROCK'N'ROLL | John Lennon
Design Roy Kohara | Photo Jurgen Vollmer |
33 tours 30 cm | Apple | 1975 | GB
Avant d'être le célébrissime groupe pop que l'on sait,
les Beatles furent d'abord et pour plusieurs années, un
combo de pur rock'n'roll. Quinze ans plus tard, alors au
sommet de la gloire et du doute, John Lennon se rappelle
non sans émotion, ces années difficiles mais formatrices.

Index

Bibliographie

Ouvrages généraux

Le Rock de A à Z, Leduc & Ogouz (Albin Michel, 1984)

L'Âge d'Or du Rock'n'Roll, Jouffa & Barsamian (Ramsay)

Histoire du Rock, Jouffa & Barsamian (Tallandier, 2005)

Chronique des Années Rock'n'Roll, Rodolphe (Chroniques, 2008)

Rock'n'Roll 39-59, Collectif (Xavier Barral, 2007)

Jukebox : Argus du Disque, Collectif (J.Leblanc éditeur, 2004)

Vox : Price Guide Records, Nick Hamlyn (Retail Entertainement Data Publishing Ltd, 1994)

Goldmine : American Records 1950-1975, Tim Neely (Ktause Publications, 2000)

Les racines du Rock, Florent Mazzoleni (Hors Collection, 2008)

Memphis, aux racines du rock et de la soul, Florent Mazzoleni (Castor Music, 2006)

Nothing But the Blues, Laurence Cohn (Abbeville, 1994)

Rock, day by Day, Steve Smith (Guinness Books, 1987)

Le Rock Anglais, Jacques Barsamian (Jacques Leblanc, 1997)

Vinyls Yéyé, Rodolphe (Erème, 2008)

Encyclopédie de la Country et du Rockabilly, Michel Rose (Jacques Grancher, 1986)

Pionniers du Rock'n'Roll, Michel Rose (Albin Michel, 1986)

Country : les Racines du Rock'n'Roll, Nick Tosches (Allia, 2000)

Héros Oubliés du Rock'n'Roll, Nick Tosches (Allia, 2000)

L'Envers du Rock, Nick Kent (Austral, 1996)

A Wop Bop A Loo Bop A Lop Bam Boom, Nik Cohn (Allia, 1999)

The Alan Freed Story, John A. Jackson (Collectables, 2005)

Ouvrages divers

Johnny Cash, l'Autobiographie, Johnny Cash & Parick Carr

Hellfire, Nick Tosches (Allia, 2001)

Elvis, Denis Tillinac (Quai Voltaire, 1994)

Sur la Route d'Elvis, Patrick Mahé (Grasset, 2002)

Elvis Presley : Last Train to Memphis, Peter Guralnick (Castor Astral, 2007)

Mystery Train, Greil Marcus (Allia, 2000)

Elvis Presley : Careless Love, Peter Guralnick (Castor Astral, 2008)

Elvis, le livre Officiel, Mike Evans (Vade Retro, 2003)

Johnny Kidd & Vince Taylor, Besse & Jouve (Horus, 1979)

Gene Vince and the Blue Caps, Jacky Chalard (Horus, 1979)

Gene Vincent : European Tour, Jacky Chalard (Horus, 1979)

Gene Vincent, une Légende du Rock'n'Roll, Rodolphe & Van Linthout (Dargaud, 2007)

The Day the World Turned Blue, Britt Hagarty (TalonBooks, 1983)

Gene Vincent, The Story Beghind His Songs, Th. Liesenfeld (Liesenfeld, 1992)

Gene Vincent & Eddie Cochran : Rock'n'Roll Revolutionnaires, John Collis (Virgin, 2004)

Eddie Cochran Memories, Eric Leguebe (Horus, 1979)

Wondrous Face : The Billy Fury Story, Spencer Leigh (Finbarr International, 2005)

Life with Billy Fury, John Wells (Charles Buchan's Publications Ltd, 1963)

La Vie du Chanteur populaire Cliff Richard, David Winter (Jeff, 1968)

Cliff Richard, Jean Presles (Horus, 1980)

Cliff Richard and the Shadows, Norman Jopling (Virgin, 1985)

Buddy Holly, a Biography, Ellis Amburn (St Martin's Griffin Editions, 1996)

Buddy Holly Story, Nataf & Guillosson (Horus, 1979)

La Belle histoire des Groupes de Rock français, Chalvidant & Mouvet (F. Lanore, 2001)

Vingt ans de Rock français, Victor & Regoli (Albin Michel, 1978)

Golf Drouot : le Temple du Rock, Henri Leproux (Robert Laffont, 1982)

Alias Vince Taylor, Guiod & Taylor (Delville, 1976)

Du même auteur

Gene Vincent, une légende du rock'n'roll avec G. Van Linthout (Dargaud, 2007)

Blind Lemon avec Isaac Wens (Nocturne, 2006)

Les Zazous avec E. Meyrand (Nocturne, 2008)

Hank Williams avec J. F Solmon (Nocturne, 2008)

Buddy Holly avec M. Cabanes (Nocturne, 2011)

Les Années Rock'n'Roll (Chronique, 2009)

Vinyls Yéyé (Ed. Ereme, 2009)

Mojo avec G. Van Linthout (Vents d'Ouest, 2011)

Le blog de Rodolphe

http://rolophe-scenariste-bd.blogs.midilibre.com/

Remerciements

Les Éditions Stéphane Bachès tiennent à remercier les labels présents dans ce livre qui ont marqué de leur empreinte l'industrie du disque et ont activement participé à la naissance de ces pochettes qui constituent aujourd'hui le fonds de cet ouvrage.

Merci aux designers, illustrateurs et photographes sans qui ce livre n'existerait pas.

ÉDITIONS STÉPHANE BACHÈS

15bis rue du chariot d'or, 69004 Lyon, France
www.editionsstephanebaches.com

Directeur Collection Musique : Dominique Dupuis
Photographies : ©Éditions Stéphane Bachès, pour l'ensemble de l'ouvrage
Couverture d'après l'album *Gene Vincent Rocks! and the Blue Caps Roll* - Capitol - 1958

Impression : Imprimerie Beta, Barcelone (Espagne)

Dépôt légal : Mai 2011
ISBN 978-2-35752-108-7